◆高等职业教育城市轨道交通运营管理专业系列教材◆

轨道交通服务手语

主　编◇刘　峥　王建林　马　征
副主编◇王巧宁　魏宝红　聂晶晶　刘　蓓
主　审◇白瑞霞

校企合作　　　微　课　　　课程思政

视　频　　　动　画　　　资源库

西南交通大学出版社
·成　都·

图书在版编目（CIP）数据

轨道交通服务手语 / 刘峥，王建林，马征主编.
成都：西南交通大学出版社，2024.6. -- （高等职业教育城市轨道交通运营管理专业系列教材）. -- ISBN 978-7-5643-9856-9

Ⅰ. U239.5；H026.3

中国国家版本馆CIP数据核字第2024HU2700号

高等职业教育城市轨道交通运营管理专业系列教材
Guidao Jiaotong Fuwu Shouyu
轨道交通服务手语

主　编／刘　峥　王建林　马　征	责任编辑／阎冰洁
	封面设计／墨创文化

西南交通大学出版社出版发行
（四川省成都市金牛区二环路北一段111号西南交通大学创新大厦21楼　610031）
营销部电话：028-87600564　　028-87600533
网址：http://www.xnjdcbs.com
印刷：成都蜀雅印务有限公司

成品尺寸　185 mm×260 mm
印张　12.75　　字数　220千
版次　2024年6月第1版　　印次　2024年6月第1次

书号　ISBN 978-7-5643-9856-9
定价　58.00元

课件咨询电话：028-81435775
图书如有印装质量问题　本社负责退换
版权所有　盗版必究　举报电话：028-87600562

前言 PREFACE

《轨道交通服务手语》
课程宣传片

本书作为一本针对轨道交通客运服务人员的新型活页式手语教材,旨在培养轨道交通客运服务人员运用手语的基本能力。教材内容与行业需求相挂钩,同时又兼顾日常使用,具有非常强的实用性。此外,学习手语,不仅使轨道交通客运服务人员和聋人(含听力言语残疾人、听力残疾人、言语残疾人、重听、人工耳蜗植入者,下同)之间加强了沟通,拉近了距离,也树立了轨道交通客运服务人员在聋人心中的良好形象,更能营造一个无障碍语言交流环境,从而提高轨道交通旅客运输服务质量,进而提升社会文明程度,构建更加文明和谐的社会环境。

本书的开发和设计思路是"职教理念引领、校企'双元'合作、立体资源构建、边建边用",具体包括:

1. 职教理念引领

本书坚持产教融合、校企合作、工学结合、知行合一,培育学生工匠精神,增强国家文化认同、尊重和关爱残障旅客,提升学生综合素养和人文修养。把国家的职教改革理念融入教材当中。

2. 校企"双元"合作

本书依据工作岗位标准和流程编写主体内容，与陕西区域内的轨道交通企业合作，认真调研和课程相关的轨道交通企业客运岗位需要的职业技能。根据教材设计目标，有针对性地选择企业客运专家，并与企业专家共同设计教材的教学目标、框架结构，共同构建学习情境、开发学习情境内容，确保教材内容的科学性和实用性。

3. 立体资源构建

将《公共服务手语》智慧职教MOOC学院的线上资源：包含53讲微课、90张情景画、6个情景动画、2000道习题库、15个演示文稿等与教材对接使用。

4. 边建边用

本书按照"以学生为中心、以学习成果为导向、促进自主学习"的思路进行教材开发设计，弱化"教学材料"的特征，强化"学习资料"的功能，通过教材引领，构建深度学习管理体系，将"以德树人、课程思政"有机融合到教材中，提供丰富、适度和具有引领创新作用的多种类型立体化、信息化课程资源，实现教材多功能作用并构建深度学习的管理体系。

新型活页式教材根据轨道交通客运服务岗位现场实际，可不断补充、完善和更新，并根据教学实际情况进行灵活拼接组合。

本书的编写思路：绪论部分阐述手语的基础知识，使读者对手语有基本的认知。学习情境一"指拼与轨道交通客运服务常用词汇"包含两个任务，分别介绍指拼及应用、轨道交通客运服务常用词汇。学习情境二"轨道交通客运站服务手语"包含四个任务：售票作业、候车服务、检票乘降和出站作业。学习情境三"轨道交通列车乘务服务手语"包含六个任务：迎客作业、车厢服务、动车设备设施介绍、重点旅客服务、应急服务和餐饮服务。学习情境四"轨道交通客运日常用语"包含两个任务，分别是其他服务用语和高速铁路介绍。每一个任务包括词汇及短语、服务用语和情景对话。

本书由西安铁路职业技术学院刘峥、中国铁路西安局集团有限公司办公室主任（原客运部主任）王建林和陕西省电视台手语节目主持人、西安市第二聋哑学校马征担任主编；中国铁路西安局集团有限公司客运部职培科科长王巧宁，西安铁路职业技术学院魏宝红、聂晶晶、刘蓓担任副主编。各项目的执笔者分别为：王建林、王巧宁编写了全书汉语脚本；刘峥完成了绪论、学习情境一、学习情境二、学习情境三（任务一、任务二、任务六）、附录相关作品的手语翻译与文字编辑，聋人文化专题一至四、手语思政专题一至四，手语思政系列作品的录制以及全书手势词汇简笔画的人物设计；马征完成了学习情境三（任务三、任务四、任务五）、学习情境四的手语翻译与文字编辑。魏宝红、聂晶晶、刘蓓参与全书文字编排、校对、视频剪辑等工作。全书由郑州工程技术学院（原中州大学）特殊教育学院手语翻译专业的白瑞霞进行了审定。

在本书的编写过程中，得到了西安铁路职业技术学院徐小勇、申红、赵岚的诸多帮助和指导。在此，谨向他（她）们致以衷心的感谢！

本书适合轨道交通客运从业人员学习，还可作为大、中专院校高速铁路客运、铁路客运、城轨运营等相关专业的教学用书，也可以作为相关从业人员自学及培训用书。

作者

2024年3月

本书课程思政元素

本书课程思政建设目标以习近平新时代中国特色社会主义思想为指导，紧紧围绕"提升服务品质，满足特殊旅（乘）客对美好旅行生活的向往"这一主题，抓住"国情教育"这个基本维度，紧扣轨道交通服务手语应用这一核心能力，引入真实工作情境，完成教学实施，构建了"一学习情境、一文化主题、一思政主题"互相契合的《轨道交通服务手语》课程思政体系，将学生个人的综合素养提升、职业发展与当下我国轨道交通服务行业、服务产品彰显人民性、文化魂的整体要求紧密结合起来。以真实工作情境为引领，通过三个课堂，即：第一课堂实施传统教学，第二课堂开展学生活动，第三课堂践行社会服务，构建了手语+思政的"浸润式"特色课程思政教学模式。将社会主义核心价值观、职业情怀、职业奉献、民族自信、爱国情感等"如春在花、如盐化水"般融入课程体系设计、理论与实践教学环节和考核评价等教学环节中，实现润物无声的效果。

第一课堂：传统课堂课程思政实践

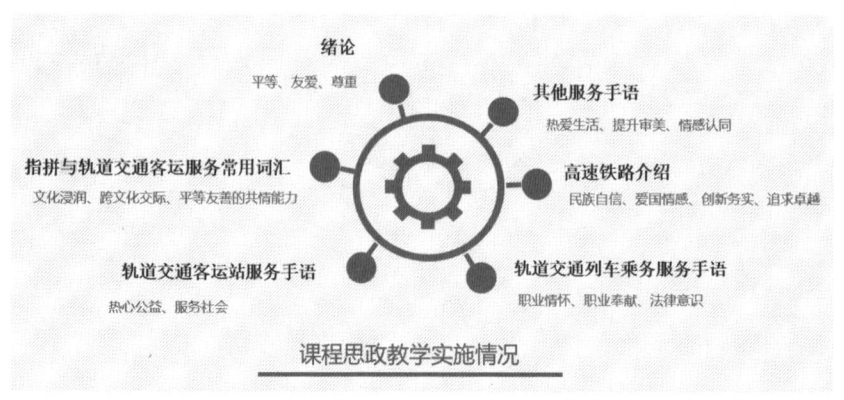

图1 《轨道交通服务手语》课程思政教学设计

第二课堂：师生同"讲"助成长

设立"手语思政工作室"，打造第二课堂育人平台。利用网络资源、高校图书资源，借助学院公众号、融媒体、美篇、抖音、教育部未来科创中心等网络平台，利用手语开展思想政治理论学习，守好网络阵地。组织学生将时政新闻、政策文件、党史、传统文化典籍、古诗词、名言警句、文化长廊等内容，以手语"诵读"、手语"讲"故事、手语"播报"、手语操等形式展开，形成了同频共振、同向同行、校园处处是课堂的"手语思政"育人新局面。让习近平新时代中国特色社会主义思想第一时间进课堂、进头脑，在青年学生中内化于心，外化于行。

图2 师生手语思政类作品在人民日报、西安教育电视台等平台发布

选拔思想政治觉悟高的预备党员、入党积极分子成立手语思政研讨社。学生利用这个平台挖掘手语和时事热点、党的二十大精神等思政元素的结合点，开展手语操演练、短视频制作等活动。学生拍摄并制作了手语微课、手语微视频、手语音乐短片等内涵丰富特色鲜明的手语思政数字化资源，通过汇演、竞赛等多种形式开展兼具时政特色与文化底蕴的手语思政展演活动，从校内讲到校外，从"线下"讲到"线上"，借助手语这一新颖的形式，用青年的声音传递新时代社会主义核心价值观，弘扬社会正能量。

图3 学生积极踊跃参加手语思政比赛活动

图4 学生（预备党员）手语"讲"文化长廊

第三课堂："四走四学"筑"红心"

让学生走出校园、走入企业、走进社区、走向社会，以"走着学、走着用"的形式，培养学生对党和国家的政治认同、情感认同和价值认同。依托我校"大学生教育实践基地"——大华1935工业遗产博物馆这一平台，带领学生走进博物馆，现场体验别样的手语教学过程，在体验中树立学生正确的价值观、历史观和道德观,完成手语表达与应用能力训练。对接企业导师,成立学雷锋车站服务队,组织学生赴中国铁路西安局集团有限公司西安北客站、西安站、西安地铁的各个车站,熟练运用手语技能,服务残障旅(乘)客,增强学生与听障旅(乘)客的日常沟通与倾听技巧,培养学生关爱弱势群体,平等友善的共情能力。在社区中,学生参与敬老院服务,鼓励学生运用手语技能与社区中的听障人士进行沟通交流,了解聋人文化,掌握解决跨文化沟通障碍的方法;在社会上,鼓励学生参与志愿者活动,热心社会公益,实现了劳动教育与专业教育、学生素质拓展的有机融合。

图5 学子们在工作岗位上为特殊重点旅客出行保驾护航

此外,手语课程还与急救、应急课程组成特色课程团队,辐射"智慧助老"社区教育,并与西安市教育电视台策划录播手语思政研学及手语社会公益类节目,形成了《轨道交通服务手语》课程思政育人、网络育人和实践育人的强大合力。

目录 CONTENTS

绪论 / 001

学习情境一 指拼与轨道交通客运服务常用词汇 / 007

任务一 指拼及应用 / 008

任务二 轨道交通客运服务常用词汇 / 013

聋人文化专题一：手语名字 / 041

手语思政专题一：手语与社会生活 / 042

学习情境二 轨道交通客运站服务手语 / 043

任务一 售票作业 / 045

任务二 候车服务 / 058

任务三 检票乘降 / 072

任务四 出站作业 / 082

聋人文化专题二：聋人的交流方式 / 089

手语思政专题二：手语与社会公益 / 090

学习情境三　轨道交通列车乘务服务手语 / 091

任务一　迎客作业 / 093

任务二　车厢服务 / 100

任务三　动车设备设施介绍 / 109

任务四　重点旅客服务 / 118

任务五　应急服务 / 125

任务六　餐饮服务 / 141

聋人文化专题三：聋人的生活方式 / 151

手语思政专题三：手语与轨道交通客运服务 / 153

学习情境四　轨道交通客运日常用语 / 155

任务一　其他服务用语 / 156

任务二　高速铁路介绍 / 164

聋人文化专题四：聋人就业难 / 178

手语思政专题四：手语与艺术 / 179

附录　中国主要城市地名 / 180

参考文献 / 189

《轨道交通服务手语》多媒体资源

序号	学习情境	任务	资源名称	资源类型	页码
1			宣传片	动画	1
2	学习情境一 指拼与轨道交通客运服务常用词汇	轨道交通客运服务常用词汇	空间和衣物	视频	019
3			数字和时间	视频	023
4			常用服务用语	视频	031
5			见面打招呼	视频	031
6	学习情境二 轨道交通客运站服务手语	售票作业	视频：售票作业相关词汇和短语	视频	045
7			情景视频：售票	视频	057
8			情景视频：退票	视频	058
9			情景视频：改签	视频	058
10		候车服务	视频：候车服务相关词汇和短语	视频	058
11			情景视频：安检	视频	071
12			情景视频：验票	视频	071
13			情景视频：询问	视频	071
14		检票乘降	视频：检票乘降相关服务和短语	视频	072
15			情景视频：检票口	视频	081
16			情景视频：站台服务	视频	082
17		出站作业	视频：出站作业相关服务和短语	视频	082
18			情境视频：旅客问询	视频	088
19	学习情境三 轨道交通列车乘务服务手语	迎客作业	视频：迎客作业相关服务和短语	视频	093
20			情景视频：车门迎客	视频	098
21			情景视频：引领服务	视频	099
22		车厢服务	视频：车厢服务相关词汇和短语	视频	100
23			情景视频：常规问题解答	视频	106

续表

序号	学习情境	任务	资源名称	资源类型	页码
24	学习情境三 轨道交通列车乘务服务手语	车厢服务	情景视频：禁止吸烟	视频	107
25			情景视频：整理行李	视频	107
26		动车设备设施介绍	视频：动车设备设施介绍相关词汇和短语（1）	视频	109
27			视频：动车设备设施介绍相关词汇和短语（2）	视频	109
28			情景视频：询问卫生间	视频	114
29			情景视频：热水设备	视频	115
30			情景视频：空调、通风、插座	视频	116
31			情景视频：询问座位设施	视频	117
32			情景视频：电视、阅读灯、照明灯	视频	117
33		重点旅客服务	视频：重点旅客服务相关词汇和短语	视频	118
34			情景视频：照顾老人小孩	视频	123
35			情景视频：照顾残疾人	视频	124
37		应急服务	视频：应急服务相关词汇和短语（1）	视频	125
38			视频：应急服务相关词汇和短语（2）	视频	125
39			情景视频：物品丢失	视频	139
40			情景视频：空调故障、火车晃动	视频	140
41			情景视频：临时停车	视频	140
			情景视频：寻找医生	视频	140
42		餐饮服务	视频：餐饮服务相关词汇和短语	视频	141
43			情景视频：售餐	视频	149

绪 论

手语是用手势比量动作，根据手势的变化模拟形象或者音节以构成一定意思或词语。它是听力障碍以及无法言语的人互相交际和交流思想的一种手的语言，它是"有声语言的重要辅助工具"，而对于听力障碍的人来说，它则是主要的交际工具。

一、手语的起源与发展

古代就有手语的存在，其并非专为聋人所有。最初，古人靠手势来传达沟通意见，而后才慢慢演变为一种语言。古人以打猎耕种为主，社会上需要遵循的规则也少，因此聋人较能适应生活。但社会进步后文化发展，抽象的符号也多了起来，为了适应社会生活，聋人只好用手语来表达沟通了。

手语历史悠久，但是正式的聋教育却是四百多年前才开始的。可考察到的是法国伟大的聋教育家德雷佩神父，自己创造发明手语以利管训工作。美国在1817年设救济院，收容聋者并开始使用手语。日本也在1880年于东京设立第一所聋人学校，而后大阪、京都也都相继成立聋校。

从20世纪50年代开始，我国开始手语的规范和统一工作，经过多年的努力，中国手语的研究、推广工作颇具成效，已初步形成"学手语、用手语"的社会氛围。中央电视台、省级电视台和部分地方台开办了手语专栏节目，促进了不同地区聋人之间、聋人与健听人之间的交流。一些地方还专门成立了地方手语研究机构，如广东省、浙江省、江苏省、辽宁省等。郑州工程技术学院（原中州大学）率先在全国高校开设手语翻译专业。中国科学院计算技术研究所等有关科研单位也积极利用计算机技术研发中国手语辅助教学软件。

据统计，截至2022年9月，我国聋人人口约2 600万人，按每个聋人有直系亲属四人计算，需要使用手语的人口应该在1亿人左右；此外，特殊教育工作者、服务行业、政府职能部门以及手语爱好者也是一个很大的使用手语的群体。

2018年7月1日，《国家通用手语常用词表》作为语言文字规范在中国实施。

二、手语的相关知识

（一）手语的定义

手语是聋人使用的主要沟通工具，是聋人群体在彼此交流过程中创造出来的视觉空间语言。它是用手的变化和脸部表情来传达意义，通过眼睛看来接收信息的语言。凡是有聋人聚集的地方，就有手语的存在。

身为聋人的杨军辉博士给手语的定义是："手语是人们在聋人环境中使用手的手形、移动、位置、手掌朝向，配合面部表情和身体姿态（有时也配合口型），按照一定的语法规则来表达特定意思的交际工具。"而我国手语语言学开拓者龚群虎则认为中国手语是"中国聋人群体使用的形义结合的手势——视觉沟通符号体系"。值得注意的是，聋人手语是一种语言学意义上的语言，它具有完整的词汇系统和丰富的语法规则，因此，它不同于健听人常使用的身势语和特殊领域使用的特警手语、潜水手语、交警指挥手势、裁判手势等，也不是哑剧表演式的比划。

手语作为一种以手形为载体的立体视觉语言，不同于任何以语音为载体的有声语言。比如，手语通过视觉摹拟的方式直接反映客观世界，善于利用空间方位，表情和体态是不可或缺的语法手段……这些特点都是有声语言所不具备的。另外，中国手语由于发展历史较短，使用人数较少，因此常常向历史悠久、使用人数众多的汉语进行借用。

（二）手语是一种真正的语言

虽然聋人使用手语的历史由来已久，但手语语言地位的确立却仅仅是半个世纪以前的事。20世纪60年代初，美国著名聋人大学——加劳德特大学（Gallaudet University）的教师威廉·斯多基（William C. Stokoe）发表了世界上第一篇谈手语的语言学论文《美国手语的结构》，明确提出美国手语是一种语言。这篇论文是美国手语语言学奠基的标志，斯多基本人也被誉为"美国手语语言学之父"。当时，他的思想在学术界激起了轩然大波，大多数人对他的观点感到难以理解，甚至连聋人自己也嘲笑和攻击他将手语看成是语言。然而，时过境迁，如今"美国手语是一种真正的语言"已经成为美国学术界一致公认的观念。

手语是一种真正的语言，而不是有声语言的附庸或替代品。这是由三个方面的原因决定的：首先，以斯多基为代表的语言学家通过研究证明，手语虽然没有声音，但它具备语音、词汇、语法等要素，聋人打出的一个个手势词是相似性和任意性的集合体，也是约定俗成的语言符号。而交通指挥手势、特警专用手势、潜水员专用手势、健听人说话时伴随的体态语等，尽管也以手势动作为载体，但却不具备如此复杂的语汇体系，也没有真正的语法规则。其次，从儿童语言发展的历程来看，出生在聋人家庭的聋孩子从小就将手语作为第一语言习得，他们的手语获得和发展过程与健听人孩子习得有声语言的过程是同步的。这也从一个侧面证明了手语是和有声语言具有同等地位的。最后，从神经生理学的角度看，英国布里斯托大学聋人研究中心（Centre for Deaf Studies, Bristol）的专家对患有中风的聋人进行研究，发现中风导致左脑语言中枢损伤的聋人和同种病症的健听人一样，也会失去运用手语的能力，从而证明聋人使用手语和健听人使用口语都同样通过左脑语言中枢指挥（杨军辉，吴安定，2014）。

（三）手语的地域差别

不懂手语的人常以为全世界的手语都是一样的，其实这是一个误解。手语中也存在形形色色的语种，如中国手语、美国手语、法国手语、日本手语等。各种手语之间的词汇差异是非常大的，虽然存在"吃饭""睡觉""休息"等少数共通手势，但一般情况下不能直接通话。

（四）手势汉语与自然手语

手势汉语是汉语的手势符号化，其词序与汉语完全相同。自然手语是聋人在生活中所打的原汁原味的手语。手势汉语无须记忆新的语法规则和费力思考安排词序，所以要比学习自然手语简单得多。

三、打手语时的注意事项

（一）手语的范围

一般来说，手的运动有一个大概的范围，在打"阳""云"这类词语的时候，手的位置高至头部上方，打"广州""腰带"这类词语的时候，手的位置低至腰部，此外，双臂平伸外展，手指所达到的距离也就是一般情况下打手语时手的活动范围。

通常情况下，手语的动作不会超出这个区域，尤其比较集中在脸部周围和胸前一带。偶尔也有超出这个范围的例子，如用穿裤子的动作表示"裤"，指一下脚上穿的鞋子来表示"鞋"等。打手势时，每个动作要干净利落，清楚到位，舒展大方。如果手的动作软弱无力，缩在胸前，就像说话时发音含糊不清一样，对方理解起来会非常困难。

（二）手势的幅度和速度

手势的幅度是指打手势动作的大小变化。这就像健听人说话的音量一样，有人说话音量高，有人说话音量低。打手语者的性格、年龄、个性、气质等都是影响手势幅度的因素。此外，手势幅度也会根据具体交际环境而定。但一般来说，幅度不宜过大。手势的速度与交际内容有一定的联系，也与人的个性有一定的关系。一般情况下，要以对方看清楚为前提，不快不慢，速度适中。同时根据交际内容，可有节奏变化，比如在讲手语故事时，速度上的变化，可表现出故事的节奏感，更能吸引人。

（三）手语交际的最佳距离

手语交际的最佳距离一般有两个参考因素，一是以能轻松地看清为标准，不感到吃力就能看清对方手势即为适宜；二是以心理上感到自然为标准，即双方保持一定的距离，心理上感到自然舒适。一般来讲，手语的交际距离在0.5米至3米之间较适合，随着距离的拉远，手势应适当放大，便于对方观看。在操场、大会场做手语翻译时，要尽量站在方便大家观看的地方，条件允许时，应将脚下垫高。尽量靠近说话人，以方便聋人同时观看手语和观察说话人。如果条件不允许，则打手语的人手势幅度要大一些，适当夸张一点。

（四）关于面部表情

面部表情是手语中不可或缺的组成部分，它既能帮助语气和语义的表达，在许多时候也承载着语法功能。用错表情很容易造成误会。比如在打疑问句时，必须加上疑问的表情，即眉毛皱起或上抬、眼睛眯起或睁大，同时上身微微前倾，末个手势稍加延长。如果不具备这些要素，打出来的疑问句就很可能会被误解为陈述句。对手语初学者而言，加上表情并不难，难的是做到表情夸张和表情到位。听力健全人习惯以较为含蓄的表情和肢体动作进行沟通，要做到像聋人一样表情丰富百变是有一定难度的。对聋人来说，表情夸张并不是不雅，而是表达到位、表意清楚。这就要求我们从思想上充分认识表情的重要性，克服羞怯心理。此外，我们也可以对着镜子练习各种表情，以达到最好的视觉效果。

学习情境一

指拼与轨道交通客运服务常用词汇

1. 知识目标

（1）学习汉语手指字母的打法；

（2）学习轨道交通客运服务常用词汇的手语打法。

2. 能力目标

（1）掌握汉语手指字母的手语打法并熟练运用；

（2）掌握轨道交通客运服务常用词汇的手语打法并熟练运用。

3. 思政目标

（1）认识理论对实践的指导作用；

（2）理解平等、友爱、尊重是公民个人层面的价值准则；

（3）文化浸润，培养跨文化交际能力和平等友善的共情能力。

指拼及其应用

一、指拼

指拼（Finger spelling），是指用手指的指式动作代表字母，从而表达有声语言。指拼有单手指拼和双手指拼之分，如中国手语、美国手语使用单手指拼，而英国手语则使用双手指拼。

国内有人把指拼叫作"手指语"或"指语"，但事实上，指拼并不是一种独立的语言，它表音却不表意，只是聋人手语中的一种辅助表达手段。它的出现频率并不太高，绝大多数情况下，即使不用指拼，聋人也有能力把一件事表达清楚。

指拼是依附于有声语言存在的。只有学习和掌握了26个英文字母，才能自如地使用英语指拼；同样地，只有掌握了汉语中的拼音字母，才可能使用汉语指拼。只要学会若干字母的基本指式打法，就可以按有声语言的顺序拼出任何单词乃至句子、段落。总之，指拼本质上是以手势符号为载体来记录有声语言的工具，所谓的"手指语"就像电码、旗语一样，是有声语言的一种表现形式。

由于指拼以有声语言的语音为依据，所以它只能表音，而无法形象地模拟事物，并且也无法区别有声语言中为数众多的同音字，这是它最大的局限。所以，如果在打手语时过多地使用指拼，会影响聋人对手语的理解度。如果全用指拼来表达有声语言，则会使人不知所云。比如打出"dajia"，聋人无法判断是"大家"还是"打架""打假"或其他。因此，完全用指拼来表示词或句子，一般只有在聋校语文教学中才会用到，聋人的日常交流中一般不用。

那么，在日常交流中指拼会在什么时候使用呢？比如说，遇到比较陌生或者抽象的概念，需要用汉语来表述以让对方明白时，聋人就会借用指拼这种手段来辅助表达。再比如说，为了区别近义词，更精确地说明所要表达的概念，聋人也会加上指拼。值得注意的是，这时只需要打出每个汉字的首个拼音字母即可，不需要将整个音节逐一拼出，如将"阿姨"打成"A—Y"等。

相较形象的手势符号而言，指拼字母的数量较少，容易记忆，而且与有声语言表达顺序一致，对健听人而言学习难度较小。但指拼作为一种交际工具，其劣势也是很明显的，如拼打速度比自然手语慢，看起来费力等。因此，它虽是一种有效的交际辅助工具，但实用性不强。我们学习手语时，熟记本国的指拼字母很有必要，但不宜把指拼的学习作为手语学习的重点，一旦碰到不会的词语就用指拼，这样只会造成交流对象的迷惑和误解。

二、指拼的用途

指拼在手语中的用途主要有：

1. 用来表达有声语言中的人名、地名等专有名词。如姓氏"邰"打成"T"，陕西"鄠邑"打成"H—Y"。

2. 同具体手势相结合，互相配合共同表达意义。如打"H"指式，摸一下脸颊，表示"黄"。

3. 作为借用汉语语音的手段之一使用，表达较为抽象的概念或者打手语者觉得用自然手语较难表达的概念。如"政治"用"ZH"的指式，指尖向前，向下顿两下。

4. 用来更精确地界定意义，区别意义相同或相近的概念。如"资料""材料"都用"东西"的手势来表达，但区别在于表示"东西"的手势前加的是"Z"还是"C"。

5. 用来表示有声语言词汇的语音缩略形式。如用"A—Y"来表示"阿姨"。

三、指拼的注意事项

进行拼打时，要注意姿势端正，指式清晰、准确，一般以右手打出（左撇子可用左手），拼打音节时应连贯、自然，字与字中间略做停顿。

下面列出中国手语中的字母指拼的具体打法（以右手为例）：

Aa：右手伸拇指，指尖朝上，食、中、无名、小指弯曲，指尖抵于掌心，手背向右。Aa	Bb：右手拇指向掌心弯曲，食、中、无名、小指并拢直立，掌心向前偏左。Bb
Cc：拇指在下，向上弯曲，其余四指并齐，向下弯曲，相对成C形，虎口朝里。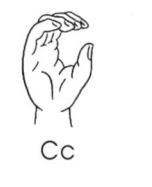Cc	Dd：手握拳，拇指搭在中指第二关节上，虎口向后上方。Dd
Ee：中、无名、小三指伸直，分开不并紧，指尖向左，手背朝外，拇指和食指弯曲，拇指搭在食指上。Ee	Ff：食、中二指伸直，分开不并紧，指尖向左，手背朝外，其余三指弯曲，拇指搭在食指上。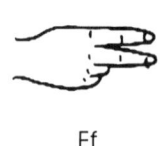Ff

学习情境一 指拼与轨道交通客运服务常用词汇

| Gg：食指伸直，指尖向左，其余四指握拳，手背朝外。 |  Gg | Hh：食、中二指并紧伸直，指尖向上，手心向前偏左，其余三指弯曲，拇指搭在无名指上。 |  Hh |

| Ii：食指伸直，指尖向上，其余四指握拳，拇指搭在中指上，手心向前偏左。 |  Ii | Jj：食指伸起带弯曲，其余四指握拳，拇指搭在中指上，手心向前偏左。 | 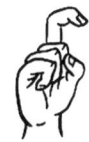 Jj |

| Kk：食指伸直，指尖向上，中指伸直跟食指成90度角，拇指跟中指交叉相搭，其余二指弯曲，虎口朝里。 |  Kk | Ll：拇、食二指伸直分开，形成L形，其余三指握拳，虎口向上，手心向前偏左。 |  Ll |

| Mm：拇指和小指弯曲，拇指搭在小指第二节上，其余三指并齐、向下弯曲，指尖稍向下斜，临空压在拇指上，手心向前偏左。 |  Mm | Nn：无名指、小指弯曲，拇指搭在无名指上，其余二指并齐，向下弯曲，指尖稍向下斜，临空压在拇指上，手心向前偏左。 |  Nn |

| Oo：食、中、无名、小四指并齐弯曲，拇指跟食指、中指相抵成空拳，虎口朝里，如O形。 |  Oo | Pp：拇指跟食指相抵成圆圈，其余三指伸直并齐，指尖向下斜伸，虎口向外稍斜。 |  Pp |

Qq：拇指跟食、中指相捏，其余二指弯曲，虎口朝里偏左。	 Qq	Rr：拇指、食指伸出，拇指指尖向上稍斜，食指指尖向左，手背朝外，其余三指握拳。	 Rr
Ss：食、中、无名、小四指并齐弯曲，手指靠近手掌一节跟手掌成90度角，拇指向上伸出，手心向左前方。	 Ss	Tt：拇指跟中指、无名指相抵，成圆圈，食指和小指伸出，指尖向上，手心向前偏左。	 Tt
Uu：手掌伸直，食、中、无名、小四指并齐，指尖向上，拇指分开不贴紧食指，手心向前偏左。	 Uu	Vv：食指和中指伸直分开，成V形，指尖向上，其余三指弯曲，拇指搭在无名指上，手心向前偏左。	 Vv
Ww：食、中、无名三指甚至分开，成W形，指尖向上，其余二指弯曲相搭，手心向前偏左。	 Ww	Xx：中指搭在食指上，成交叉形，指尖向上，其余三指握拳，拇指搭在无名指上，手心向前偏左。	 Xx
Yy：拇指和小指伸出，指尖向上，其余三指握拳，手心向前偏左。	 Yy	Zz：食指和小指伸直，指尖向左，手背向外，其余三指弯曲，拇指搭在中指和无名指上。	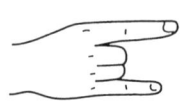 Zz

ZH zh：右手食、中、小指横伸，食、中指并拢，指尖朝左，拇、无名指弯曲，拇指搭在无名指远节指上，手背向外。

ZH　zh

CH ch：右手拇指在下，食、中、无名、小指并拢在上，指尖朝左成扁"ㄋ"形，虎口朝内。

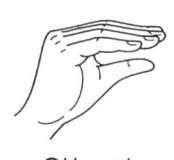

CH　ch

SH sh：右手拇指贴近手掌，食、中指并拢微曲与手掌成90度角，无名、小指弯曲，指尖抵于掌心，掌心向前偏左。

SH　sh

NG ng：右手小指横伸，指尖朝左，拇、食、中、无名指弯曲，拇指搭在食、中、无名指上，手背向外。

NG　ng

轨道交通服务常用词汇

一、称谓

1. 人

人：双手食指搭成"人"字形。

2. 人民

人民：双手食指搭成"人"字形并转一圈。

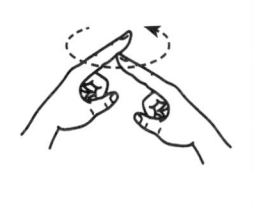

3. 人类

人类：（1）双手食指搭成"人"字形。（2）一手五指张开，指尖向上，然后边向下移动边撮合五指。

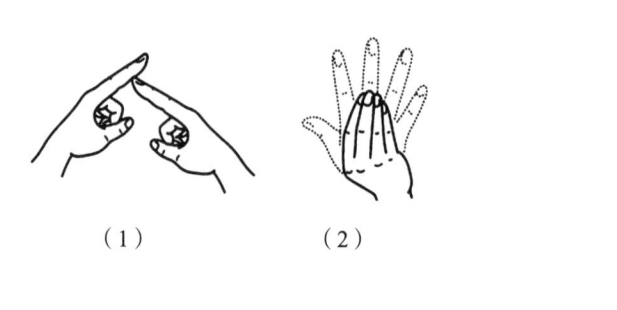

（1）　　　　（2）

4. 居民

居民：（1）一手掌心贴着脸部，头微侧，然后闭上眼睛。（2）右手伸拇指和食指与左手食指搭成"民"字的一部分。

（1）　　　　（2）

5. 朋友

朋友：双手伸拇指互碰几下，表示友谊。

6. 婴儿（宝宝）

婴儿：双手掌心向内，一上一下，虚置胸前，作抱婴儿状。

7. 男

男：一手直立，掌心贴于头一侧，前后移动两下。

8. 女

女：一手拇、食指捏耳垂，象征耳环，泛指妇女。

9. 男士（先生）

男士：（1）一手直立，掌心贴于头的一侧，前后移动两下。（2）左手食指与右手拇、食指搭成"士"字形。

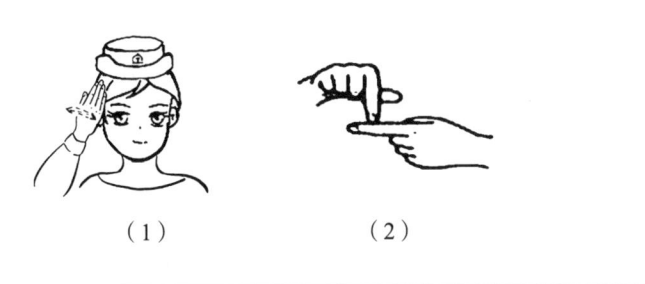

(1)   (2)

10. 女士

女士：（1）一手拇、食指捏耳垂。（2）左手食指与右手拇、食指搭成"士"字形。

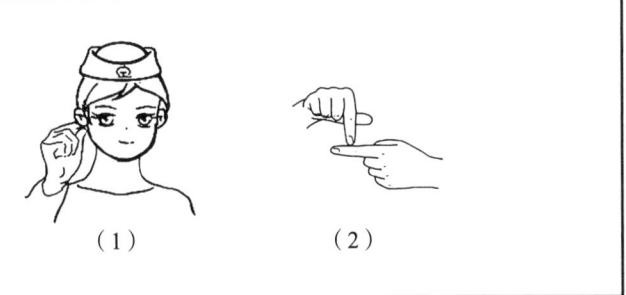

(1)   (2)

11. 小孩（儿童、少年、儿童）

小孩：一手平伸，掌心向下，在胸前向下微按。（根据小孩、儿童、少年不同身高而决定手的高低）

12. 青年（年轻、年青）

青年：一手掌心在颏下抚摸两下，以颏下胡须来表示男青年。

13. 男孩

男孩：（1）一手直立，掌心贴于头一侧，前后移动两下。（2）同"小孩"手势。

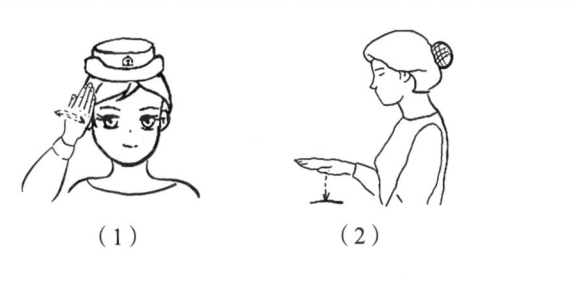

(1)   (2)

14. 成年人（大人）

成年人：（1）一手平伸，掌心向下，往上缓慢移动，表示长大。（2）双手食指搭成"人"字形。

（1）　　　　　（2）

15. 老年人

老年人：（1）一手食、中、无名指弯曲，指背贴于脸颊，由上而下移动，表示脸上的皱纹。（2）双手食指搭成"人"字形。

（1）　　　　　（2）

16. 父亲（爸爸）

父亲：右手伸拇指，指尖左侧贴于嘴唇。

17. 母亲（妈妈）

妈妈：右手伸食指，指尖左侧贴于嘴唇。

18. 爷爷

爷爷：一手打手指字母"Y"的指式，手背向外，从下颏处向下移动。

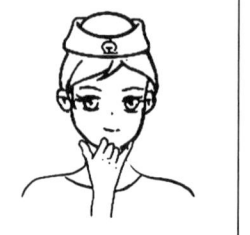

19. 奶奶

奶奶：一手指打字母"N"的指式，在脸颊处向下划动。

20. 哥哥

哥哥：一手先伸中指指尖朝上，指腹贴于下颏，然后手直立，掌心贴于头的一侧，前后移动两下。

21. 姐姐

姐姐：一手先伸中指直立，指腹贴于下颏，然后拇、食指捏一下耳垂。

22. 弟弟

弟弟：一手先伸小指指尖朝上，指腹贴于下颏，然后手直立，掌心贴于头的一侧，前后移动两下。

23. 妹妹

妹妹：一手先伸小指指尖朝上，指腹贴于下颏，然后拇、食指捏一下耳垂。

24. 家属（亲戚）

家属：（1）双手斜伸，指尖相对，搭成"∧"形。（2）一手五指微曲，指尖朝内，在下颏左右微动两下。

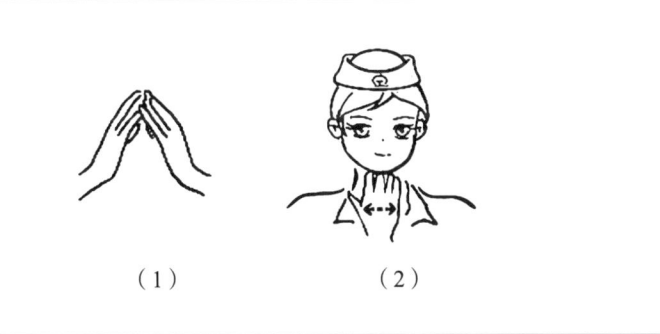

（1）　　　　（2）

25. 乘客

乘客：（1）左手横伸；右手伸拇指、小指，置于左手掌心上，双手同时向右移动一下。（2）双手搭成"人"字形。

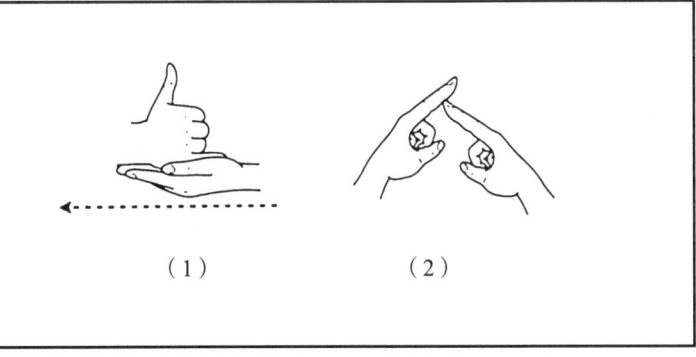

（1）　　　　（2）

26. 旅客

旅客：（1）左手握拳；右手伸拇指、小指，小指在左手背上随意点几下。（2）双手平伸，掌心向上，前后交替移动两下。

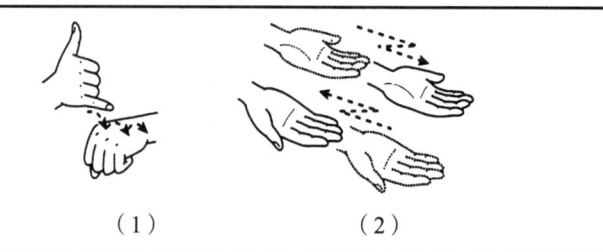

（1）　　　　　　（2）

二、衣物、空间

（一）衣物

1. 衣服（布）

衣服：一手拇、食指揪两下胸前衣服。

2. 西服

西服：双手伸拇指，自颈两旁至胸口划两条斜线，象征西服领口。

3. 工作服

工作：（1）一手食、中指与另一手食指搭成"工"字形。（2）双手握拳，上拳打下拳，即"做"手势，引申为"工作"。（3）服：一手拇、食指揪两下胸前衣服。

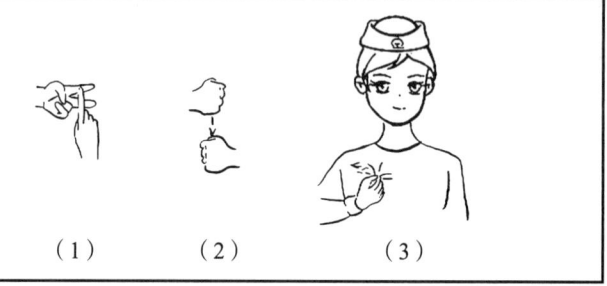

（1）　　　（2）　　　（3）

4. 衬衣

衬衣：（1）双手拇、食指张开，指尖朝内，置于领部，边向前移动边捏合两指，表示衬衣的领子。（2）一手拇、食指揪一下胸前衣服。

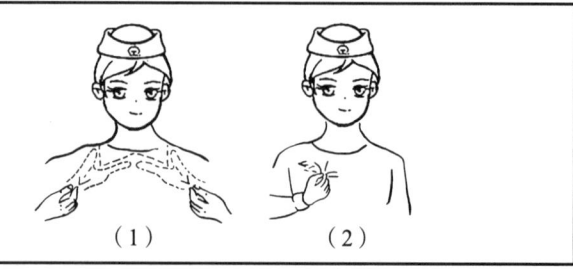

（1）　　　　　　（2）

5. 帽子

帽子：一手做执帽向头上戴的动作。

6. 围裙

围裙：双手伸食指，指尖朝内，在胸部由上而下划出围裙的外形，然后在背后做系带动作。

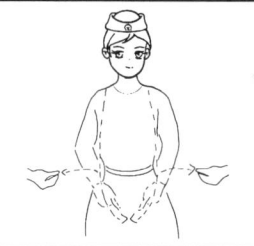

7. 裤子

裤子：双手拇、食指相捏，在腿部向上提，如穿裤子状。夹裤、棉裤、毛裤等均用此手势。

空间和衣物

（二）空间

1. 方向

方向：（1）双手伸拇、食指相搭成方形。（2）双手直立，掌心左右相对，向前移动一下。

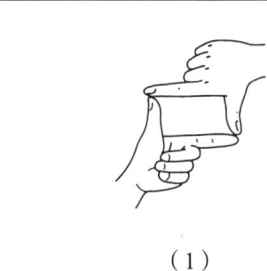

（1）　　　　（2）

2. 位置

位置：左手横着伸出，右手五指弯曲，指尖向下，放在左手掌心上。也可表示姓"庄"。

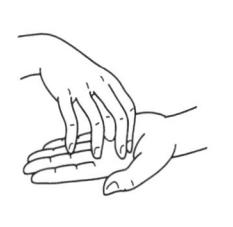

3. 东

东：右手伸直，五指并拢，指尖指向右边。

4. 西

西：右手伸直，五指并拢，指尖指向左边。

5. 南

南：右手伸直，五指并拢，指尖在胸腹部向下指。

6. 北

北：右手伸直，五指并拢，放在胸前正中位置，五指指尖向上。

7. 上

上：一手伸食指向上指。还可表示上面，上边。

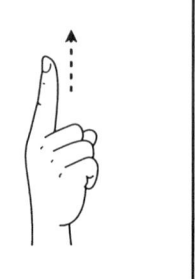

8. 下

下：一手伸食指向下指。还可表示地、下面、下边。

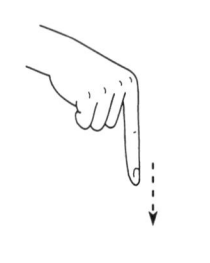

9. 左

左：右手拍一下左臂，表示左。还可表示左面、左边。

10. 右

右：左手拍一下右臂，表示右。还可表示右面、右边。

11. 前

前：一手伸食指，指向正前方，也可根据实际情况决定手的朝向。

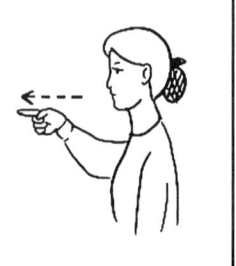

12. 后

后：一手伸食指，指尖向肩后指。

13. 正面

正面：左掌直伸，五指并拢，掌心向外。右手伸食指指左手掌心，表示正面，还可表示前面。

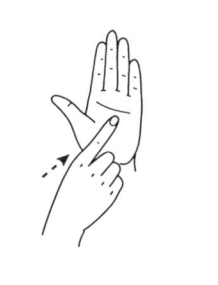

14. 反面

反面：左手直立，手背向外。右手伸食指，指尖向上，指一下左手手背，表示反面，还可表示背面、后面。

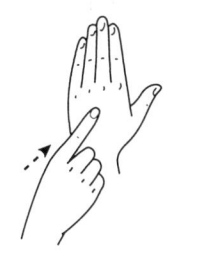

15. 里面

里面：左手横立；右手食指直立，在左手掌内由上向下移动，表示里面，还可表示内。

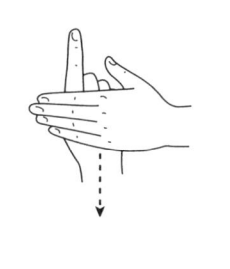

16. 外面

外面：左手横立，手背朝外。右手伸食指，指尖向下，在左手背外向下指，表示外面还可表示外。

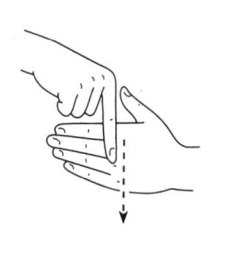

17. 侧面

侧面：左手直立，掌心向外，五指并拢；右手直立，掌心贴着左手拇指从上往下动一下。

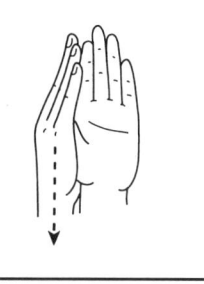

18. 对面

对面：双手伸食指，指尖朝上，相距一定距离，置于胸前，然后同时向中间微移一下。

19. 旁边

旁边：伸出右手，五指并拢，然后将左臂外侧拍两下。

20. 边缘

边缘：一手五指并拢，指尖朝下，沿另一平伸的手的小指边缘划动一下。还可表示边界、边。

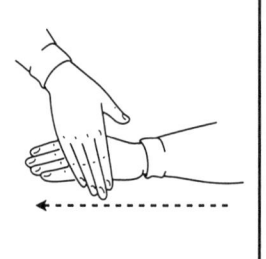

21. 中间

中间：左手伸出拇指和食指搭成"匚"形，虎口向内，右手直立，五指并拢，掌心朝左，然后右手向左手的拇指和食指碰一下。

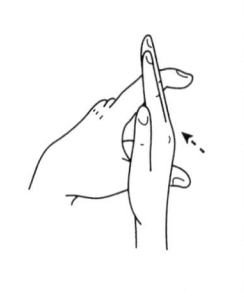

22. 周围

周围：右手伸出食指，指尖向下，左手虚握，手背朝上，然后右手绕着左手顺时针平行转动一圈。

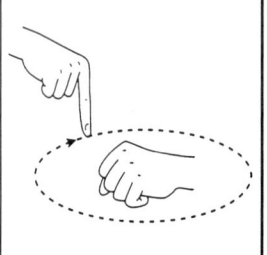

23. 到处

到处：一手拇指、小指伸直，一顿一顿随意移动几次。

24. 哪里

哪里：一手伸出食指，指尖朝上，掌心向外，在头部一侧左右晃动几下，面露疑问的表情。还可表示什么。

25. 那里

那里：一手伸出食指，指尖朝前，指两下。可根据实际来决定手指指向。

26. 这里

这里：一手伸出食指，指尖向下，朝地面指两下。也可根据实际来决定手指的指向。

二、数字、时间

（一）数字

数字和时间

1. 零（0）

零：一手拇、食指相捏成圆圈，余指自然弯曲。

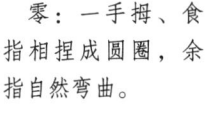

2. 壹（1、一）

壹：一手伸出食指，其余四指弯曲。或者一手食指横伸，手背向外。

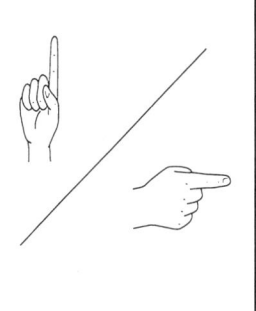

3. 贰（2、二）

贰：一手拇、食指相捏成圆圈，余指自然弯曲。或者一手食指、中指横伸分开，手背向外。

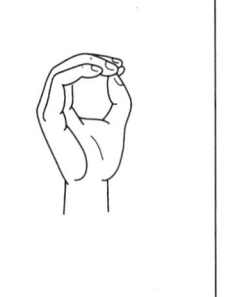

4. 叁（3、三）

叁：一手伸出食、中指、小指其余二指弯曲。或者一手伸中指、无名指、小指横伸分开，手背向外。

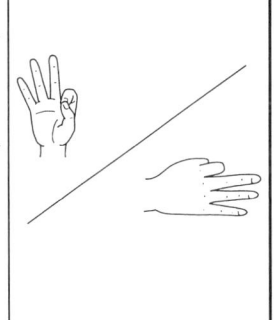

5. 肆（4、四）

肆：一手食指、中指、无名指、小指直立分开，掌心向外。或者一手食指、中指、无名指、小指横伸分开，手背向外。

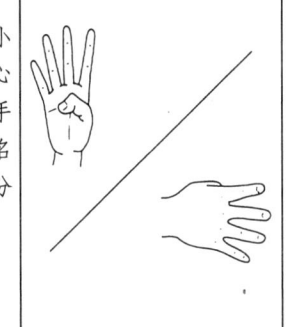

6. 伍（5、五）

伍：一手五指直立分开，掌心向外。或者一手五指横伸分开，手背向外。

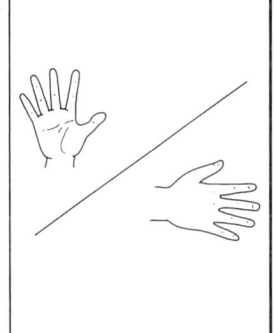

7. 陆（6、六）

陆：一手拇指、小指直立，掌心向外。或者一手伸拇指、小指，指尖朝左右均可，手背向外。

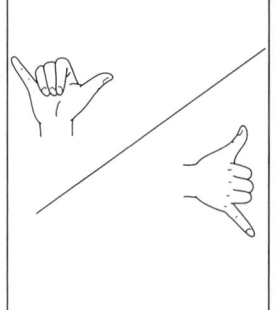

8. 柒（7、七）

柒：一手拇指、食指、中指相捏，指尖朝斜前方，虎口朝斜后方；也可以一手拇指、食指、中指相捏，指尖朝左右均可，虎口朝上。

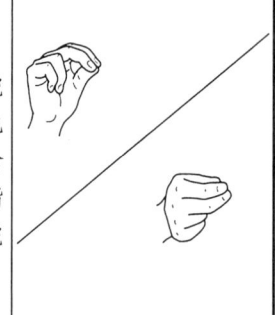

9. 捌（8、八）

捌：一手伸拇指、食指，掌心向外；或者一手伸拇指、食指，手背向外。

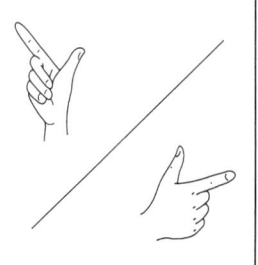

10. 玖（9、九）

玖：一手食指弯如钩形，其余四指弯曲。

11. 拾（10、十）

拾：一手食指、中指直立相叠，掌心向外；或者一手拇指和食指搭成"十"字形。

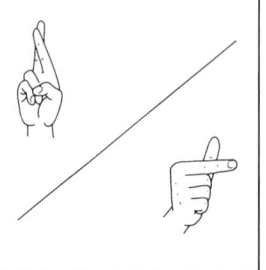

12. 贰拾（20、二十）

贰拾：用"贰"的手势，并将食、中指弯动两下。

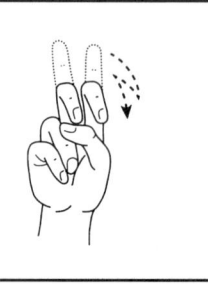

13. 叁拾（30、三十）

叁拾：用"叁"的手势，并将食、中指、小指弯动两下。

14. 肆拾（40、四十）

肆拾：用"肆"的手势，并将食指、中指、无名指、小指弯动两下。

15. 伍拾（50、五十）

| 伍拾：用"伍"的手势，并将五指弯动两下。 | 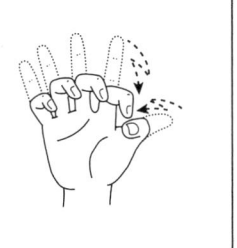 |

16. 陆拾（60、六十）

| 陆拾：用"陆"的手势，并将拇指和小指弯动两下。 | 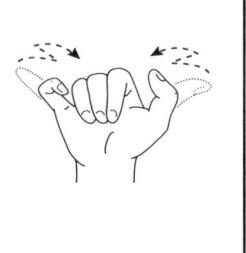 |

17. 柒拾（70、七十）

| 柒拾：用"柒"的手势，并将拇指、食指和中指向内缩动两下。 |  |

18. 捌拾（80、八十）

| 捌拾：用"捌"的手势，并将拇指、食指弯动两下。 |  |

19. 玖拾（90、九十）

| 玖拾：用"玖"的手势，并将食指弯动两下。 |  |

20. 百

| 百：一手伸出食指，从左向右挥动一下。 | 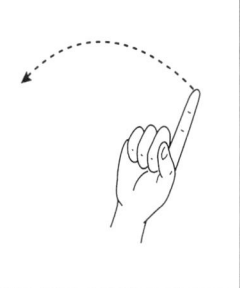 |

21. 百分数（百分率）

| 百分数：（1）一手食指书空"%"号。（2）一手直立，掌心朝内，五指张开交替点动几下。 | 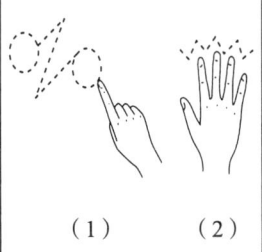 |
| | （1） （2） |

22. 仟（千）

| 仟：一手食指空"千"字。（两千用"贰"的手势，然后书空"千"，以此类推。） | 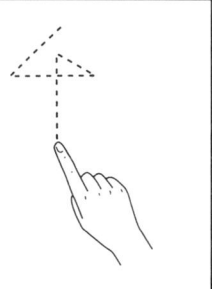 |

23. 万

万：一手食指书空"万"的最后一笔。（两万用"贰"的手势，然后书空万字最后一笔，以此类推。）

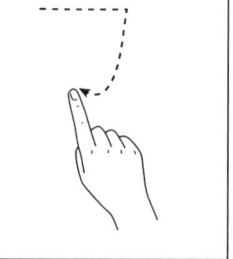

24. 亿

亿：右手五指成"コ"形，指尖向左，从外向内微微移动一下。

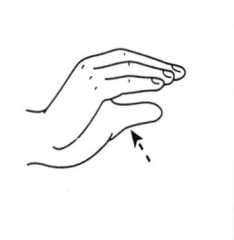

（二）时间

1. 时间（时候）

时间：一手伸出拇、食两指，拇指尖抵住另一手掌心，食指向下转动，象征钟表的时针在转动。

2. 日期

日期：双手横立，手背向外，一上一下，五指张开，交替点动几下。上方的手代表月份，下方的手代表日期。

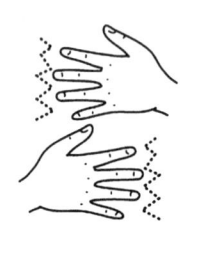

3. 白天

白天：右手五指撮合，手背向上，虎口朝内，置于面前，边向右做弧形移动边张开。

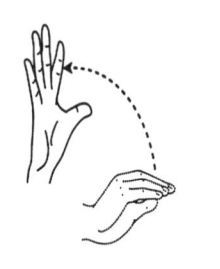

4. 晚上（夜晚）

晚上：右手直立，掌心朝左，拇指张开，置于面前，其他的四指向下弯动与大拇指捏合。

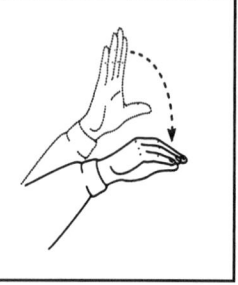

5. 早上

早上：一手五指撮合，手背朝上，虎口朝内，置于面前，边向上做弧形移动边张开（存在地域差异）。

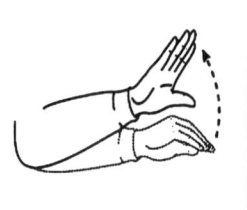

6. 上午

上午：一手食指直立，掌心向外，然后边向上移动边张开五指（存在地域差异）。

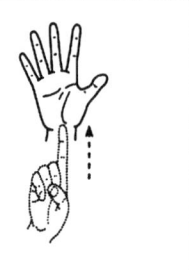

7. 中午

中午：一手食指直立，手背朝内，置于嘴部，然后五指张开（存在地域差异）。

8. 下午

下午：一手伸食指、中指，手背贴于下颏部下方，然后弯动两下（存在地域差异）。

9. 今天

今天：一手横伸，掌心向上，横于腹部，上下微动，即"就是现在"之意。

10. 明天

明天：一手伸食指贴于太阳穴部，头微偏；然后食指离开，头部转正，表示睡觉过了一天，即"明天"之意。

11. 后天

后天：一手伸食指、中指贴于太阳穴部，头微偏；然后食指离开，头部转正，表示睡觉过了二天，即"后天"之意。

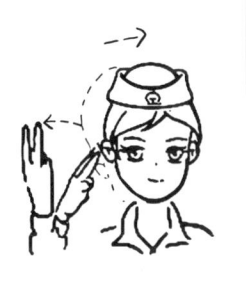

12. 大后天

大后天：一手伸中指、无名指、小指贴于太阳穴部，头微偏；然后手指离开，头部转正，表示睡觉过了三天，即"大后天"之意。

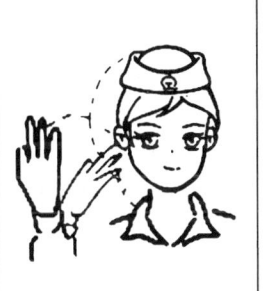

13. 昨天

昨天：一手掌心向内，伸食指指向肩后方点一下，表示过去的一天，即"昨天"。

14. 前天

前天：一手掌心向内，伸食指、中指指向肩后方点一下，表示过去的二天，即"前天"之意。

15. 大前天

大前天：一手掌心向内，伸中指、无名指、小指指向肩后方点一下，表示过去的三天，即"大前天"之意。

16. 日程

日程：（1）双手横立，手背向外，一上一下，五指张开，交替点动几下。上方的手代表月份，下方的手代表日期。（2）左手横立，掌心向内；右手横伸，掌心向下，自左手掌心向下一顿一顿移动。

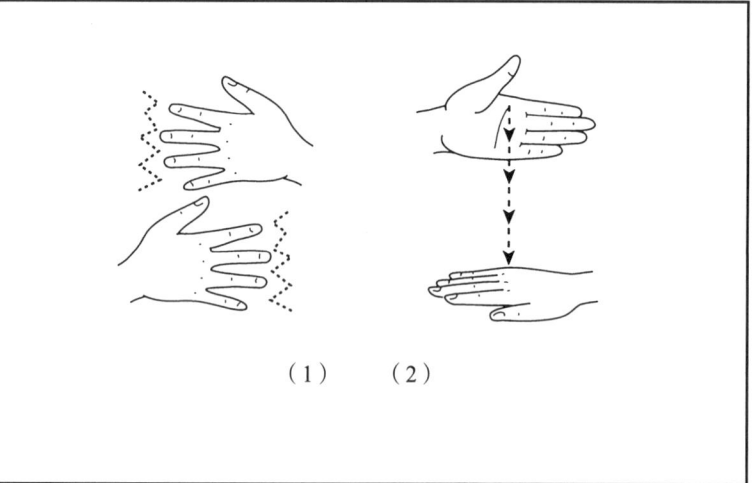

（1）　（2）

17. 每天

每天：一手食指直立，指尖贴于太阳穴，掌心朝外，然后向外划动两下。

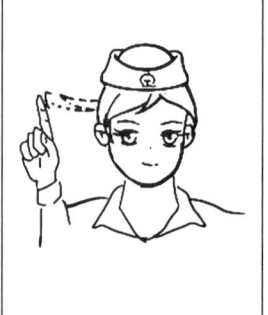

18. 星期一

星期一：左手直立，掌心向外；右手食指直立，掌心向内，碰一下左手掌心，表示星期一。表示星期二时，伸食指和中指，以此类推。（存在地域差异）

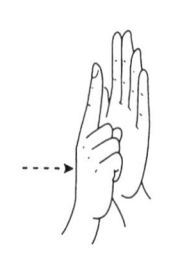

19. 每周

每周：右手拇指、食指、中指相捏，左手食指横伸，右手指尖碰两下左手食指尖。

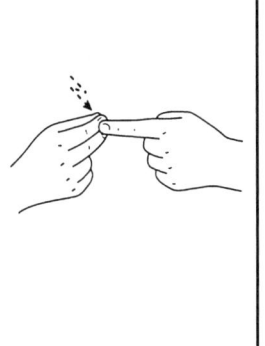

20. 月（一个月）

月：左手伸拇指、食指，虎口朝上，手背朝外；右手伸食指指尖在左手虎口内划一下，然后直立，手背朝外。（表示2个月时，则右手伸食指和中指，以此类推）

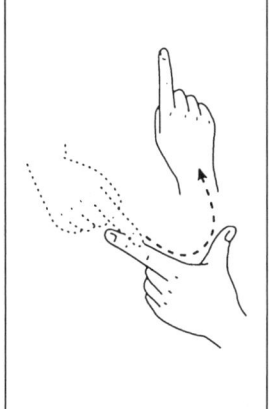

21. 每月

每月：左手食指直立，掌心朝外；右手食指横伸，手背朝外在左手食指上向下划动两下。

22. 每年

每年：左手握拳，手背朝外，虎口朝上；右手食指横伸，手背向外，自左手食指根部关节向下划动两下。

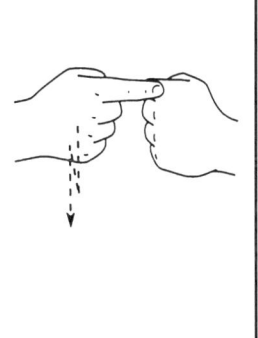

23. 春节

春节：（1）左手握拳，手背向上，右手伸食指点一下左手食指根部关节。（2）双手作揖，向前晃动两下。面露喜悦的表情。

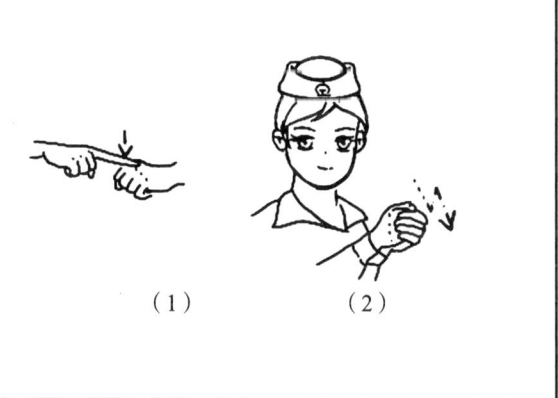

（1）　　　　（2）

24. 上旬

上旬：（1）双手横立，手背向外，一上一下，五指张开，交替点动几下。上方的手代表月份，下方的手代表日期。（2）左手横立，手背向外，五指张开；右手平伸，掌心朝上，在左手旁向上移动一下，表示月初。

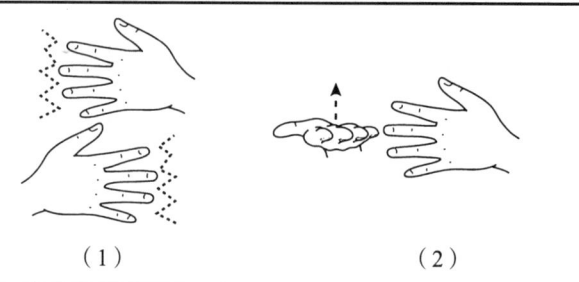

（1） （2）

25. 中旬

中旬：（1）双手横立，手背向外，一上一下，五指张开，交替点动几下。上方的手代表月份，下方的手代表日期。（2）左手横立，手背向外，五指张开；右手平伸，掌心向上，小指外侧碰一下左手中指，表示月中。

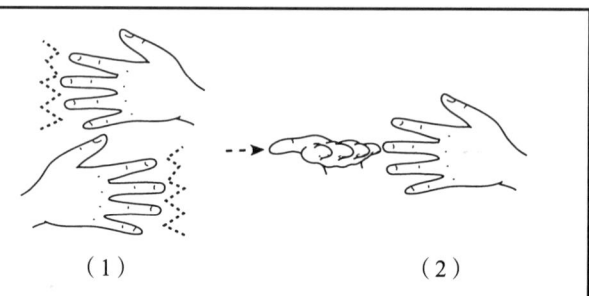

（1） （2）

26. 下旬

下旬：（1）双手横立，手背向外，一上一下，五指张开，交替点动几下。上方的手代表月份，下方的手代表日期。（2）左手横立，手背向外，五指张开；右手平伸，掌心向下，在左手旁向下移动一下，表示月末。

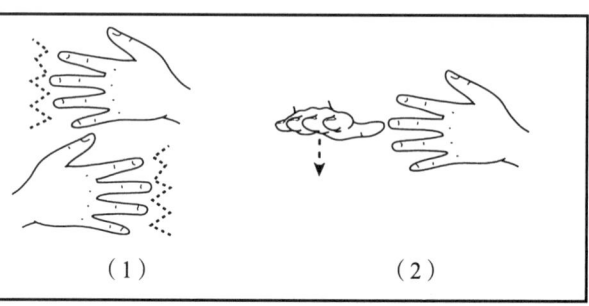

（1） （2）

27. 秒

秒：左手握拳，手背朝上；右手伸食指，指尖向下，在左手腕向左划动一下。（表示2秒时，右手伸食指、中指，以此类推。）

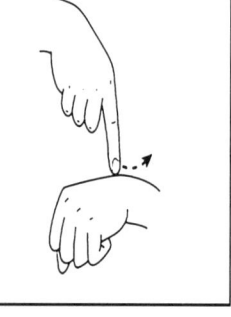

28. 分钟

分钟：左手握拳，手背朝上；右手伸食指，指尖向下，在左手腕向右划动一下。（表示2分钟时，右手伸食指、中指，以此类推。）

29. 小时

小时：左手握拳，手背朝上；右手伸食指，指尖向下，在左手腕顺时针转动一圈。

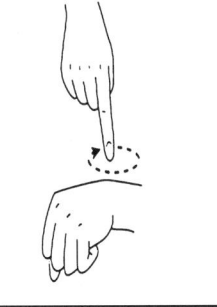

30. 年（一年）

年：左手握拳，手背朝外，虎口朝上；右手食指横伸，手背向外，自左手食指根部关节向下划。（表示两年则右手伸食指和中指，以此类推）

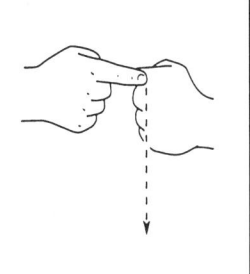

31. 季节

季节：左手握拳，手背朝外，虎口朝上；右手食指横伸，手背向外，在左拳四个骨节处自上而下各点一下。

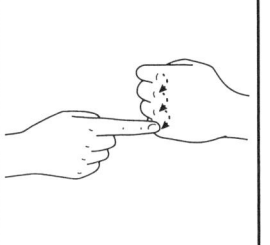

常用服务用语

见面打招呼

五、轨道交通客运服务常用词汇

1. 我

我：一手伸出食指，指自己。或者用一手五指并拢，在自己胸口位置拍一下。

2. 您

您：一手伸出食指指向对方。或者用一手五指并拢，掌心向上，指向对方。还可以表示你。

3. 他（她）

他：一手伸出食指指向侧方第三者。或者用一手五指并拢，掌心向上，指向侧方第三者。还可以表示它。

4. 大家

大家：一手五指并拢，掌心向下，在胸前平行转一圈。

5. 好

好：一手握拳，伸出拇指，指尖朝上，并露出赞赏的表情。

6. 请

请：双手掌心向上，在腰部位置向旁移动一下，面带笑容，表示邀请之意。

7. 喝（水）

喝（水）：一手五指并拢，虚握，如拿杯子状，然后放在嘴边模仿喝水的动作。

8. 坐

坐：右手伸出拇、小指，坐于左手掌心上。

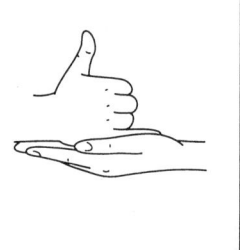

9. 慢

慢：一手掌心向下，慢慢地上下微微动几下，象征物体运动速度缓慢。（存在地域差异）

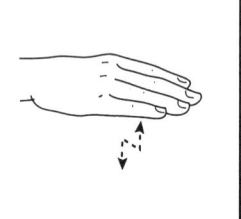

10. 快

快：一手拇指、食指相捏，捏成圆形，向一侧快速划动。还可表示立刻、迅速、顿时。

11. 走

走：一手伸食指、中指，指尖向下，一前一后交替向前移动。

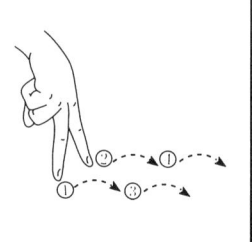

12. 为（了）

为（了）：一手伸拇、食指，其余三指弯曲，以腕部为轴转动一下。

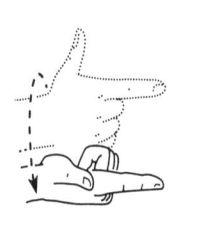

13. 为什么

为什么：一手伸拇、食指，食指指尖朝前，其余三指弯曲，以腕部为轴转动两下。面露疑问的表情。

14. 有

有：一手拇、食指伸直，掌心向上，拇指不动，食指弯动几下。

15. 稍微

稍微：一手拇指与食指相捏，手心向上，微微抖动几下。还可表示略微。

16. 等候

等候：一手背贴于颏下，表示张望、等候之意。

17. 出示

出示：右手拇指、食指相捏，指尖向下，放在左胸部位置，然后向前上方挥出，使指尖朝上。

18. 身份证

身份证：一手握拳，横放于头一侧，手背向外，虎口向上，然后依次伸出食指、中指、无名指和小指。

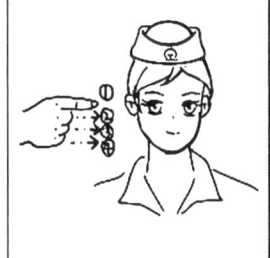

19. 残疾人证

残疾人证：（1）双手横伸，掌心向上，然后交替在对侧上臂位置划一下。（2）双手食指搭成"人"字形。（3）左手横伸，右手虚握，虎口向上，然后在左手掌心上砸一下。

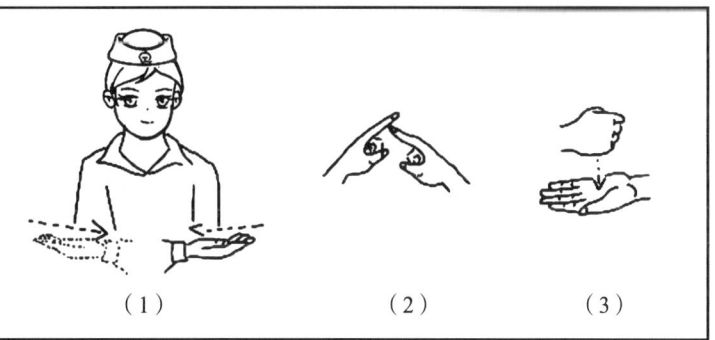

（1） （2） （3）

20. 帮助

帮助：双手掌心向外，按动两下，表示给人帮助、援助。

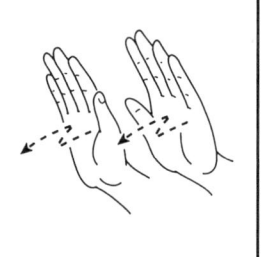

21. 服务

服务：右手横立于左胸部位置，掌心向内，上下划动两下。

22. 迟到（晚到）

迟到：（1）一手伸出拇指、其余四指并拢，拇指抵在另一手掌心，其余四指向下移动，象征时间已迟。（2）一手拇、小指直立，向前一顿。

（1）　　　　　　　　（2）

23. 早退

早退：（1）双手直立，手背相贴，然后左手在前不动，右手向身体方向移动。（2）左手平伸，掌心朝上，右手伸拇、小指直立，然后将小指指尖抵于左手指尖，再向手腕方向移动。

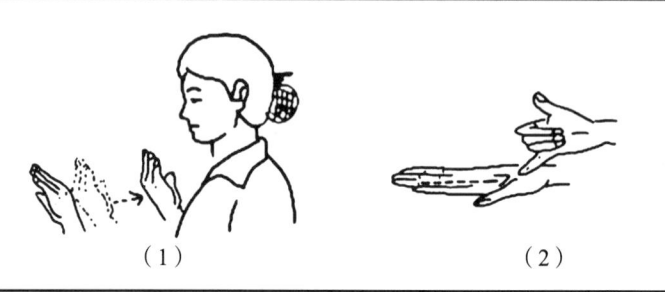

（1）　　　　　　　　（2）

24. 休息

休息：双手交叉贴于胸前，手心向内，表示休息之意。

25. 对不起

对不起：一手五指并拢，举于额际，先做"敬礼"手势，然后将手放于胸口位置改伸小指，在胸部点几下，表示对不起，还可表示道歉、赔礼。

26. 谢谢

谢谢：一手伸出拇指，弯曲两下，面带笑容。

27. 鼓掌

鼓掌：面带笑容，双手鼓掌。也可表示欢迎。

28. 欢迎

欢迎：双手掌心相对，五指微曲，放于头两侧，然后将手腕微微转动几下。同时面带笑容。

29. 需要

需要：一手平伸，掌心向上，向后微微移动两下。

30. 可以

可以：一手五指伸直，指尖向上，掌心朝外，然后拇指不动，其余四指弯动几下。表示能、能够、可以，还可表示物理学中的"能（能量）"的意思。

31. 照顾

照顾：左手在前，伸出拇指；右手在后，伸出食指和中指微曲，然后用右手的指尖对着左手拇指点两下。还可表示关照。

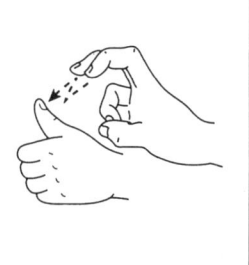

32. 责任

右手用五指搭成"コ"形，在左肩上按一下。还可表示任务、使命、委任。

33. 最（极、更、太）

一手拇指指尖抵于食指根部，其余三指自然握拳向下一沉。还可表示最、极、更、太。

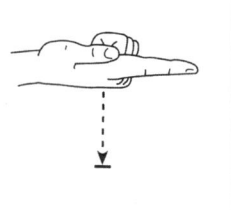

34. 注意

注意：一手食、中指分开，放于眼前，指尖向前点动两下，面露严肃的表情，表示注意。（存在地域差异）

35. 了解

了解：左手横伸，右手做手语字母"L"的指式，将右手放在左手的掌心上，然后向左手指尖方向移动。

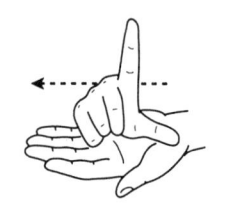

36. 原谅

原谅：一手拇、食指握成小圆形，然后从下颌部往胸部移动。表示请别人原谅的意思，还可表示包涵。

37. 排队

排队：双手张开，指尖向上，排成一列，左手掌心向外在前不动，右手掌心向内用小鱼际外侧碰左手拇指指背两下。

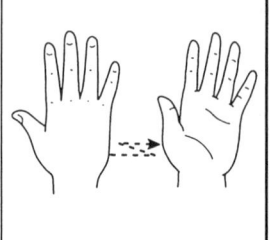

38. 没关系

没关系：双手拇指和食指套成环，之后再向两侧打开两下，表示不要紧。

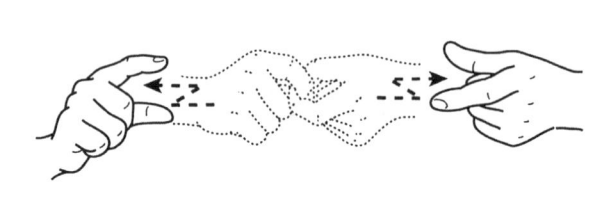

39. 安全

安全：（1）一手五指并拢，掌心向下，从胸部向下按一下。（2）一手伸出拇指，顺时针平行转一圈。

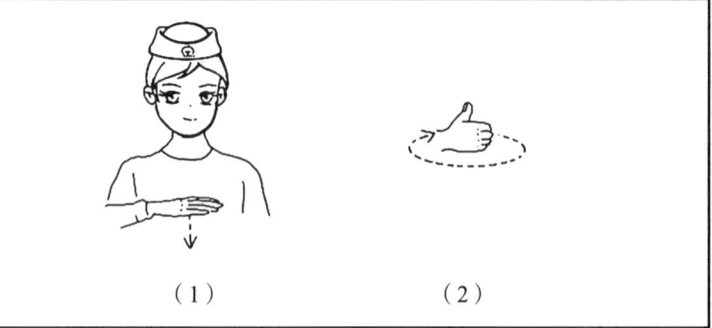

（1）　　　　（2）

40. 满意

满意：（1）一手平伸，掌心向下，从腹部向颏部移动。（2）一手食指伸直。借用"一"与"意"谐音。

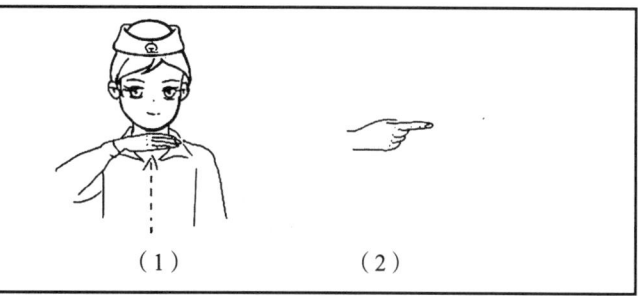

（1）　　　　（2）

41. 配合

配合：双手横立，手背向外，指尖相对，然后从两侧向中间交错移动直到双手相叠。还可表示符合、合适。

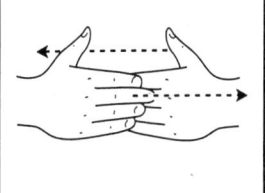

42. 支持

支持：左手向上伸出拇指，右手平伸，五指并拢，手背朝上，指尖抵于左手拇指根部，然后向前推一下左手。

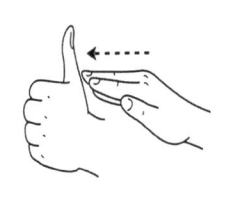

43. 放心

放心：双手拇、食指搭成"心"形，放于胸前，向下移动，表情放松，表示将提起的心放下了。

44. 高兴

高兴：双手掌心向上，在胸前上下扇动两下，脸露笑容。还可表示快乐、愉快。

45. 旅行

旅行：右手伸出拇指和小指，其余三指弯曲，左手握拳。然后右手在左手的手背上随意点几下。表示旅行，还可表示旅游、游览。

46. 是

是：一手食、中指相搭，指尖朝前上方，并向下点动一下。

47. 全部

全部：双手五指微曲，指尖左右相对，然后向下做弧形移动，手腕靠拢。表示全部，还表示都、所有、总、完全。

48. 没有

没有：一手（或双手）五指捏成圆形，虎口朝内，左右晃动几下。表示没有，还表示无。

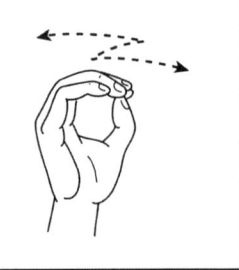

49. 免费

免费：一手拇指和食指捏成圆形，虎口朝上，然后甩向斜下方并张开五指，手背向上。

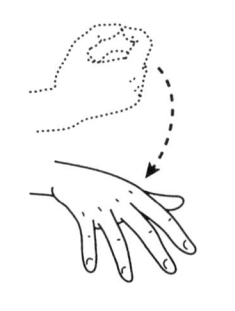

50. 限制

限制：左手伸出拇指；右手伸拇指、食指张开，指尖朝前，然后从后向下套向左手拇指，表示限定了范围。还表示束缚、局限。

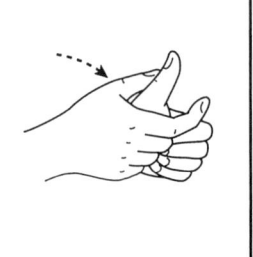

51. 超过

超过：双手食指直立，掌心向外，然后左手不动，右手向上动一下。

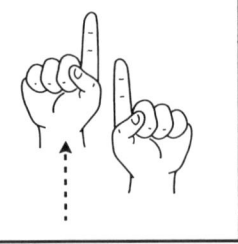

52. 接受

接受：双手平伸，手背向下，然后边向内移动边握拳。表示接受，还表示接收、采纳。

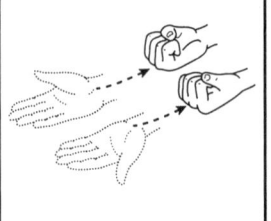

53. 地铁

地铁：左手平伸，手背向上；右手食、中指伸出并弯曲，手背向上，置于左手掌心下，并向前移动。

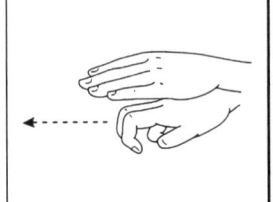

54. 火车

火车：左手食、中指伸直分开，指尖朝前，手背向上；右手食、中指伸出并弯曲，指尖抵于左手食、中指上，并向前移动，如火车行驶状。

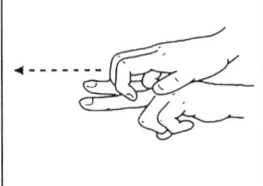

55. 动车

动车（高铁）：左手食、中指伸直分开，指尖朝前，手背向上；右手打手指字母"D"的指示，手腕贴于左手食指，然后向指尖方向移动。

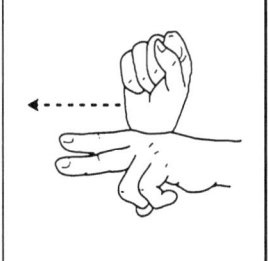

56. 高铁（动车）

高铁（动车）：左手食、中指伸直分开，指尖朝前，手背向上；右手五指撮合，指尖朝前，从左手背向指尖方向快速移动，仿动车、高铁车头外形和高速运行的状态。

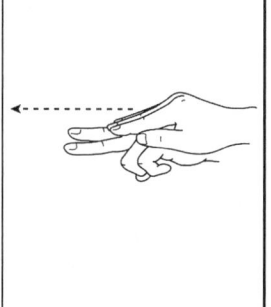

57. 姓名

姓名：左手中、无名、小指横伸分开，掌心向内，右手伸食指，自左手中指尖向下划动。

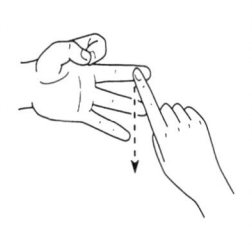

58. 再见

再见：一手上举，五指自然伸出，手腕左右挥动两下。

服务用语

1. 您好！（大家好！女士，您好！先生，您好！）
2. 请坐。
3. 请喝水。
4. 请稍等。
5. 请慢走。
6. 请出示您的身份证（残疾人证）。
7. 您有什么需要？
8. 我可以帮助您吗？
9. 请照顾好您的小孩。
10. 很高兴为您服务。

11．这是我应该做的。

12．感谢您的支持与配合。

13．请问您到哪里去？

14．祝您旅途愉快。

情景对话练习

情景对话一　介绍

同学A：你叫什么名字？

同学B：我叫×××。

同学A：你是哪里人？

同学B：我是西安人。

同学A：你家几口人？

同学B：四口人，爸爸、妈妈、姐姐和我。

情景对话二　社会交往

同学A：您好，很高兴认识您。

同学B：我也是，我会和您经常联系。

同学A：好的。

同学B：再见！

同学A：再见！

情景对话三　日常对话

同学A：现在几点了？

同学B：早上10：09。

同学A：我们中午12：00一起吃饭？

同学B：好的。

同学A：中午见。

聋人文化
专题一

手语名字

学习英语时，我们可以为自己起一个英文名字。那么学手语时呢？当然也可以起一个手语名字。

聋人拥有自己的手语名字是聋人文化的特色之一。在聋校、福利工厂等聋人比较集中的地方，大家都以手语名字互相称呼，甚至还会给经常接触的健听人老师或者健听人同事起手语名字。当然，聋人也能用指拼或者逐字打出的方法来表达自己的汉语名字，但总体来说，手语名字更加简洁、方便，打起来省力，而且还非常生动形象，因此更受聋人欢迎。有许多聋人把手语名字也叫作"代号""外号"。

为什么说手语名字生动形象呢？这是因为每个手语名字都是有理有据的，一旦知道了理据，就非常容易记住。聋人的手语名字有的和汉语名字有关，有的和汉语名字无关。比如，有的聋人喜欢取自己汉语名字中的一个字或几个字来做手语名字，如姓吕的人，就打汉字"吕"（左右手拇指与食指各圈一个小圆圈，上下相对，如吕字字形）；姓刘的人，就打"牛"的手势（南方方言中，因鼻音n和边音l的混淆导致"牛"和"刘"发音混淆）；名字中有个"红"的人，就打"红色"的手势。这些都是与汉语名字有关系的。也有许多聋人喜欢根据外貌特点、身体特征、籍贯身份、兴趣爱好等来起手语名字。比如武汉一所聋校有位年轻老师梳个麻花辫，上面戴朵花，学生就以"耳边戴花"的手势动作来当作这位老师的手语名字。又如苏州盲聋哑学校前教导主任谭京生老师的手语名字是"共"（双手伸食指和中指，互相交搭），这是因为他是一名老共产党员，多年从事思想政治工作，这在聋人中是非常罕见的，而且他的父亲是参加过长征的老红军，所以当地聋人约定俗成以"共"的仿字手势来代表他。当然，起手语名字时也得尊重对方的意愿，比如拿人家脸上的痣、身体残疾等生理缺陷来起名，就是粗俗不雅了。

手语思政专题一

手语与社会生活

主题	内容引导	实施路径	落脚点
手语与社会生活	1．就聋人权益保障、社会融合等话题展开讨论，引导学生思考和表达对聋人的关爱和支持 2．结合手语课程学习和实践体验，引导学生深入思考手语沟通对社会的意义	第一课堂讨论	1．平等：通过手语沟通，学生与聋人在志愿服务中平等交流 2．友爱：通过手语与聋人友好交流，传递友爱与关爱的信息 3．尊重：通过与聋人用手语交流，体现对他们的尊重和理解
	组织学生参与与社会主义核心价值观相关的实践活动，让学生在实践中体会手语在社会生活中的作用	第三课堂进入聋人社区开展志愿者服务、公益活动等	

学习情境二

轨道交通客运站服务手语

学习目标

1. 知识目标

(1) 学习售票作业相关词汇及短语的手语打法;

(2) 学习候车服务相关词汇及短语的手语打法;

(3) 学习检票乘降相关词汇及短语的手语打法;

(4) 学习出站作业相关词汇及短语的手语打法。

2. 能力目标

(1) 掌握售票作业相关词汇及短语的手语打法并熟练运用;

(2) 掌握候车服务相关词汇及短语的手语打法并熟练运用;

(3) 掌握检票乘降相关词汇及短语的手语打法并熟练运用;

(4) 掌握出站作业相关词汇及短语的手语打法并熟练运用。

3. 思政目标

(1) 树立热心公益、服务社会的意识;

(2) 体现对聋人旅(乘)客的尊重与关爱。

学习情境二
轨道交通客运站服务手语

任务二

售票作业

词汇及短语

视频：售票作业相关词汇和短语

1. 售票处

| 售：双手平伸，手心向上，一手在另一手掌心上拍打一下，然后向外移。
票：双手拇、食指指尖相对，向两边微拉，如车票大小。
处：手指字母"CH"的指式。 | 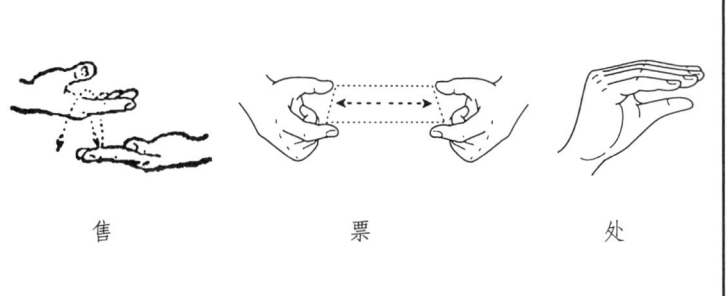
售　　　　　票　　　　　处 |

2. 人工售票窗口

| 人：双手食指搭成"人"字形。
工：一手食、中指与另一手食指搭成"工"字形。
售：双手平伸，手心向上，一手在另一手掌心上拍打一下，然后向外移。
票：双手拇、食指指尖相对，向两边微拉，如车票大小。
窗：双手并排直立，掌心向外，左手不动，右手左右移动两下，如开关推拉窗状。
口：一手伸食指，沿嘴部转动一圈，口张开。 | 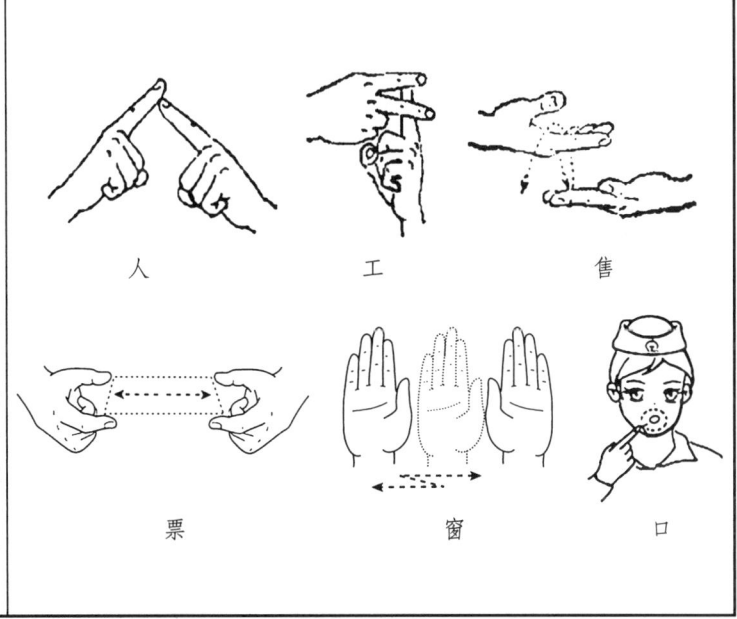
人　　　　　工　　　　　售
票　　　　　窗　　　　　口 |

3. 自动售票机

自：一手伸食指直立，虎口朝内，碰两下左胸部。

动：双手握拳屈肘，前后交替转动两下。

售：双手平伸，手心向上，一手在另一手掌心上拍打一下，然后向外移。

票：双手拇、食指指尖相对，向两边微拉，如车票大小。

机：双手五指弯曲，四指大关节交错相触，转动几下，象征机器齿轮转动状。

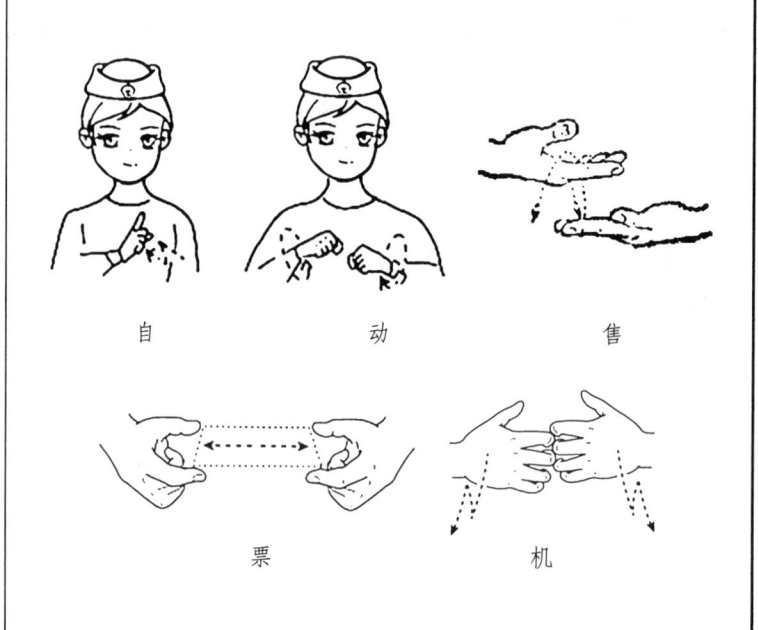

4. 车站售票员

火车：左手食、中指伸直平放，象征铁轨。右手食、中指弯曲如钩，指尖抵在左手食、中指上，并向前移动，象征火车在轨道上行驶。

站：一手伸食、中指，指尖向下伸直，抵于另一手掌心上。

售：双手平伸，手心向上，一手在另一手掌心上拍打一下，然后向外移。

票：双手拇、食指指尖相对，向两边微拉，如车票大小。

员：一手拇、食指捏成小圆圈贴于胸侧。

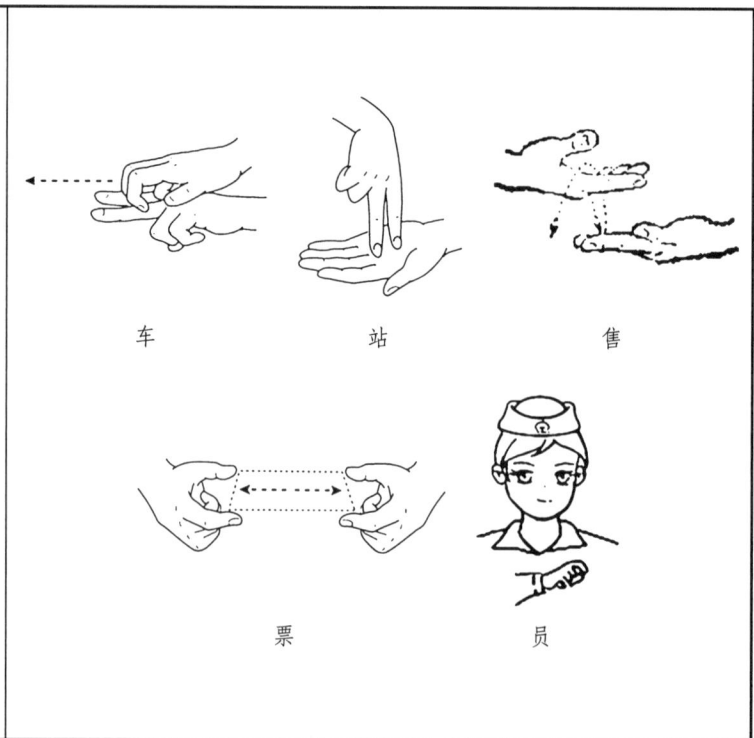

5. 铁路售票系统

铁：双手握拳，虎口向上，一上一下，上拳敲打下拳，再向里移动。

路：双手侧伸，掌心相对，相距尺余，向前方伸出，表示笔直的大路。

售：双手平伸，手心向上，一手在另一手掌心上拍打一下，然后向外移。

票：双手拇、食指指尖相对，向两边微拉，如车票大小。

系统：右手打手指字母"X"的指式，在上不动。左手五指撮合，指尖向下，从右手腕部的水平位向下移动，并张开五指，象征"系统"。

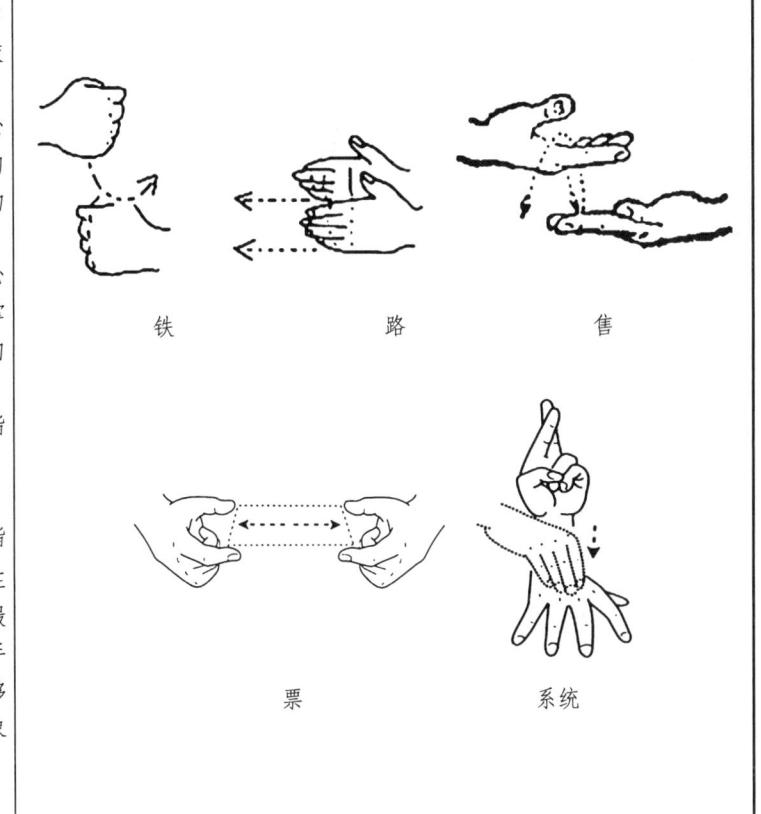

铁　　　路　　　售

票　　　　　系统

6. 单程票

单：一手食指伸直，贴于胸前向上移动，表示"单个"。

（里）程：双手横立，掌心向内，左手在后不动，右手向前移动一下，表示距离。

票：双手拇、食指指尖相对，向两边微拉，如车票大小。

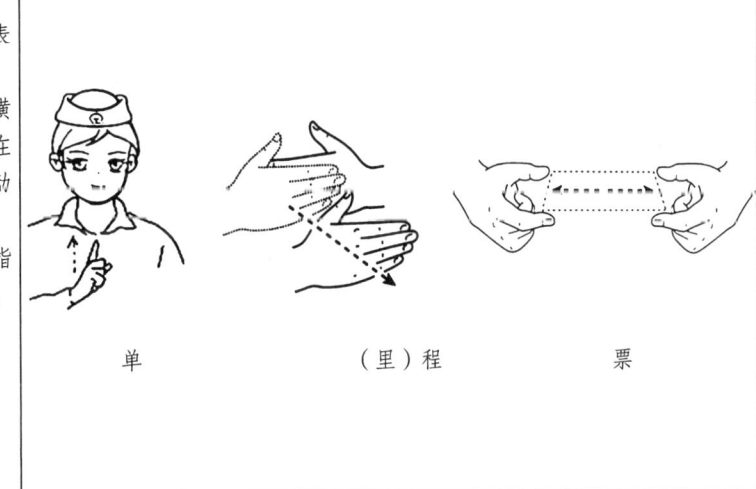

单　　　（里）程　　　票

7. 往返票

往：一手拇、小指伸直，由内向外移动。

返：一手伸拇、小指，指尖朝内，从外向内移动。

票：双手拇、食指指尖相对，向两边微拉，如车票大小。

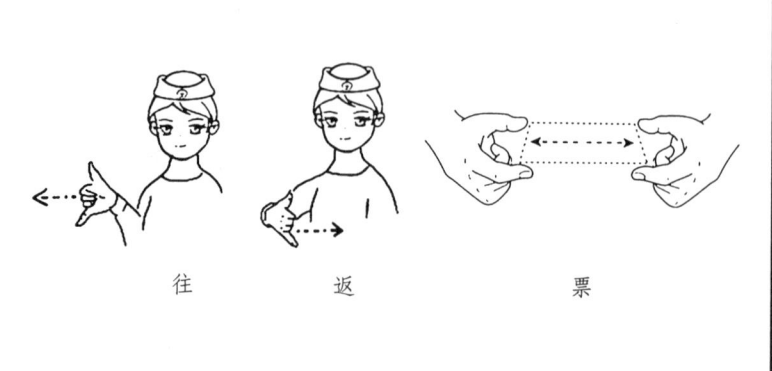

往　　　返　　　　票

8. 软卧

软：双手五指搭成"［］"形，指尖相对，虎口朝内，捏动几下。

卧：左手平伸，右手伸拇、小指，手背向上，放于左手掌心上，双手同时前后移动几下。

软　　　　　　卧

9. 卧铺票

卧铺：左手平伸，右手伸拇、小指，手背向上，放于左手掌心上，双手同时前后移动几下。

票：双手拇、食指指尖相对，向两边微拉，如车票大小。

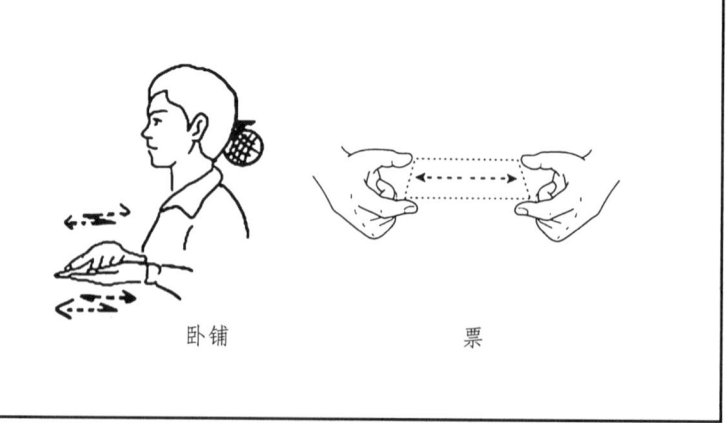

卧铺　　　　　票

10. 硬卧

硬：一手食指抵于脸颊，向前微转一下，同时牙关咬紧。

卧：左手平伸，右手伸拇、小指，手背向上，放于左手掌心上，双手同时前后移动几下。

硬　　　　　卧

11. 学生票

学生：左手伸拇指，手背向外；右手伸小指，小指外侧在左手食、中、无名、小指指背上碰两下。

票：双手拇、食指指尖相对，向两边微拉，如车票大小。

学生　　　　　票

12. 坐票

坐：一手伸出拇、小指，坐于另一手掌心上。

票：双手拇、食指指尖相对，向两边微拉，如车票大小。

坐票

13. 硬座

硬：一手食指抵于脸颊，向前微转一下，同时牙关咬紧。

座：一手伸出拇、小指，坐于另一手掌心上。

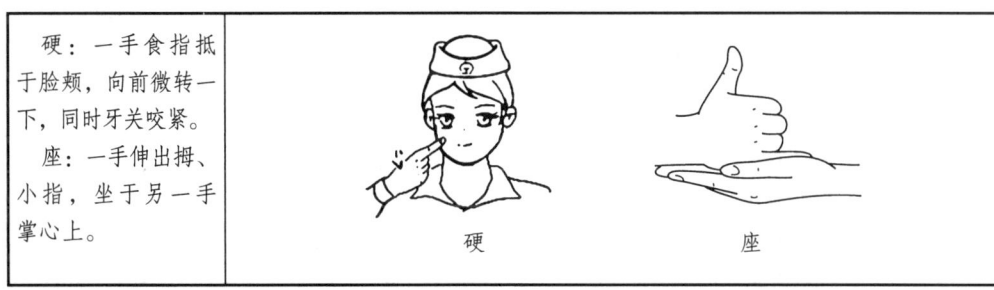

硬　　　　　座

14. 邻近窗口的座位

邻近：双手拇、食指相捏，相互靠近，表示距离接近。

窗：双手并排直立，掌心向外，左手不动，右手左右移动两下，如开关推拉窗状。

座：一手伸出拇、小指，坐于另一手掌心上。

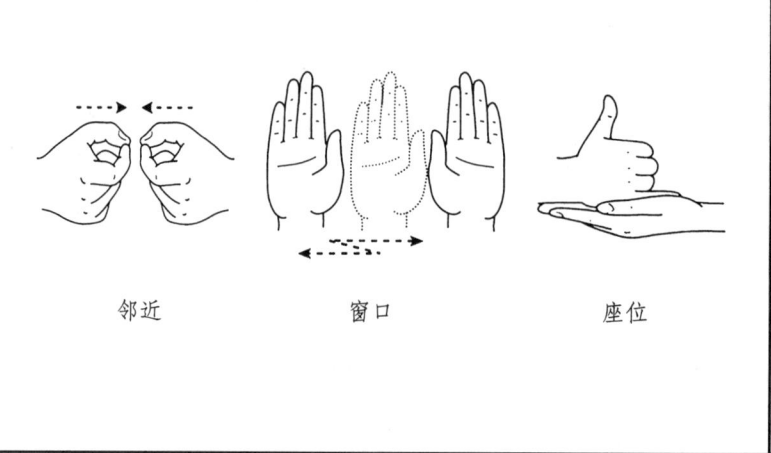

邻近　　　　窗口　　　　座位

15. 儿童票

儿童：一手平伸，掌心向下，按动两下。

票：双手拇、食指指尖相对，向两边微拉，如车票大小。

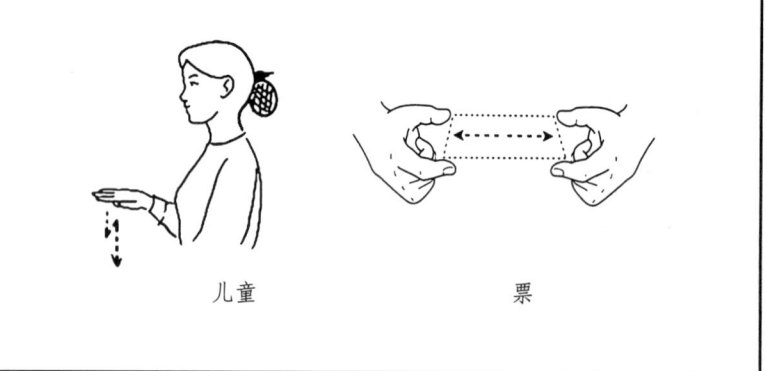

儿童　　　　票

16. 团体票

团体：（1）双手五指并拢微曲，互相勾住，表示"团结"的意思。（2）双手五指微曲，从两侧向中间并拢。

票：双手拇、食指指尖相对，向两边微拉，如车票大小。

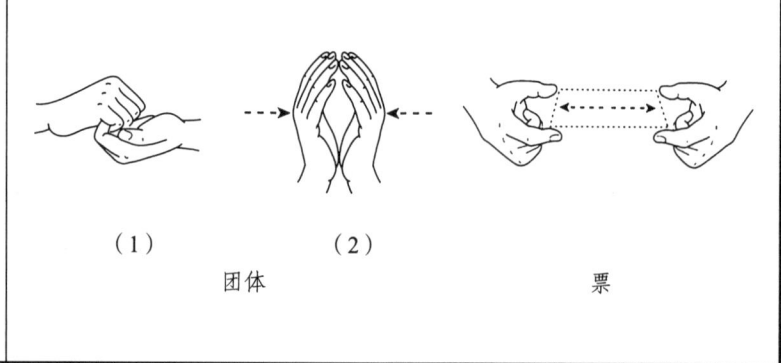

（1）　　（2）
团体　　　　票

17. 车票有效期

高铁（动车）：左手食、中指分开，指尖向前，手背朝上；左手五指撮合，指尖向前，从左手背向指尖方向快速移动。

票：双手拇、食指指尖相对，向两边微拉，如车票大小。

有效：（1）一手拇、食指伸直，拇指不动，食指弯动几下。（2）左手横伸，掌心向上；右手先拍一下左手掌，再伸出拇指。

期限（限期）：（1）双手横立，手背向外，一上一下，五指张开，交替点动几下。上面的手代表月份，下面的手代表日期。（2）左手横立，手背向外，五指张开；右手平伸，掌心向上，在左手下从右向左划动一下。

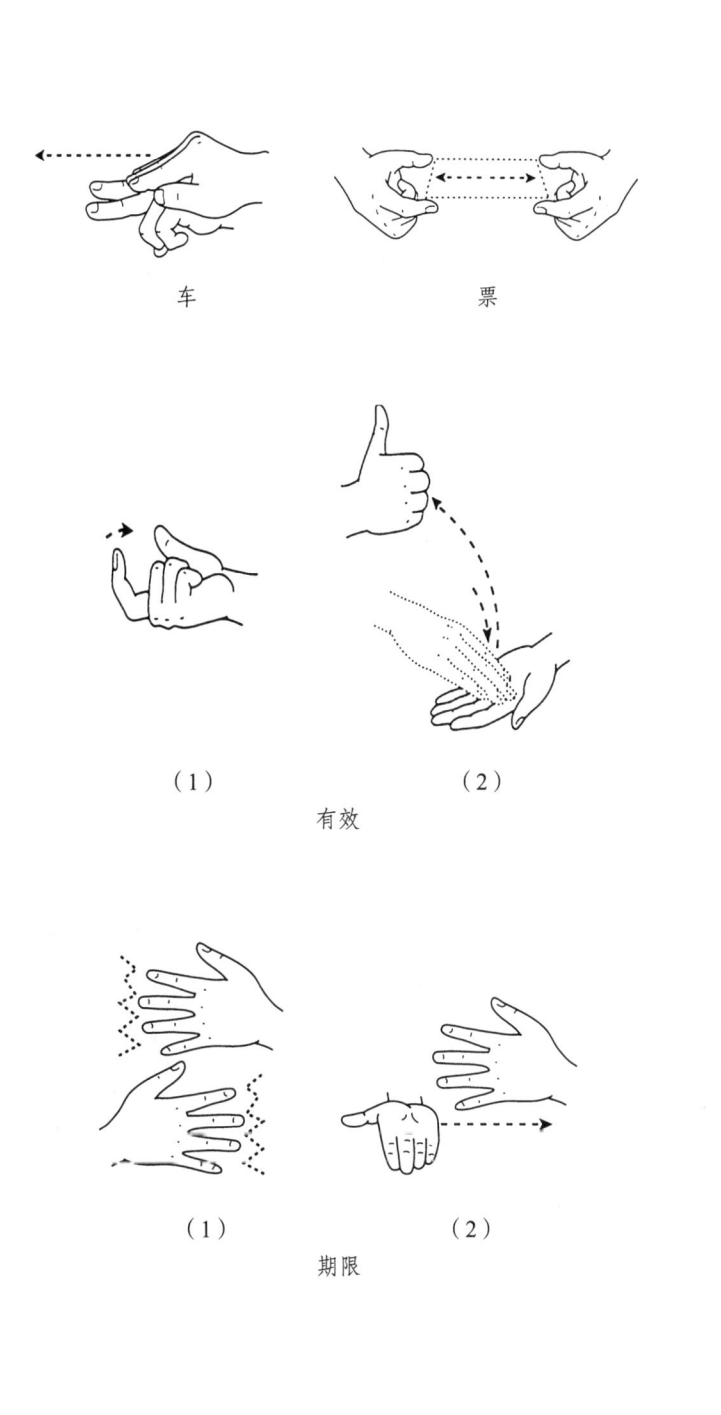

车　　　　　　　票

（1）　　　　　（2）
有效

（1）　　　　　（2）
期限

18. 半价票

半：一手食指横伸，拇指在食指中部划一下。

价（价格、多少钱、金额）：（1）左手拇、食指捏成圆形，虎口向上；右手伸食指敲一下左手拇指；（2）一手直立，掌心向内，五指张开，交替点动几下。

票：双手拇、食指指尖相对，向两边微拉，如车票大小。

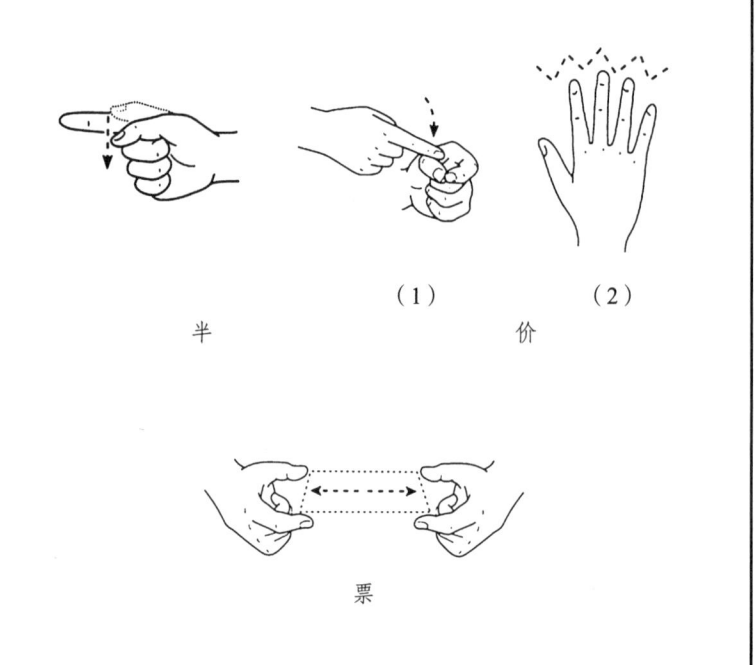

19. 一等座

一：一手伸出食指，其余四指弯曲。也可以一手食指横伸，手背向外。

等级（阶级、级别）：左手向上直立不动，右手平伸，掌心向下，食指侧靠左手掌心一顿一顿地向上移动。

座：一手伸出拇、小指，坐于另一手掌心上。

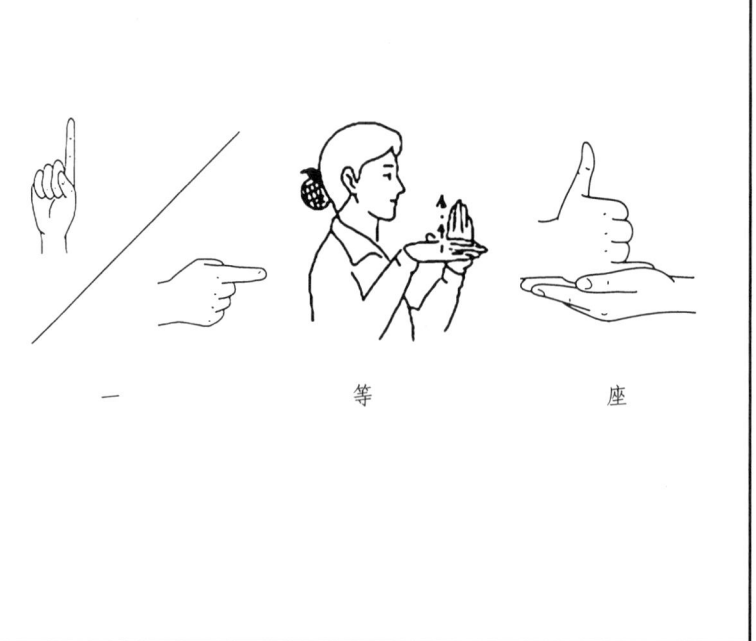

20. 二等座

二：一手伸出食指、中指，其余三指弯曲。也可以一手食、中指横伸，手背向外。

等级（阶级、级别）：左手向上直立不动，右手平伸，掌心向下，食指侧靠左手掌心一顿一顿地向上移动。

座：一手伸出拇、小指，坐于另一手掌心上。

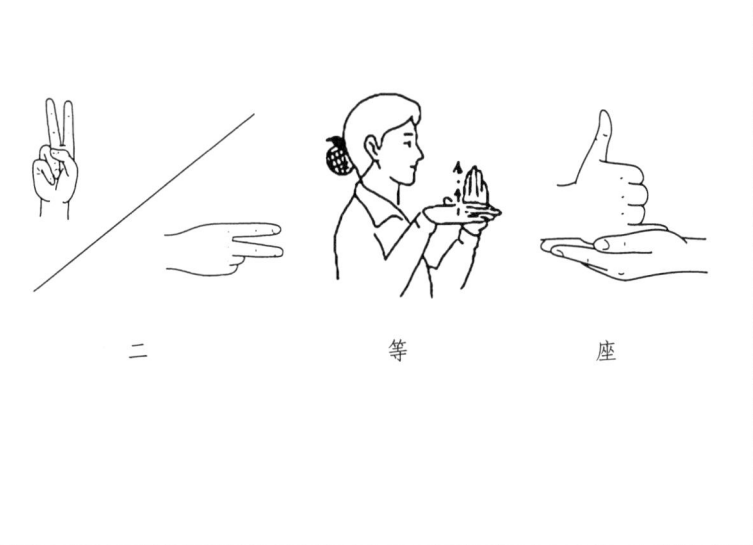

21. 商务座

商务：双手横伸，掌心向上，前后交替转动两下。

座：一手伸出拇、小指，坐于另一手掌心上。

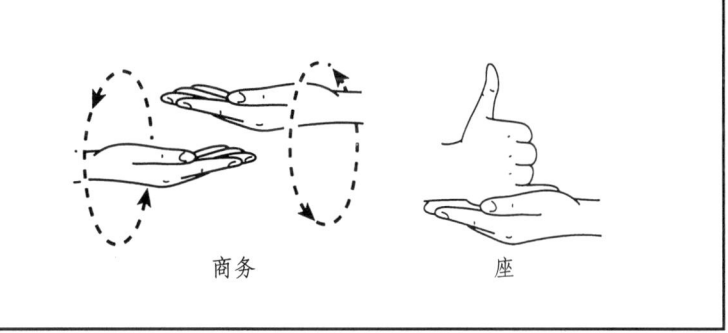

22. 退票

退：手拇、小指伸直，在另一掌心上由前往后移动。

票：双手拇、食指指尖相对，向两边微拉，如车票大小。

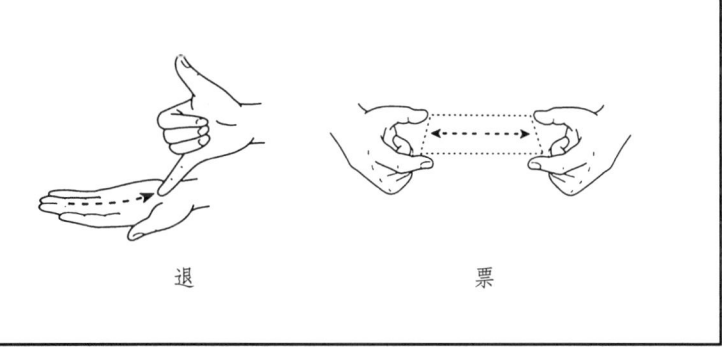

23. 补票

补（同补贴）：左手侧伸；右手拇、食指握成圆形，向左手掌心移动，相贴。

票：双手拇、食指指尖相对，向两边微拉，如车票大小。

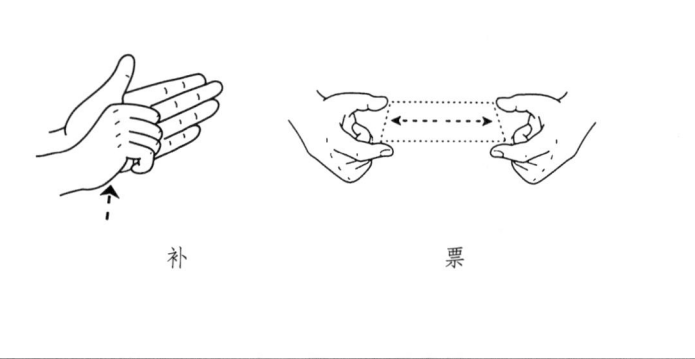

补　　　　票

24. 改签（改时间/改车次）

改签：（1）一手食指、中指直立分开，由掌心向外翻转为掌心向内。（2）左手横伸，掌心向上；右手伸出中指、无名指和小指，指尖朝下，然后在左手掌心上点一下。

时间：一手伸出拇、食两指，拇指尖抵住另一手掌心，食指向下转动，象征钟表的时针在转动。

车次：（1）高铁（动车）：左手食、中指分开，指尖向前，手背朝上；右手五指撮合，指尖向前，从左手背向指尖方向快速移动。（2）手指字母"C"的指式。

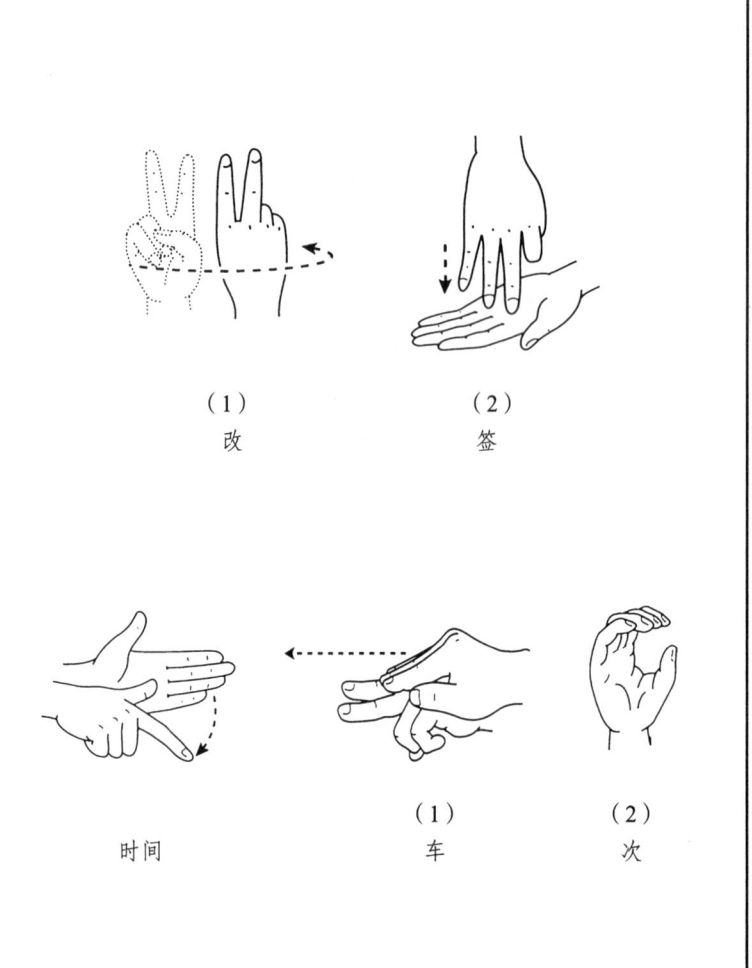

（1）　　　　（2）
改　　　　　　签

时间　　　　（1）　　（2）
　　　　　　车　　　次

25. 退票手续费

退：一手拇、小指伸直，在另一掌心上由前往后移动。

票：双手拇、食指指尖相对，向两边微拉，如车票大小。

手续：（1）左手横伸，掌心向下；右手拍一下左手手背。（2）一手握拳，手背向外，虎口朝上，依次伸出食指、中指、无名指和小指。

费：一手拇指、食指捏成圆形，虎口朝前上方，从腰部向前移出，表示掏钱。

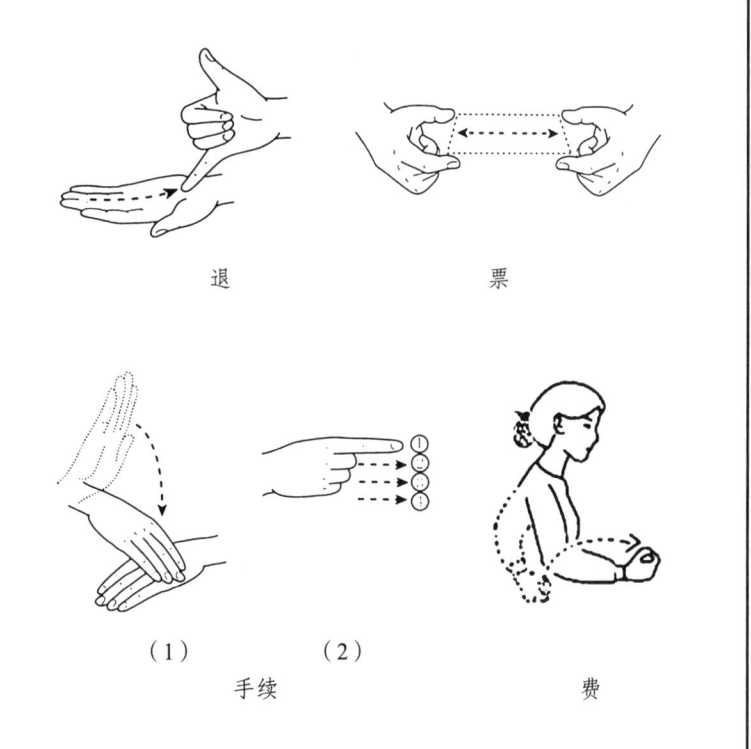

26. 电子客票

电子：（1）一手食指书空"⚡"形。（2）一手打手指字母"Z"的指式。

客：双手平伸，掌心向上，前后交替移动两下。

票：双手拇、食指指尖相对，向两边微拉，如车票大小。

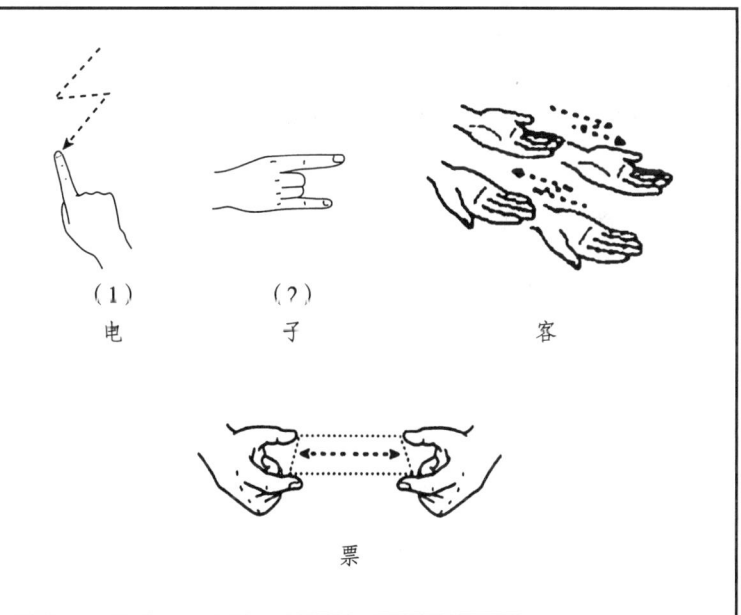

27. 订票（提前买票）

提前（预先）：双手直立，手背前后相贴，左手在前不动，右手向后移动，动作幅度大些。 买：双手平伸，手心向上，一手在另一手掌心上拍打一下，然后向里移，表示买进东西。 票：双手拇、食指指尖相对，向两边微拉，如车票大小。	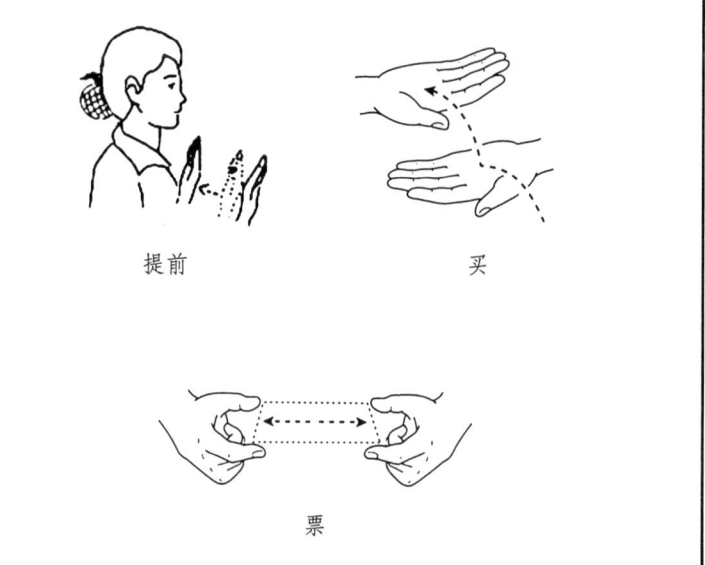 提前　　　买 票

服务用语

1. 普通列车还是高铁？

2. 单程票300元，往返票600元。

3. 到上海的票有售。

4. 对不起，二等座没票了，其他票可以吗？

5. 对不起，硬卧没票了，其他票可以吗？

6. 去南京的坐票都卖完了。

7. 请到6号窗口购买学生票。

8. 学生票7.5折。

9. 请出示您的学生证。

10. 超过1.2米的儿童需要买半价票。

11. 一个成人限带一个儿童免费乘车。

12. 您需要付票价20%的退票手续费。

情景对话练习

情景对话一　成人票

售票员：您想买哪张票？

旅客：我想买一张明天从西安去北京的高铁车票。

售票员：您要几点的车票？

旅客：一大早。

售票员：7：00可以吗？7：00是当日发车最早的高铁列车。

情景视频：
售票

情景对话二　学生票

旅客：我想买一张后天去成都的高铁学生票。

售票员：您要几点的车票？

旅客：我想下午走。

售票员：抱歉，没有下午的车票了，其他时间可以吗？

旅客：可以的。

售票员：请出示您的身份证和学生证。

旅客：好的。

情景对话三　出示证件

旅客：从天津西到西安北，最近的一趟车是什么？

售票员：G1281次，11点22分出发。

旅客：什么时候到呢？

售票员：17点34分到。

旅客：多少钱？

售票员：二等座520元。

旅客：好的，我买了，给你600元，还有我的身份证。

售票员：这是您的车票、找回的零钱和您的身份证。

旅客：谢谢。

售票员：不用客气。

情景对话四　退票

旅客：您好，我亲戚买了这张高铁票，但是他现在不用了，我可以帮他退票吗？

售票员：让我先看看票。距离发车时间还有一段时间。您可以退票，但是根据规定，您需要支付原票价5%的退票费，由于不是您本人，您还需要出示他的身份证。

旅客：太好啦，给您。

售票员：谢谢。这是您的退款。

情景视频：
退票

情景对话五　改签

旅客：您好，我可以退票吗？

售票员：很抱歉，开车后无法办理退票，您可以办理改签，而且只能改签当天24：00前的列车，且只能改签一次。

旅客：我明白了，谢谢！

情景视频：
改签

任务二　候车服务

视频：候车服务相关词汇和短语

词汇及短语

1. 打火机

打火机：一手握拳伸拇指放于嘴前，拇指弯动几下，如用打火机点烟状。

打火机

2. 行李

行李：一手虚握，手臂伸直，置于身后，然后向前拉动，模仿拉行李箱的动作。

行李

3. 安检门

安检：（1）一手横伸，掌心向下，自胸部向下一按。（2）双手拇、食指相捏，指尖朝下，上下交替两下。

门：双手并排直立，掌心向外，五指并拢。

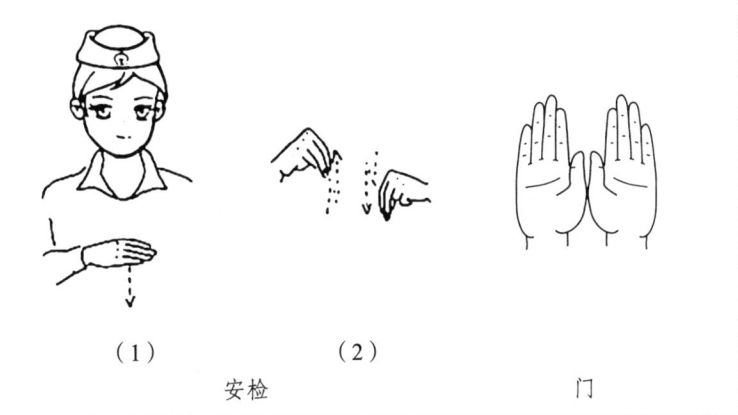

（1）　　　（2）

安检　　　　　　　　　门

4. 传送带（搬、搬运）

传送：双手五指成"[ ]"形，虎口朝外，向斜上方移动一下如搬物状。

带（条）：双手拇、食指微张，指尖相对，虎口向上，从中间向两侧拉开。

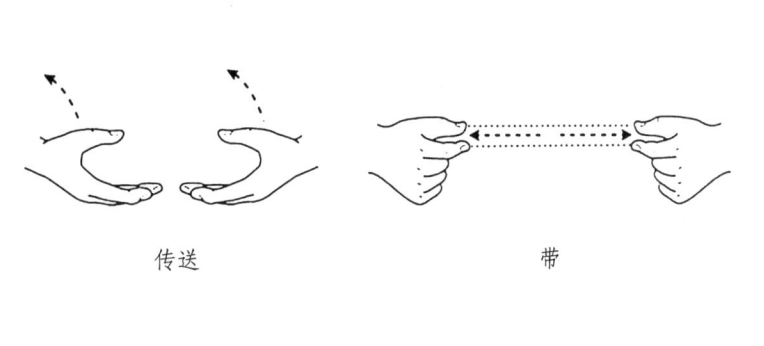

传送　　　　　　　　带

5. 探测

探测（钻探、勘探）：（1）左手横伸，手背向下，五指张开；右手食、中指相叠，指尖朝下，在左手食指、中指指缝间钻动两下。（2）一手食指、中指分开，指尖朝下，左右点动一下。

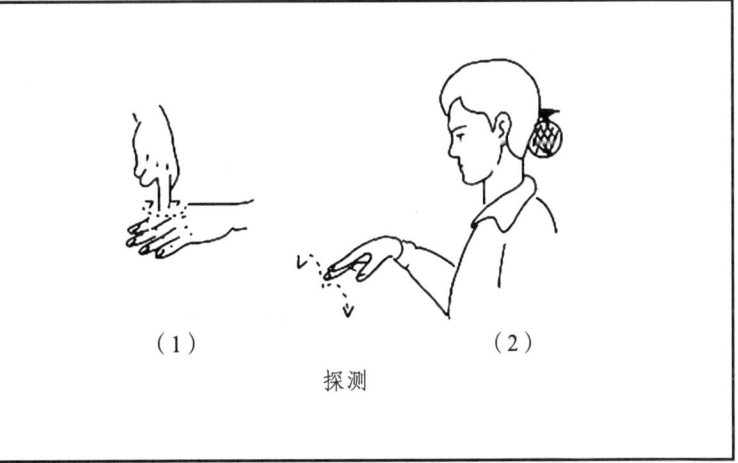

（1）　　　　　　　（2）

探测

6. 禁运品

禁止（杜绝、不准、反对）：双手五指并拢，手腕交叉搭成"X"形。

运输：双手横伸，掌心上下相对，向一侧移动一下。

物品（东西、材料、物资）：双手食指指尖朝前，手背向上，先互碰一下，再分开并张开五指。

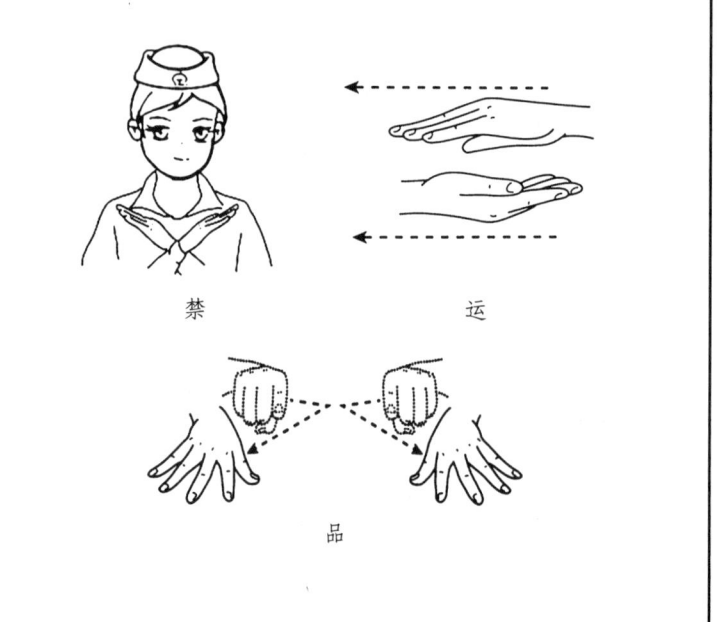

禁　　　　运

品

7. 车站大厅

车（高铁/动车）：左手食、中指分开，指尖向前，手背朝上；右手五指撮合，指尖向前，从左手背向指尖方向快速移动。

站：一手伸食、中指，指尖向下伸直，抵于另一手掌心上。

大：双手侧立，掌心相对，同时向两侧移动，幅度要大些。

厅：左手拇、食指成"厂"字形；右手伸食指，在"厂"字形中书空"丁"字，仿"厅"字形。

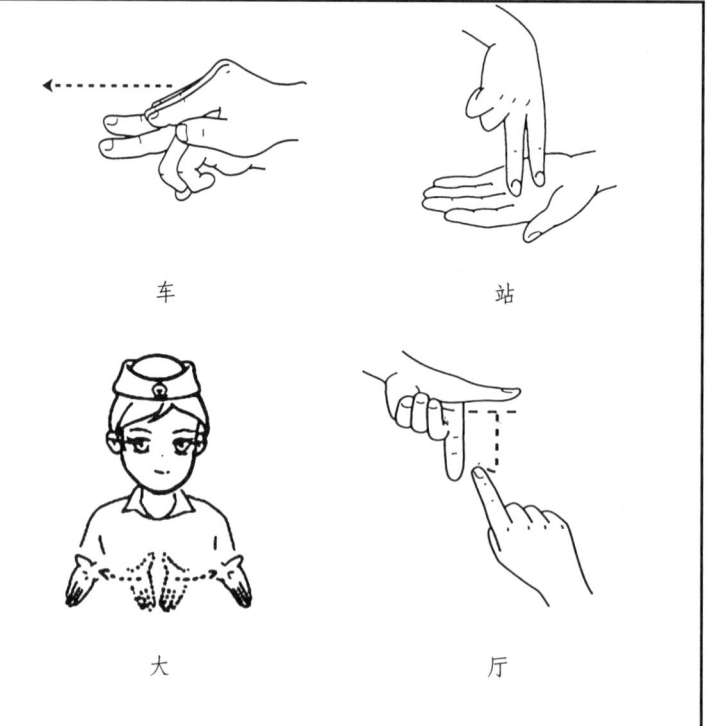

车　　　　站

大　　　　厅

8. 咨询处

咨询（问）：一手五指微曲，掌心向外，从嘴前向外微移两下。

处：字母"ch"的指式。

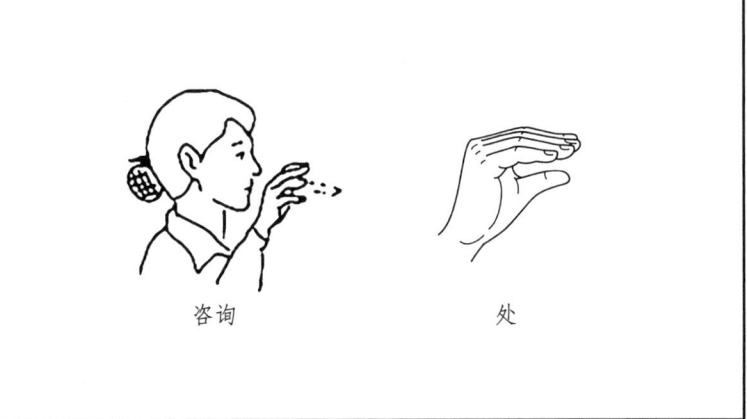

咨询　　　处

9. 候车区

等候：一手背贴于颏下，表示张望、等候之意。

列车（高铁/动车）：左手食、中指分开，指尖向前，手背朝上；右手五指撮合，指尖向前，从左手背向指尖方向快速移动。

区：（1）左手拇、食指成"匚"形，右手食、中指相叠成"乂"形置于"匚"中，组成"区"字。（2）左手拇、食指成半圆形，虎口朝上；右手伸食指指尖朝下，沿左手虎口划一圈。

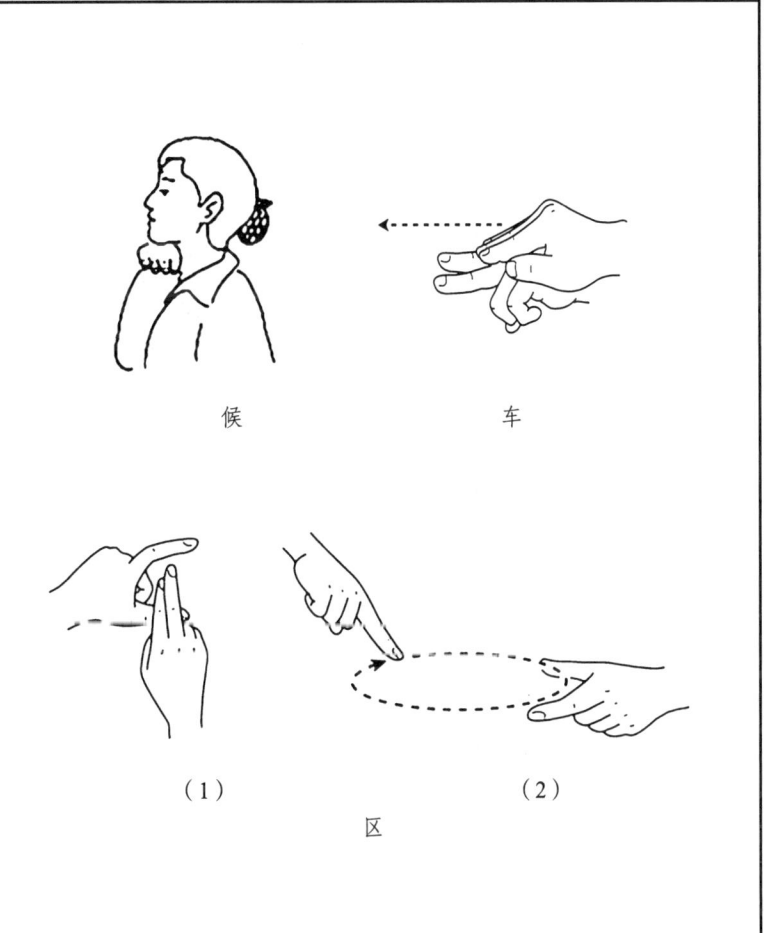

候　　　车

（1）　　　（2）

区

10. 母婴（候车区）

| 母：一手伸食指贴在嘴唇上。
婴：双手掌心向内，一上一下，虚置胸前，作抱婴儿状。
候车区：同词汇9候车区。 | 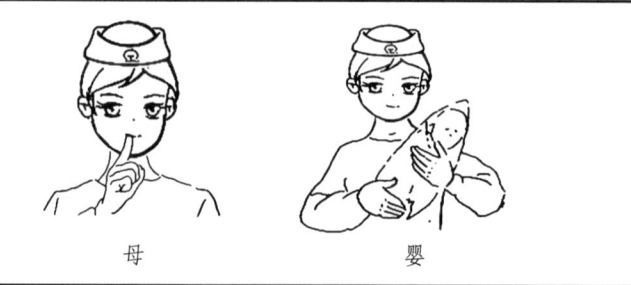
母　　　　　　　　婴 |

11. 贵宾（候车区）

| 贵宾（VIP）：字母"V""I""P"的指式。
候车区：同词汇9候车区。 |   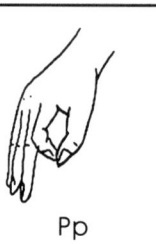
Vv　　　　Ii　　　　Pp |

12. 收费（候车区）

| 收费（消费）：双手拇指和食指捏成圆形，虎口朝上，置于在腰部两侧，然后向前甩动。
候车区：同词汇9候车区。 | 
收费 |

13. 电子显示屏

| 电子：（1）一手食指作"/\/"形挥动。（2）打字母"Z"的指式。
显示屏：左手伸出拇指和食指，食指尖朝右，手心向内；右手横立手心向内，五指张开，在左手食指上方上下晃动几下。 |  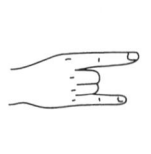 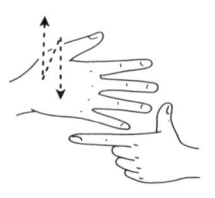
（1）　　（2）
电　　　子　　　显示屏 |

14. 饮水处

饮水：（1）左手五指成半圆形，虎口朝上；右手拇、食指相捏置于左手上，然后手腕向上一抬，指尖朝下，如按饮水机开关状。（2）一手五指成半圆形，如拿杯子状，模仿喝水的动作。

处：字母"ch"的指式。

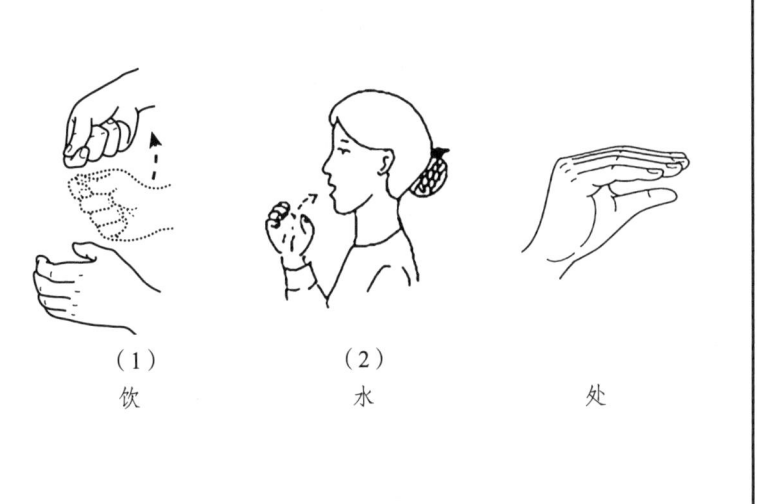

（1）　　　　（2）
饮　　　　水　　　　处

15. 小件寄存处

小：一手拇指、小指相捏，指尖朝上（可根据实际情况表示小的状态）。

行李：一手虚握，手臂伸直，置于身后，然后向前拉动，模仿拉行李箱的动作。

寄存：（1）左手横伸；右手平伸，手背向上，从后向前移入左手掌心下。（2）左手横伸；右手横立，掌心向内，置于左手背上然后向下一按。

处：字母"ch"的指式。

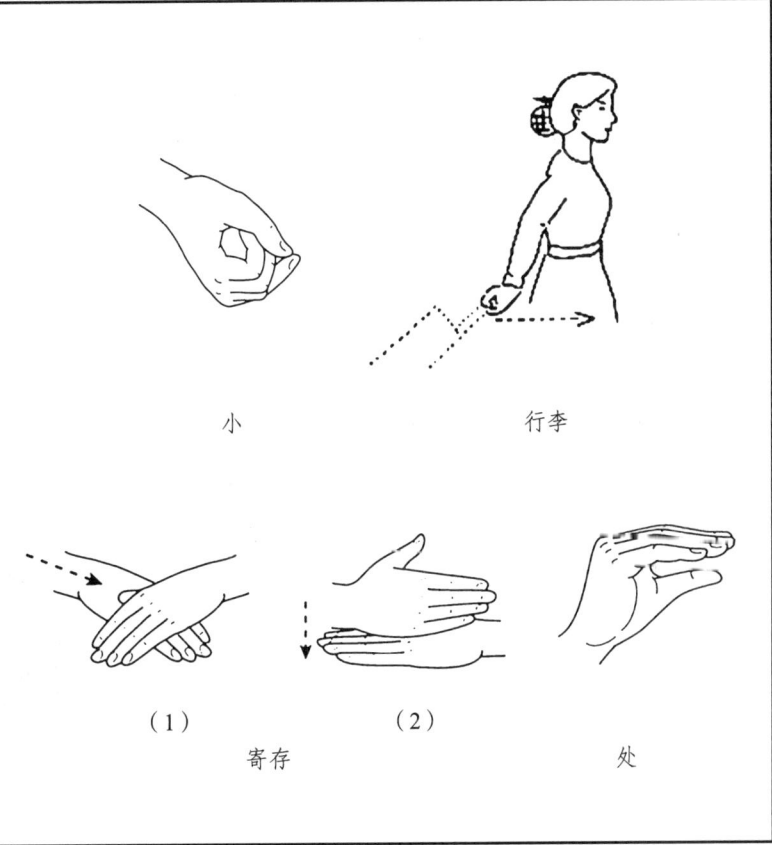

小　　　　　　　　行李

（1）　　　　（2）
寄存　　　　　　　　处

16. 安全检查

安全：(1) 一手横伸，掌心向下，自胸部向下一按。(2) 一手伸拇指，顺时针平行转动一圈。

检查（调查）：双手拇、食、中指相捏，在胸前交替上下移动，模拟查看物件的样子。

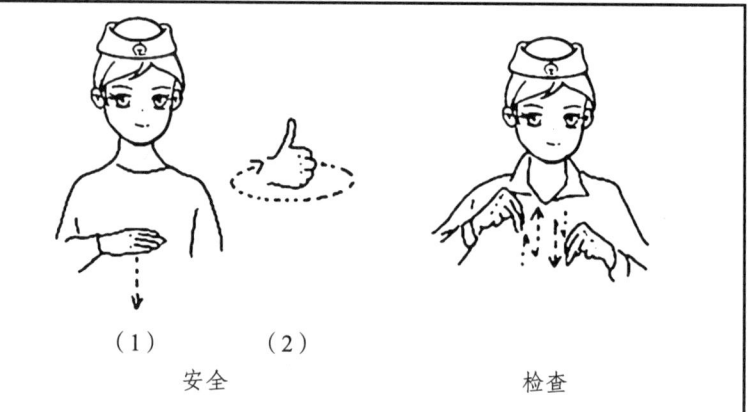

(1)　　(2)

安全　　　　　　检查

17. 人身检查

人：双手食指搭成"人"字形。

身（身体）：双手掌心向内，贴于胸部，向下微移，象征身体。

检查（调查）：双手拇、食、中指相捏，在胸前交替上下移动，模拟查看物件的样子。

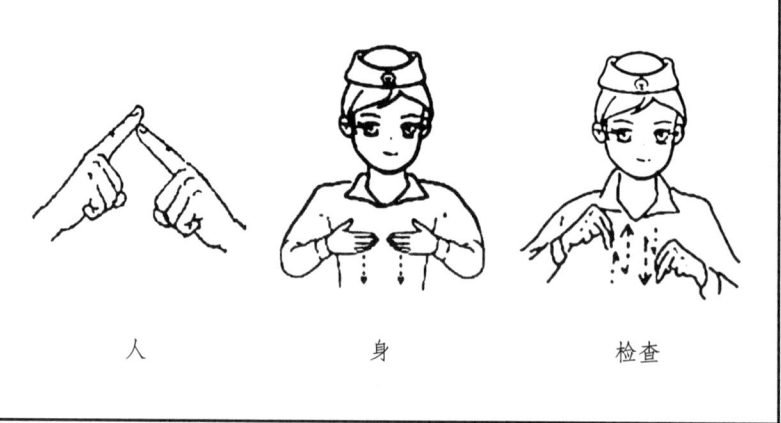

人　　　　身　　　　检查

18. 行李检查

行李：一手虚握，手臂伸直，置于身后，然后向前拉动，模仿拉行李箱的动作。

检查（调查）：双手拇、食、中指相捏，在胸前交替上下移动，模拟查看物件的样子。

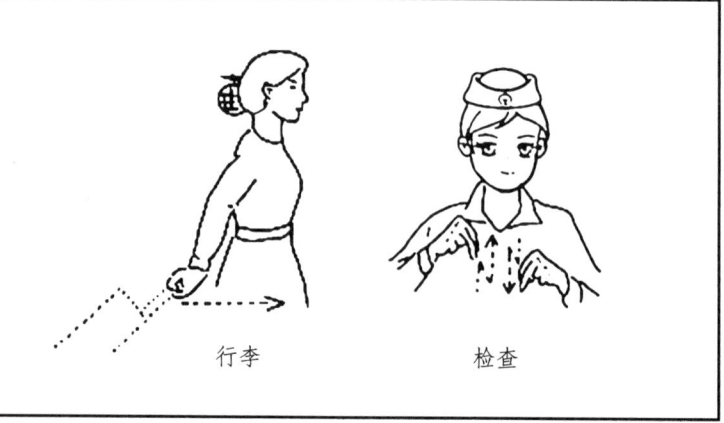

行李　　　　检查

19. 规定

规定（动词）：
（1）双手直立，掌心左右相对，向前一顿。（2）左手横伸；右手五指撮合，指尖朝下，按向左手掌心。

规定（名词）：
（1）左手横立，手背朝外，五指张开；右手握拳，手背向外，虎口朝上，在左手旁依次伸出食指、中指、无名指、小指。（2）左手横伸；右手五指撮合，指尖朝下，按向左手掌心。

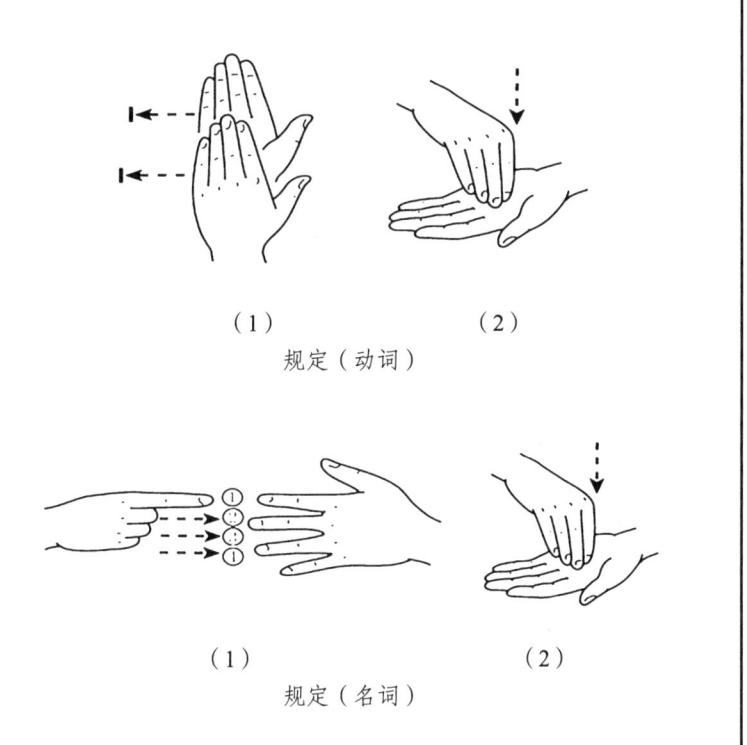

（1）　　　（2）
规定（动词）

（1）　　　（2）
规定（名词）

20. 携带品

携带：一手握住另一手腕，由一侧向另一侧移动。

物品（东西、材料、物资）：双手食指指尖朝前，手背向上，先互碰一下，再分开并张开五指。

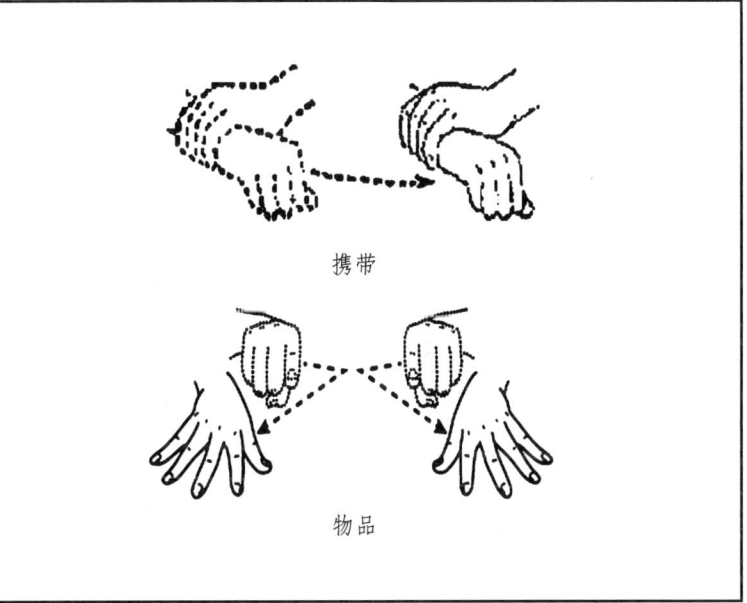

携带

物品

21. 易燃易爆

易（便于）：一手伸拇、食指，食指尖在太阳穴向下弯动两下，面露轻松的表情。

燃烧：双手五指微曲，指尖朝上，上下交替动几下，如火苗跳动。

爆炸：双手虚握，虎口朝上，然后迅速向上弹起并张开五指同时张开，动作幅度要大。

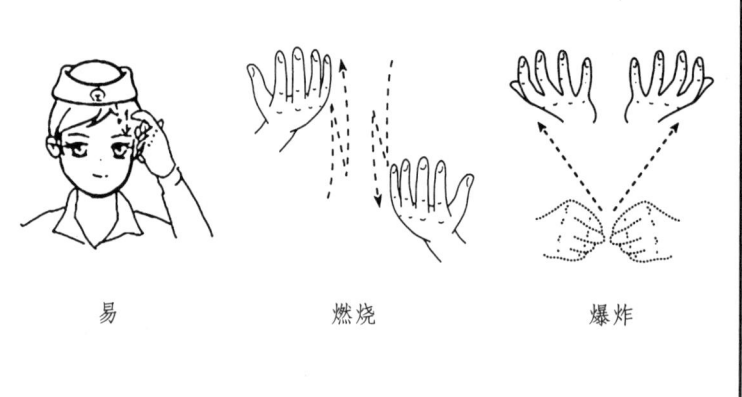

易　　　　　燃烧　　　　　爆炸

22. 旅客遗失

旅客：（1）左手横伸；右手伸拇、小指，置于左手掌心上，上手同时向右移动一下。（2）双手食指搭成"人"字。

遗失（遗忘）：一手五指撮合，按于前额，然后边向脑后移动边张开。

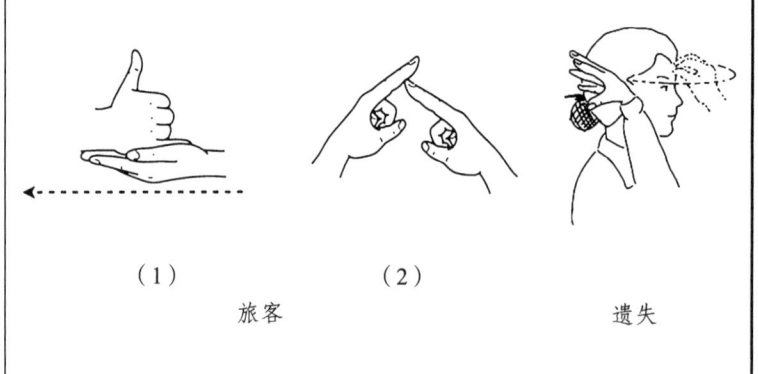

（1）　　　　（2）
旅客　　　　　　　　　　遗失

23. 有毒物品

有：一手拇、食指伸直，拇指不动，食指弯动几下。

毒：双手握拳屈肘，手腕交叉相搭，置于身前，前后微转两下。

物品（东西、材料、物资）：双手食指指尖朝前，手背向上，先互碰一下，再分开并张开五指。

有　　　　　毒　　　　　物品

24. 可疑

可疑（怀疑）：一手伸拇指、小指，置于胸部，交替弯动两下，面露猜疑的表情，表示好坏、是非不确定。

可疑

25. 香烟

香烟：一手伸食、中指，放在口边作吸烟状。

香烟

26. 发胶

发胶：（1）一手置于头的侧部，四指弯曲，拇指往下压两下，做喷发胶的动作。（2）一手拇、中指相捏开合两下。

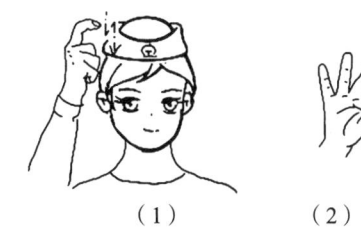

（1）　　（2）　发胶

27. 剪刀

剪刀：一手食指、中指伸直，夹动几下，如用剪刀剪物动作。

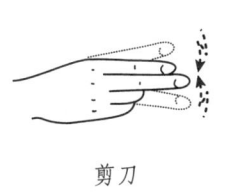

剪刀

28. 螺丝刀

螺丝刀（改锥）：左手侧立；右手伸食指，指尖抵于左手掌心，用力钻动两下，如用改锥拧螺丝钉状。

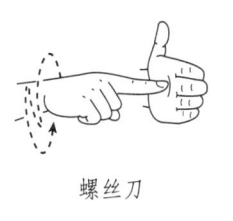

螺丝刀

29. 酒精饮料

酒精：（1）一手打手指字母"J"的指式。（2）一手五指微曲张开，掌心贴于胸部。

饮料：（1）一手五指捏成半圆形，作举杯喝饮料状。（2）双手食指先互碰一下，然后分开并张开五指。

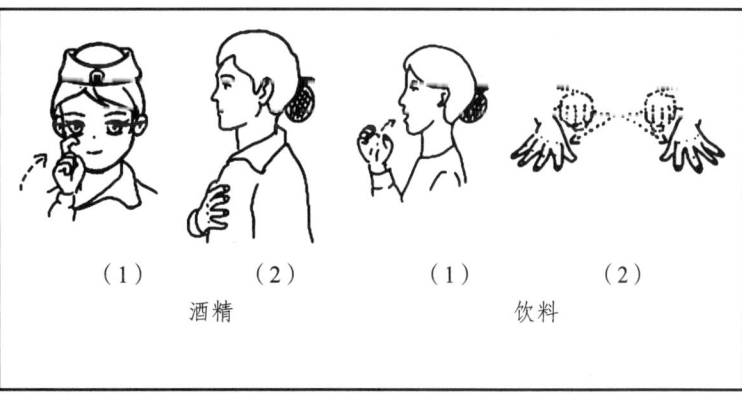

（1）　　（2）　　　（1）　　（2）
　　酒精　　　　　　　饮料

30. 安全隐患

安全：（1）一手横伸，掌心向下，自胸部向下一按。（2）一手伸拇指，顺时针平行转动一圈。

隐患：（1）左手平伸；右手拇、小指伸出，手背向右，边向左手掌心下移动边蜷曲。（2）左手伸食指，指尖朝前；右手伸拇，小指，小指立于左手食指上，左右晃动几下，面露害怕的表情。

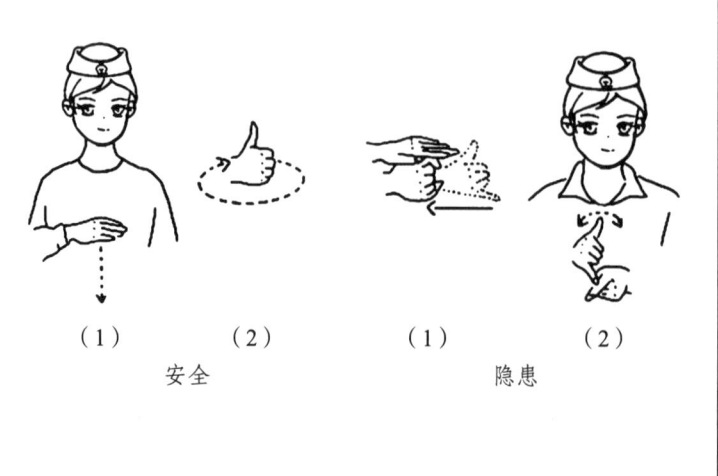

（1）　　（2）　　　（1）　　　（2）

安全　　　　　　　隐患

31. 安检员

安全：（1）一手横伸，掌心向下，自胸部向下一按。（2）一手伸拇指，顺时针平行转动一圈。

检查：检查（调查）：双手拇、食、中指相捏，在胸前交替上下移动，模拟查看物件的样子。

员：一手拇、食指捏成小圆圈贴于胸侧。

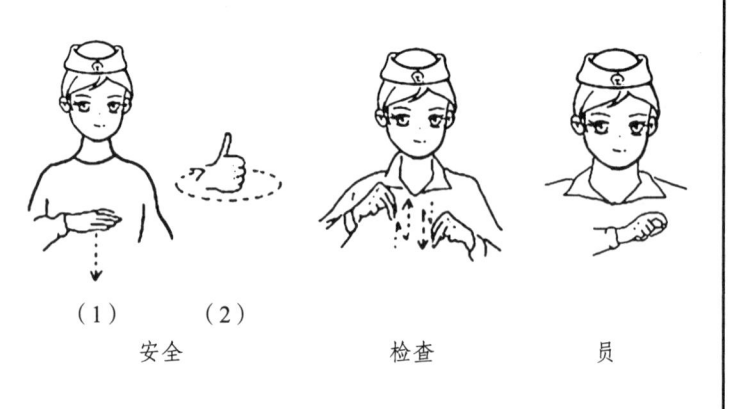

（1）　　（2）

安全　　　　　检查　　　　员

32. 验票

验：双手拇、食、中指相捏，在胸前交替上下移动，模拟查看物件的样子。

票：双手拇、食指指尖相对，两边微拉，如车票大小。

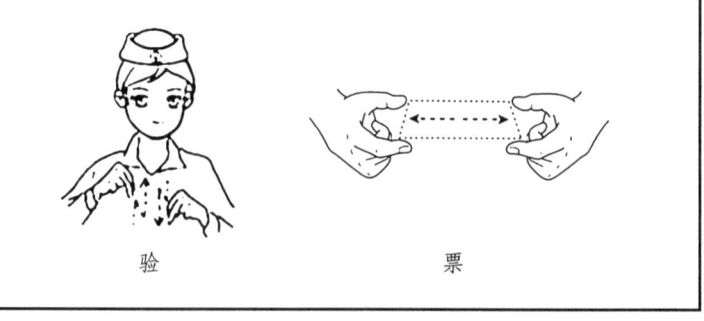

验　　　　　　　票

33. 实名制

实（真实、实际）：左手食指横伸；右手食指直立，向下敲一下左手食指。

姓名：一手食指沿另一手中、无名、小指尖向下划动（中指表示"姓"，无名、小指表示"名"）。

制（度）：（1）双手直立，掌心左右相对，向一侧一顿一顿移动几下。（2）一手握拳，手背向外，虎口朝上，依次伸出食指、中指、无名指和小指。

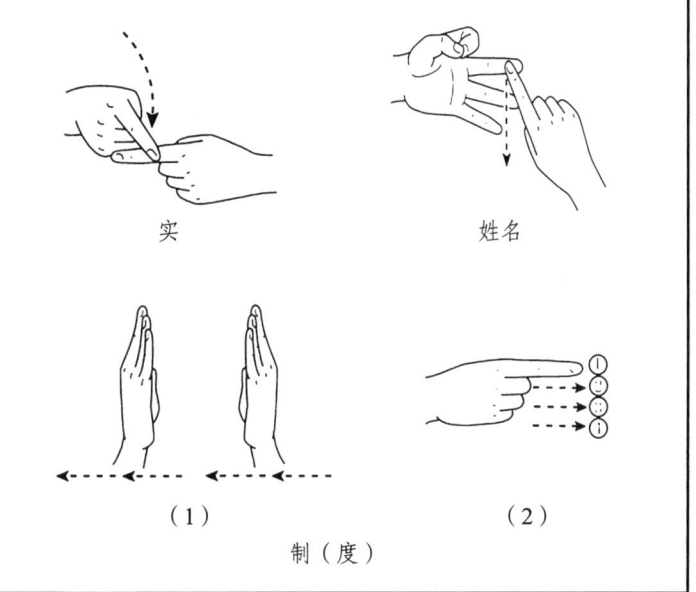

实　　　　　　姓名

（1）　　　　　　（2）

制（度）

34. 扶梯

扶梯：左手横伸；右手伸食、中指并拢，指尖朝下，立于左手掌心上，然后双手向斜上方移动。

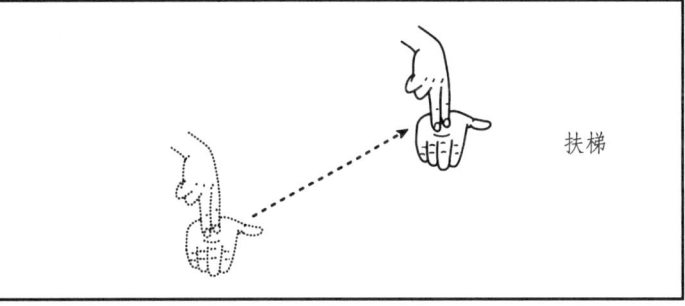

扶梯

35. 遗憾

遗憾：（1）左手横伸；右手握拳，然后手背在左手掌心上轻捶两下面露遗憾的表情；（2）双手平伸，掌心向上，向下颠动两下，面露遗憾的表情。

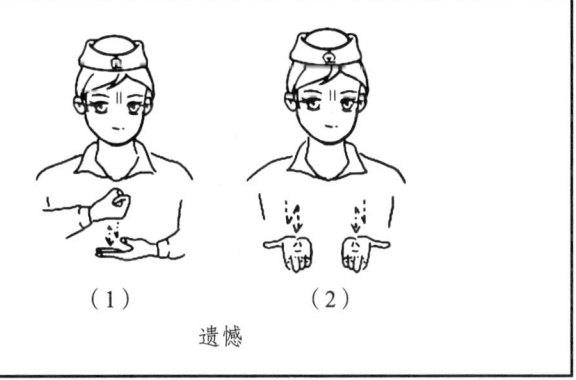

（1）　　　　（2）

遗憾

服务用语

1. 请您接受安检。
2. 请留步。
3. 您好,请把您的行李放在传送带上。
4. 请您拿出随身物品,并通过安检门。
5. 请依次通过探测门。
6. 请您接受检查。
7. 请您抬起双臂。
8. 请转身。
9. 请您把衣扣打开。
10. 请您把外套脱下。
11. 口袋里是什么东西?
12. 口袋里还有其他物品吗?
13. 很遗憾,易燃品不可以带上车。
14. 这是我们的规定,请您配合我们的工作。
15. 先生/女士,您忘了您的东西。
16. 检查完毕,谢谢您的合作。
17. 好了,请往里面走。
18. 早上好/下午好/晚上好,先生/女士,请出示您的有效证件。
19. 您好,请按秩序排队,请准备好您的身份证。
20. 到杭州的火车每两小时一班。
21. 洗手间在二楼那个方向。
22. 对不起,这是员工通道,请您在候车区等候。
23. 请准备好身份证到检票口检票上车。
24. 火车在八点四十五分到达。
25. 现在可以上车了。
26. 由于技术故障,去北京的G20次列车已经推迟半小时发车。

情景对话一　安检

安检员：请问，这是您的包吗？

旅客：是的。

安检员：那是什么？

旅客：螺丝刀。

安检员：螺丝刀禁止带上车。

旅客：不好意思。我不知道这个规定。我该这么做？

安检员：我们可以帮您保管，但是，请您三天内回来取，这是我们的规定。

旅客：我不要了。

安检员：谢谢您的合作。

情景视频：
安检

情景对话二　验票

客运员：请问，请出示您的身份证。

旅客：我没买票，我就是去站台上送个人。

客运员：对不起，先生，无票人员不可以进站，那是我们的规定。

旅客：好吧，那我就不进去了。

客运员：谢谢您的合作。

情景视频：
验票

情景对话三　问询（地点）

旅客：您好，我想买一张高铁票。请问自动售票区怎么走？

客运员：朝这个方向直走，到了车站大厅往左拐，就在自动扶梯的附近。

旅客：非常感谢！

情景对话四　问询

旅客：您好，可以使用二维码验票吗？

客运员：目前高铁站可以使用二维码在闸机验票，也可以使用身份证检票。

情景视频：
询问

旅客：在哪检票？

客运员：进站后，车站大厅屏幕上一般都有各个车次的检票口提示，"铁路12306" APP、行程信息单以及手机短信也都有检票口提示，当候车厅电子屏幕上提示检票开始时，需要在对应的检票口排队进行检票。

旅客：我明白了，太谢谢您了。

情景对话五　候车

旅客：请问，这是G78次列车的贵宾候车室吗？

客运员：是的。我可以看一下您的车票吗？

旅客：好的，给您。

客运员：您乘坐的列车将在18：00由3站台开出。现在还有50分钟。请您找个位置坐下，等候我通知您上车的时间。

旅客：谢谢提醒。

任务三　检票乘降

视频：检票乘降相关服务和短语

词汇及短语

1. 检票口

检（验）：双手拇、食、中指相捏，在胸前交替上下移动，模拟查看物件的样子。 票：双手拇、食指指尖相对，两边微拉，如车票大小。 口：一手伸食指，沿嘴部转动一圈，口张开。	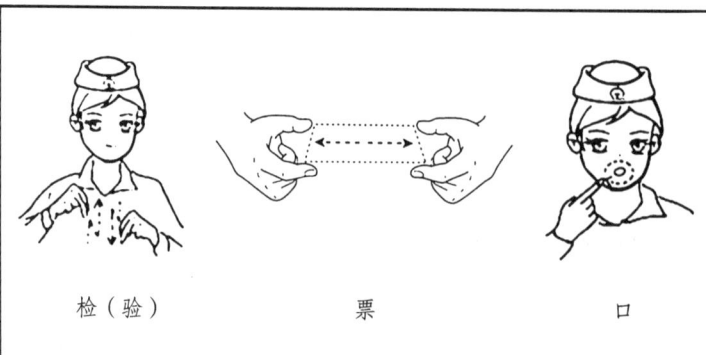 检（验）　　　票　　　口

2. 检票员

检（验）：双手拇、食、中指相捏，在胸前交替上下移动，模拟查看物件的样子。

票：双手拇、食指指尖相对，两边微拉，如车票大小。

员：一手拇、食指捏成小圆圈贴于胸侧。

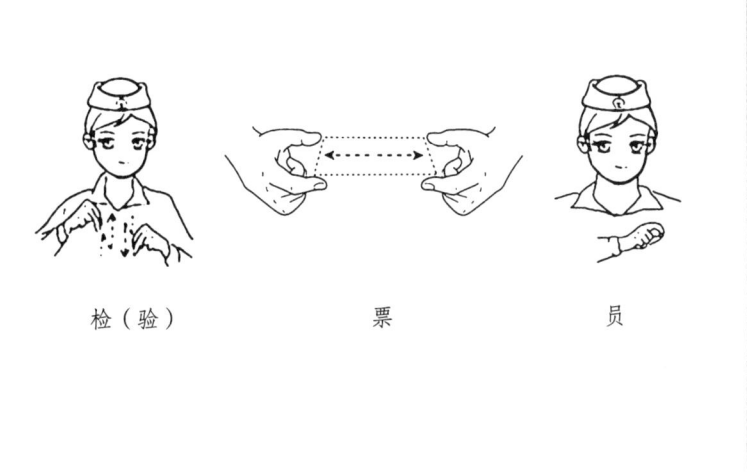

检（验）　　　　票　　　　员

3. 自动检票机

自（己）：一手伸食指直立，虎口朝内，碰两下左胸部。

动：双手握拳屈肘，前后交替转动两下。

检（验）：双手拇、食、中指相捏，在胸前交替上下移动，模拟查看物件的样子。

票：双手拇、食指指尖相对，两边微拉，如车票大小。

机：双手五指弯曲，四指大关节交错相触，转动几下，象征机器齿轮转动状。

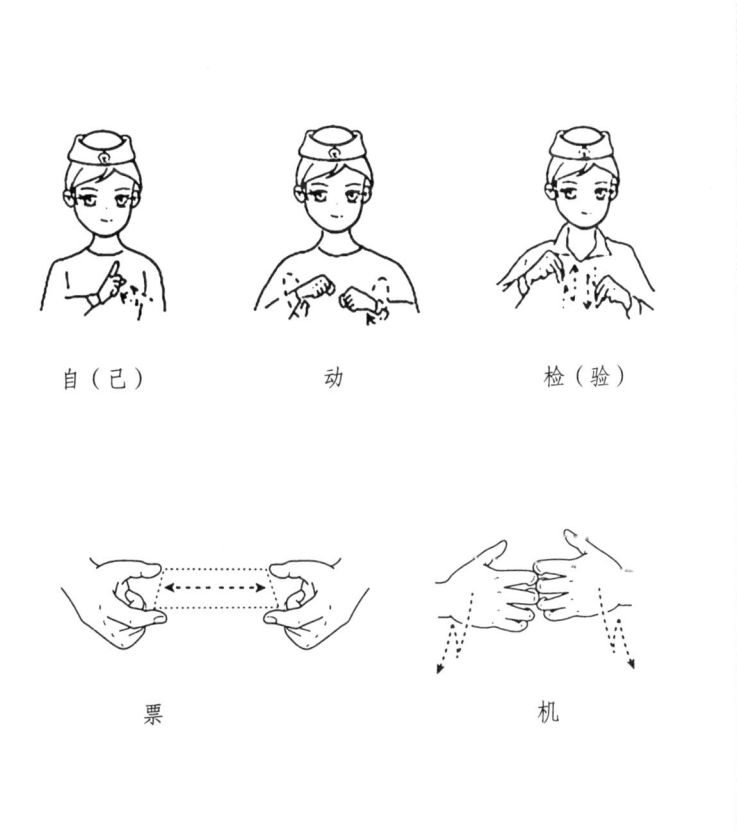

自（己）　　　动　　　检（验）

票　　　　机

4. 检票时间

检（验）：双手拇、食、中指相捏，在胸前交替上下移动，模拟查看物件的样子。

票：双手拇、食指指尖相对，两边微拉，如车票大小。

时间：一手伸出拇、食两指，拇指尖抵住另一手掌心，食指向下转动，象征钟表的时针在转动。

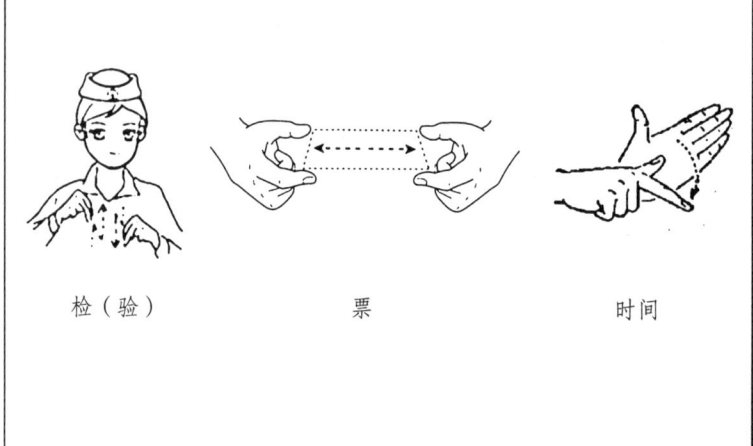

检（验）　　　　票　　　　时间

5. 刷（磁）票

刷（磁）票：刷（卡）左手横立，掌心朝内，五指并拢在前不动；右手五指撮合，指背贴一下左手掌心，然后移开。

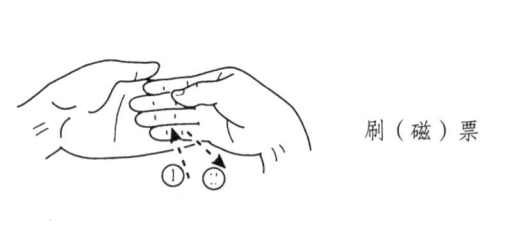

刷（磁）票

6. 过期（票）

过期（逾期）：
（1）双手横立，手背向外，一上一下，五指张开，交替点动几下。（上面的手代表月份，下面的手代表日期）
（2）左手伸食指，指尖朝前；右手横立，掌心朝内，置于左手食指的根部，然后向指尖方向移动。

票：同词汇1中"票"。

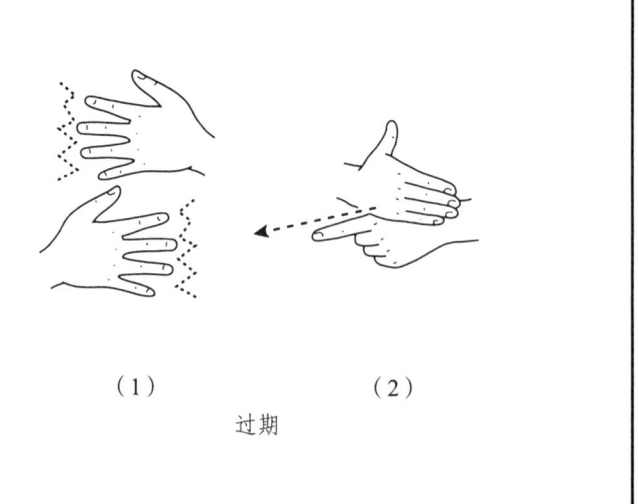

（1）　　　　　（2）

过期

7. 重新/再买(票)

重（再、又）：右手拇、食指、中指相捏，手背向外，边向左移动边伸出食指和中指。

新：左手横伸；右手伸拇指，在左手手背上从左往右划出。

买：双手平伸，手心向上，一手在另一手掌心上拍打一下，然后向里移，表示买进东西。

票：同词汇1中"票"。

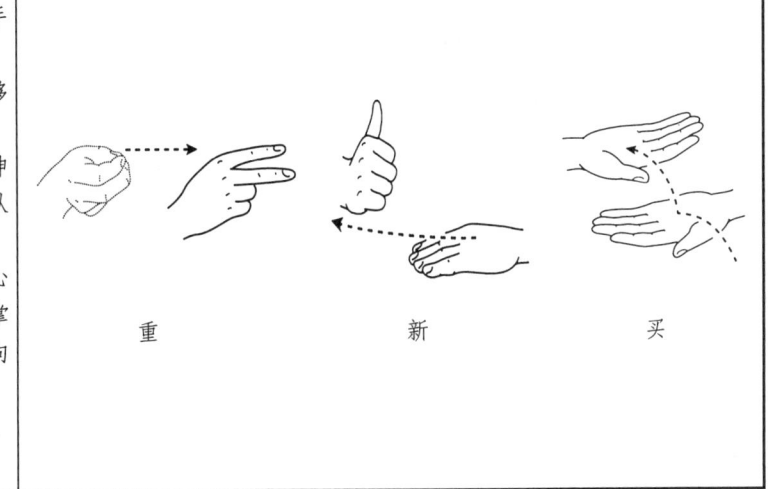

重　　　　　新　　　　　买

8. 站台

站：一手伸食、中指，指尖向下伸直，抵于另一手掌心上。

台：双手平伸，掌心向下，先从中间向两侧平移，再折而下成"冂"形。

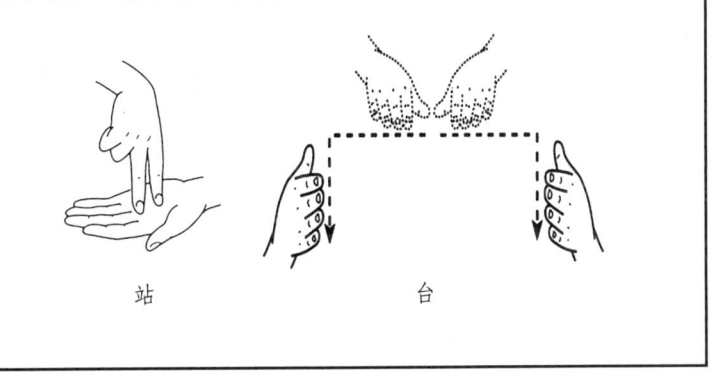

站　　　　　　　　台

9. 中间（站台）

中间：左手拇、食指成"匚"形，虎口朝内；右手直立，掌心向左，五指并拢，朝左手拇指、食指中部碰一下；

站台：同词汇8站台。

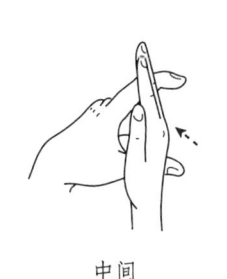

中间

10. 基本（站台）

基本：左手握拳，手背向上；右手拇指、食指张开，指尖朝下朝左手腕两侧插两下。

站台：同词汇8站台。

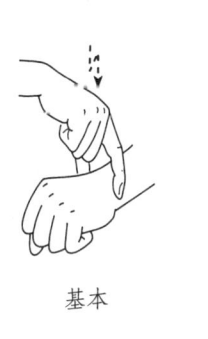

基本

11. 观光（站台）

观光（游览）：左手握拳；右手伸拇、小指，小指在左手背上随意点几下。

站台：同词汇8站台。

观光

12. （站台）通道

站台：同词汇8站台。

通道：双手侧伸，掌心相对，相距尺余，向前方伸出，表示笔直的大路。

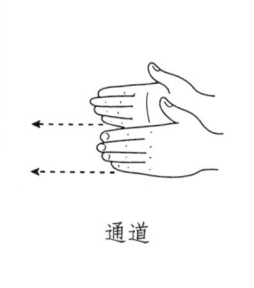

通道

13. （站台）屏蔽门

站台：同词汇8站台。

屏蔽（保护、保障）：左手伸拇指；右手横立，掌心向内，五指微曲，置于左手前，然后双手同时向下一顿。

门：双手五指并拢，掌心向外，并排直立。

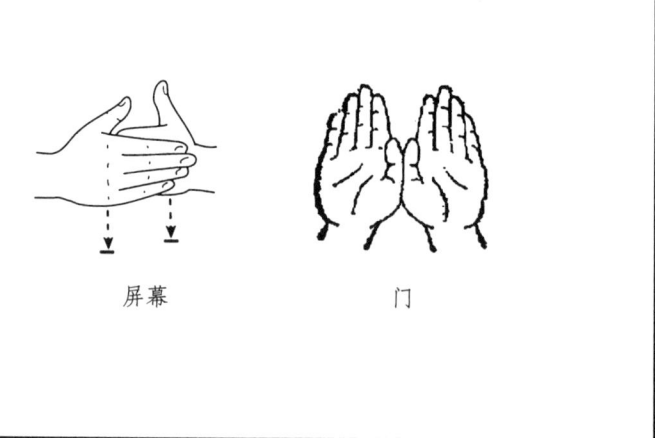

屏幕　　　门

14. （站台）天桥

站台：同词汇8站台。

天桥：（1）双手侧立，掌心相对，向前移动。（2）双手食、中指微曲分开，指尖相对，指背向上，从中间向两侧下方做弧形移动。

（1）

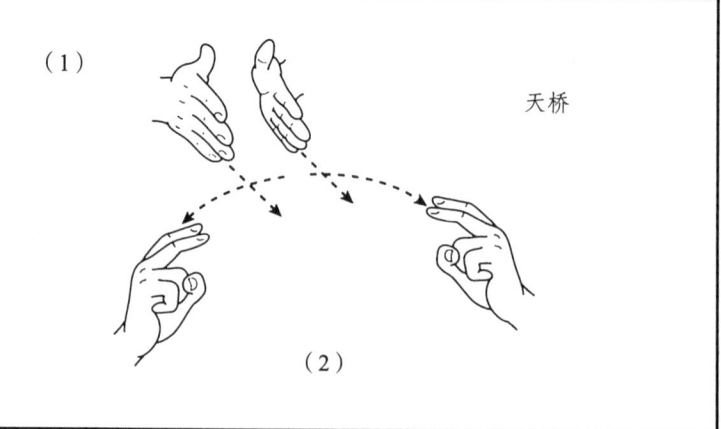

天桥

（2）

15. (站台)商店

站台:同词汇8站台。

商店:(1)双手掌心向上,在胸前交互转圈子,表示"买卖"之意。(2)双手指尖搭成"∧"形。

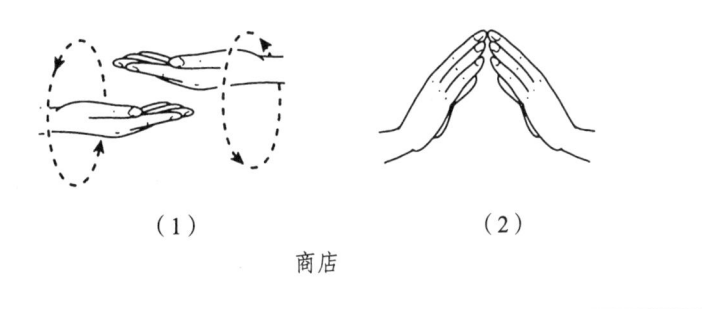

商店 (1) (2)

16. 站名牌

站:一手伸食、中指,指尖向下伸直,抵于另一手掌心上。

名牌:(1)一手中指、无名指、小指横伸分开,指尖朝耳部点一下手背向外。(2)左手横立;右手拇、食指张开,指尖向内,在左手背上向下划动一下。

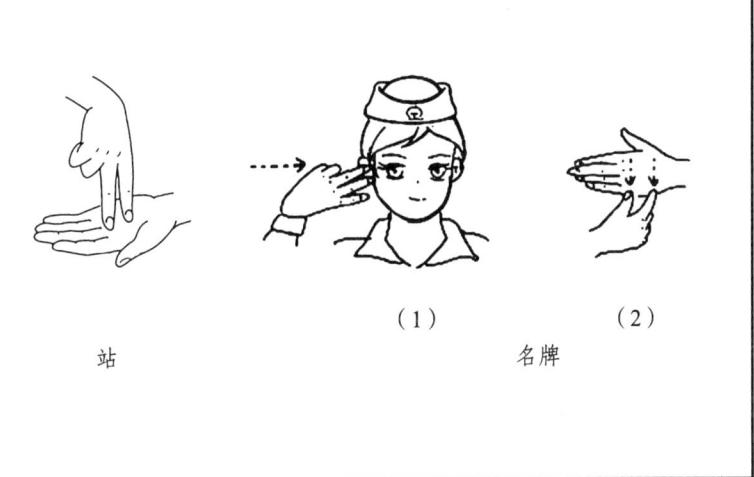

站　　(1)　名牌　(2)

17. 安全标志

安全:(1)一手横伸,掌心向下,自胸部向下一按。(2)一手伸拇指,顺时针平行转动一圈。

标志:左手食指直立;右手打手指字母"ZH"的指式,指尖指向左手食指。

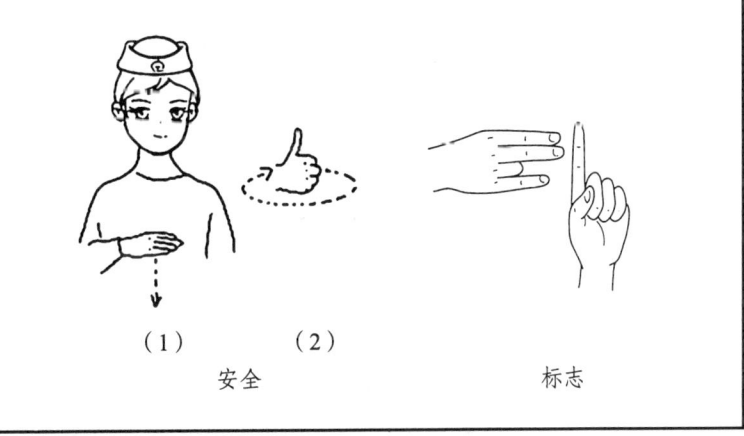

(1)　(2)
安全　　　　标志

18. 警告（标志）

警告：左手食指直立；右手五指微曲，指尖向下，置于左手上双手同时用力向前顿一下，面露严肃的表情。

标志：同词汇17中"标志"。

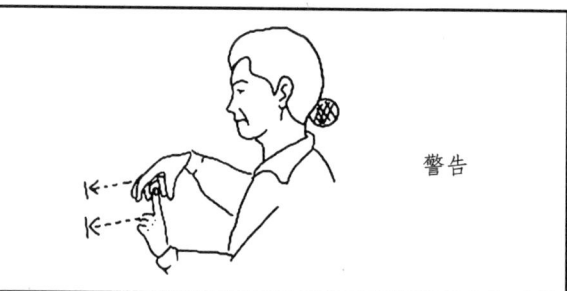

19. 导向（标志）

导向：左手平伸，五指张开；右手伸食指，在左手背上向前做曲线形移动。

标志：同词汇17中"标志"。

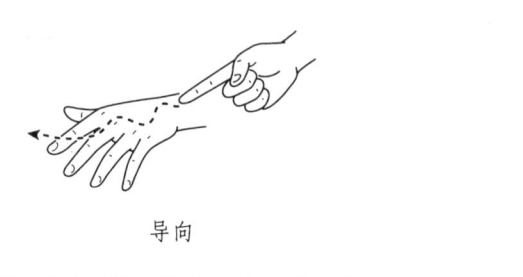

20. 工作人员专用

工作：（1）左手食、中指与右手食指搭成"工"字形。（2）双手握拳，上拳打下拳，即"做"手势，引申为"工作"。

人：双手食指搭成"人"字形。

员：一手拇、食指捏成小圆圈贴于胸侧。

专：左手伸食指，指尖朝前，虎口向上；右手五指张开掌心向前下方，置于左手食指根部，然后边向前移动边握拳。

用：左手五指成"匚"形，虎口向上；右手五指撮合，指尖朝下，从左手虎口内抽出。

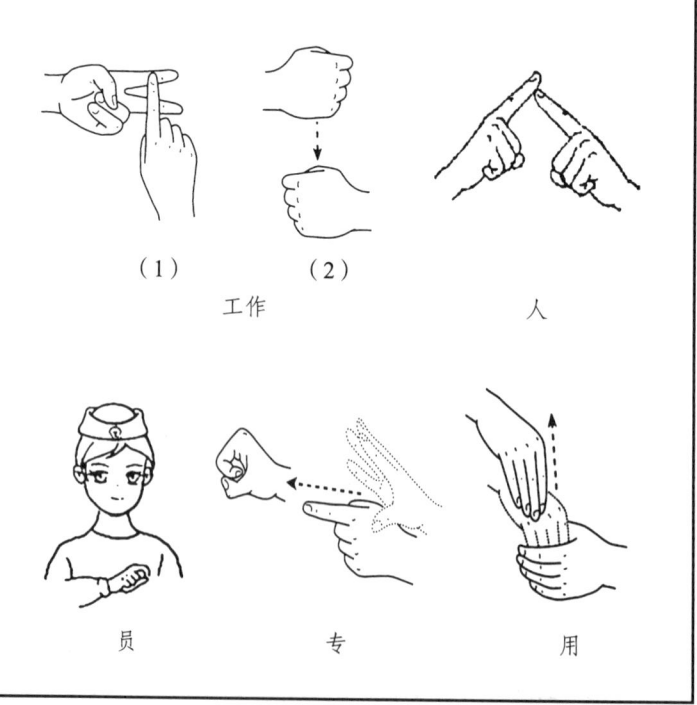

21. 补（付）差额

补（付）：（1）左手侧立；右手虚握，虎口向左，贴向左手掌心。（2）一手五指撮合，掌心向上，边往外移动边变手为平伸。

差额：（1）双手伸拇指，左手不动，右手向下移动一下。（2）一手直立，掌心向内，五指张开，交替点动几下。

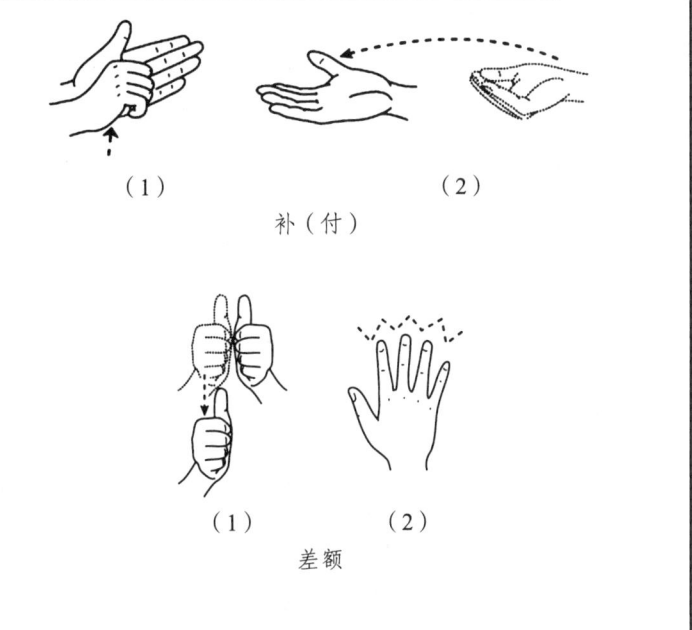

22. 着急

着急：双手五指弯曲，指尖抵于胸部，上下交替几下，面露焦急的表情。

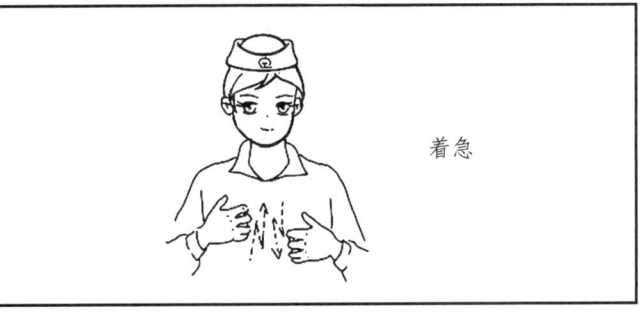

23. 排队等候

排队：双手直立，五指张开，排成一列，左手在前不动，右手小鱼际外侧碰两下左手拇指指背。

等（等候）：一手横伸，手背贴于颔下，表示张望、等候之意。

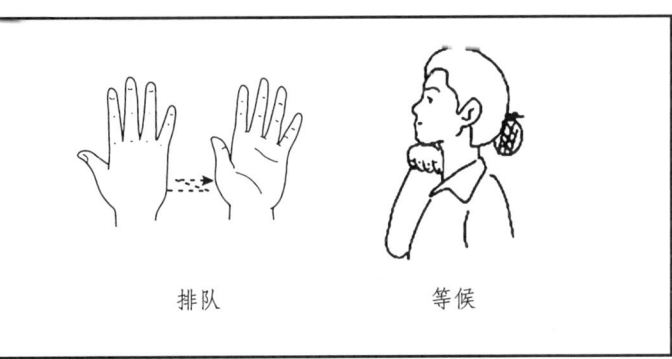

24. 按照

按照：双手平伸，掌心向上，左手不动，右手向左手移过来，并在一起，表示"对照"。

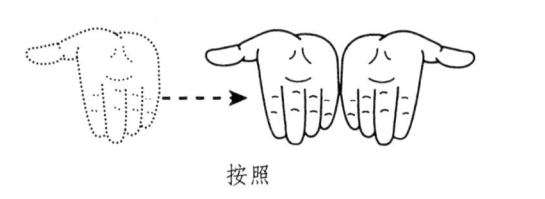

按照

25. 紧急出口

紧急：双手五指弯曲，指尖抵于胸部，上下交替动几下面露焦急的表情。

出口：（1）一手伸拇、小指，指尖朝外，从内往外移动。（2）一手伸食指，沿嘴部转动一圈，口张开。

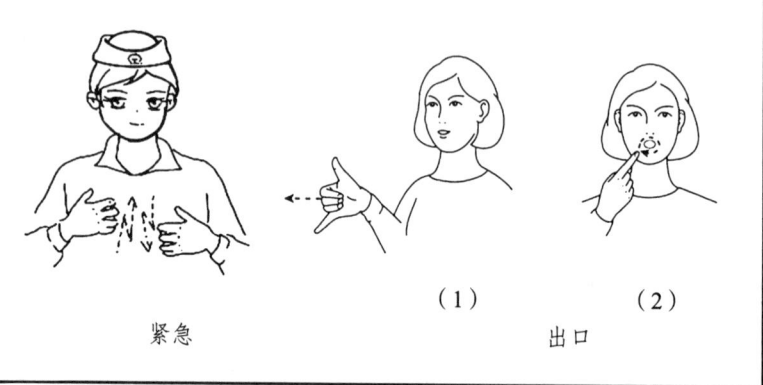

紧急　　　　　　（1）　　　　（2）
　　　　　　　　　　出口

26. 缝隙

缝隙：一手伸食指和中指，直立稍分开，掌心向外，然后从上向下做不规则移动，表示缝隙，还可表示裂缝。

缝隙

服务用语

1. 请出示您的身份证。
2. 刷（磁）票要正面朝上。

3. 车票三日内有效。

4. 不好意思，您的车票已过期，请重新买票。

5. 请给孩子量一下身高。

6. 请不要携带易燃易爆物品（上车）。

7. 第几号站台？

8. 请去3号站台。

9. 谨防夹手。

10. 请当心站台与列车的缝隙。

11. 您的火车将于16：00从5号站台发车，请在8号检票口检票上车。

情景对话一　来不及买票

旅客：您好，我买错票了，来不及再买票了。我现在怎么办？

客运员：建议您退票重新购买。

旅客：我有非常紧急的事，拜托您帮帮我。

客运员：请稍等，我需要征求列车长同意。

客运员：列车长同意，您可以先上车，后补票，您可以将您误购的车票在开车前退掉。

情景对话二　走错检票口

客运员：请出示您的身份证。

旅客：好的。

客运员：这是G11次列车，您是G111次列车。在8A检票口检票，现在还没开始检票。

旅客：抱歉，我弄错了。

客运员：没关系。

情景对话三　接站问询

旅客：您好，从广州开来的G820次列车在几号站台？我来接我父亲，他在8号车厢。

客运员：G820次列车在3站台，8号车厢在站台西侧。

旅客：非常感谢。

情境视频：
站台服务

情景对话四　帮助旅客寻找车厢

旅客：下午好，请问这是几号车厢？

客运员：这是2号车厢，您找几号车厢？

旅客：我找8号车厢。

客运员：请径直往前走，一直走到火车尽头。

旅客：谢谢。

客运员：不用客气。祝您旅途愉快。

任务四

出站作业

视频：出站作业相关服务和短语

词汇及短语

1. 出站口

| 出：一手伸拇指、小指，指尖朝外，从内向外移动。 站：左手横伸；右手食指、中指分开，指尖向下，立于左手掌心上。 口：一手伸食指，沿嘴部转动一圈，口张开。 | 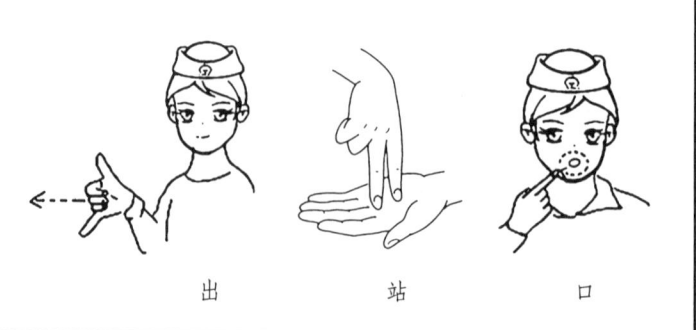 出　　　站　　　口 |

2. 终点（到）站

终：左手伸小指；右手伸食指，敲一下左手小指，表示最后的意思。
点（到）：一手伸拇指、小指，向前做弧形移动，然后向下一顿。
站：左手横伸；右手食指、中指分开，指尖向下，立于左手掌心上。

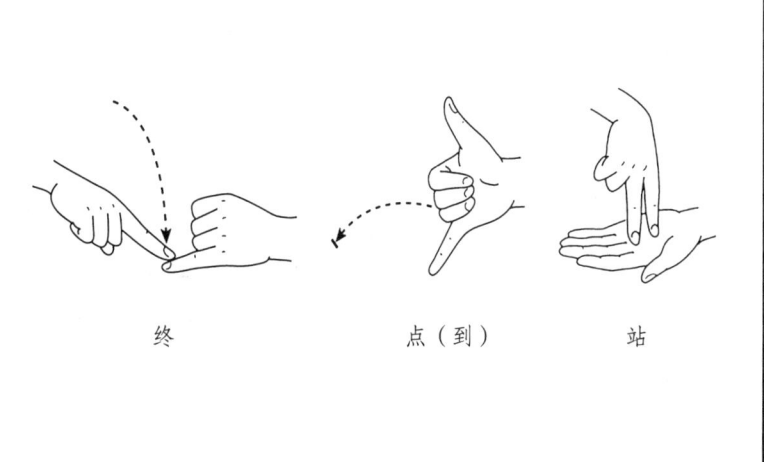

终　　　点（到）　　　站

3. 到达站

到（达）：一手伸拇指、小指，向前做弧形移动，然后向下一顿。
站：左手横伸；右手食指、中指分开，指尖向下，立于左手掌心上。

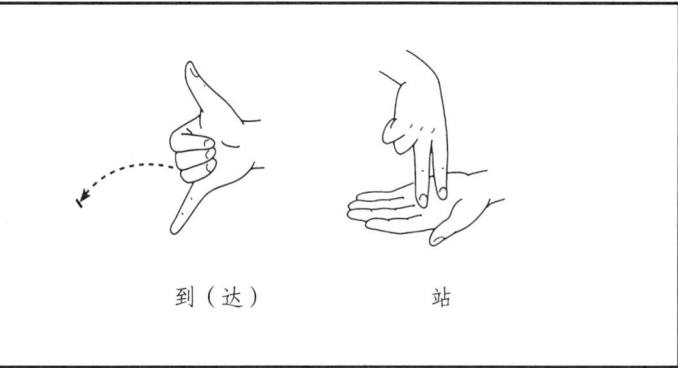

到（达）　　　站

4. 到（达）时间

到（达）：一手伸拇指、小指，向前做弧形移动，然后向下一顿。
时间：一手伸出拇、食两指，拇指尖抵住另一手掌心，食指向下转动，象征钟表的时针在转动。

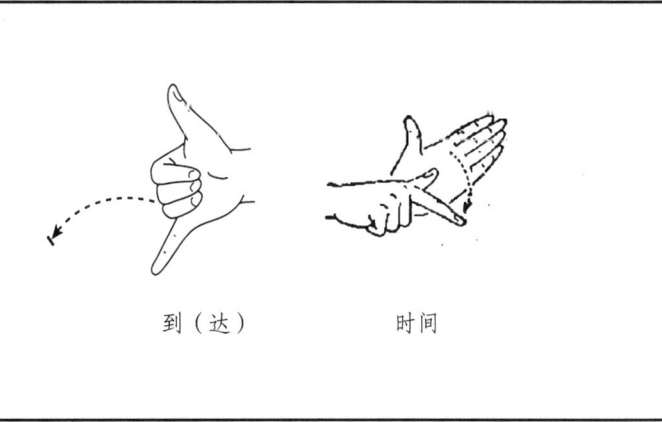

到（达）　　　时间

5. 准时到达

准确（精确）：左手食指直立；右手食指、中指、无名指和小指并拢，指尖向前上方，边向左手食指移动边缩回，拇指伸出。

时（间）：一手伸出拇、食两指，拇指尖抵住另一手掌心，食指向下转动，象征钟表的时针在转动。

到（达）：一手拇、小指伸直，向前做弧形移动，然后向下一顿。

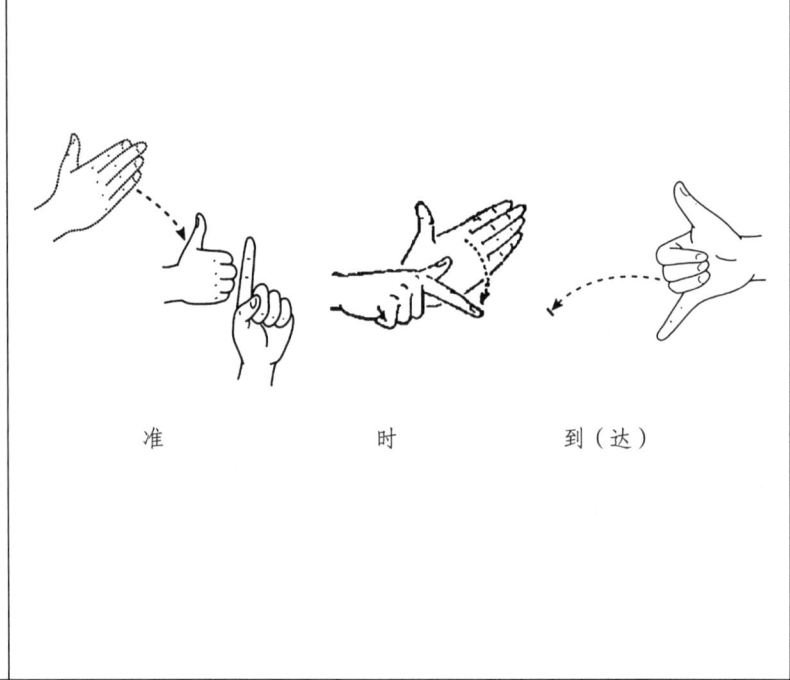

准　　　　时　　　　到（达）

6. 晚点半小时

晚（点）：左手侧立；右手平伸，拇指尖抵于左手掌心，其他四指向下转动，表示时间已迟。

半：一手食指横伸，手背向外，拇指在食指中部划一下。

小时：左手握拳，手背向上；右手伸食指，指尖向下，在左手腕顺时针转动一圈。

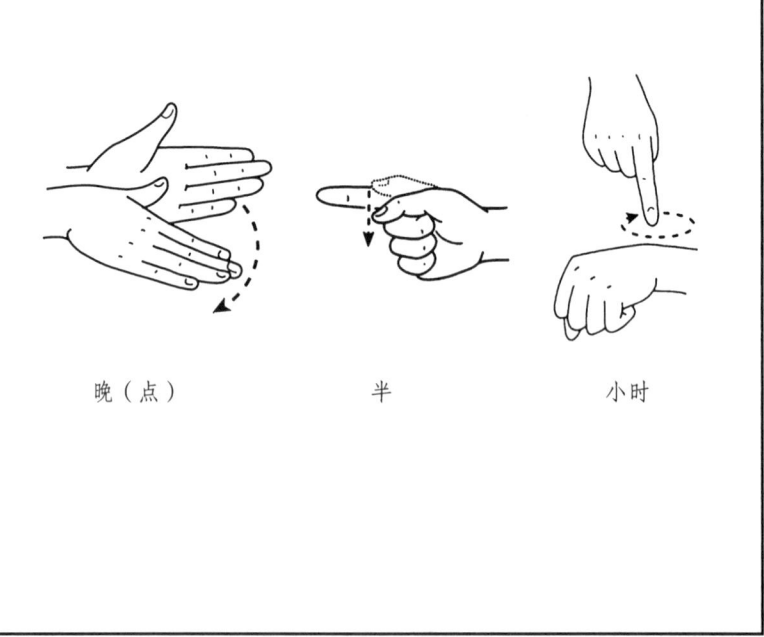

晚（点）　　　　半　　　　小时

7. 依次下车

依次：左手横立，掌心向内，五指张开；右手伸食指，从左手拇指依次向下点至小指。

下：一手伸食指，指尖向下一指。

车（高铁）：左手食指、中指分开，指尖朝前，手背向上；右手打手指字母"G"的指式，指尖朝左，从左手背向指尖方向移动。

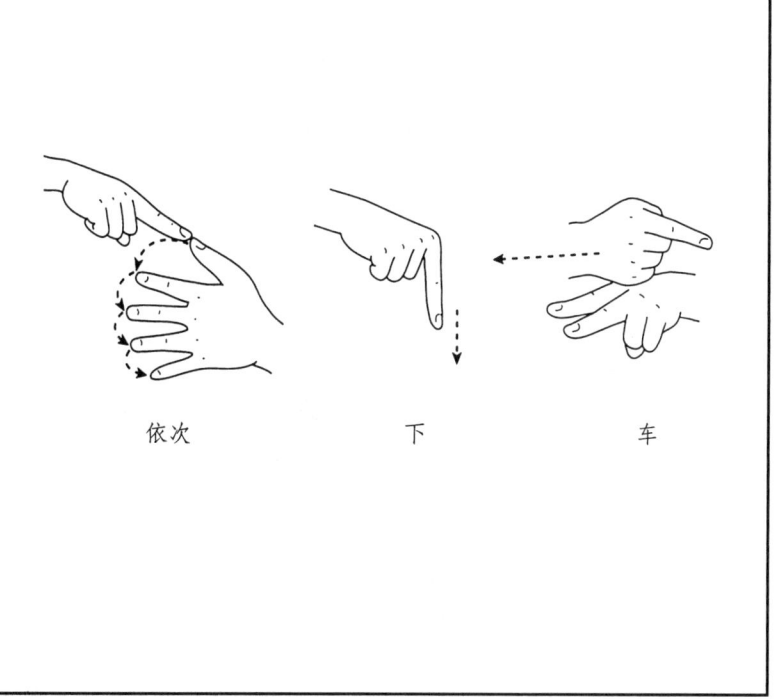

依次　　　　下　　　　车

8. 坐过站

坐：左手横伸；右手伸拇指、小指，置于左手掌心上。

过（超过）：双手食指直立，掌心向外，左手不动，右手朝上动一下。

站：一手伸食、中指，指尖向下伸直，抵于另一手掌心上。

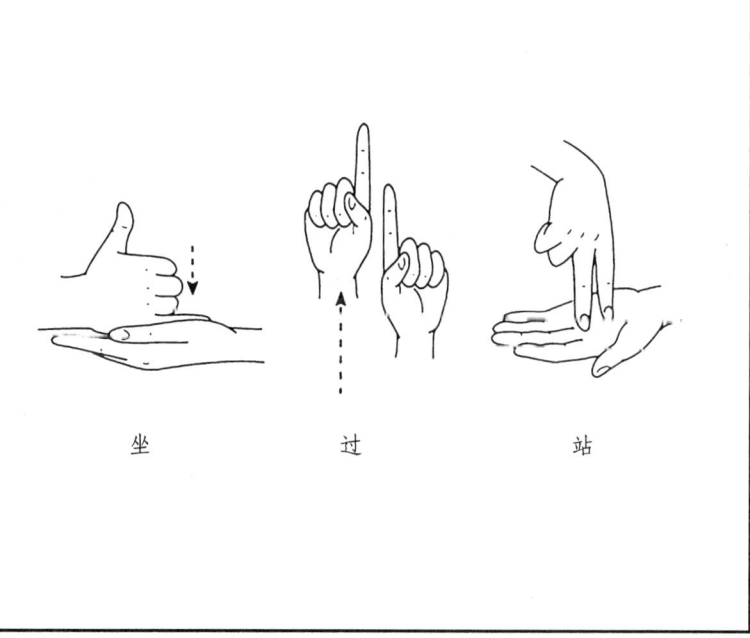

坐　　　　过　　　　站

9. 改乘另一列火车

改变（变化）：一手食指、中指直立分开，由掌心向外翻转为掌心向内。

乘（坐）：左手横伸；右手伸拇指、小指，置于左手掌心上。

另（外）：右手食指直立，然后手腕向右一转。

火车：左手食、中指伸直平放，象征铁轨。右手食、中指弯曲如钩，指尖抵在左手食、中指上，并向前移动，象征火车在轨道上行驶。

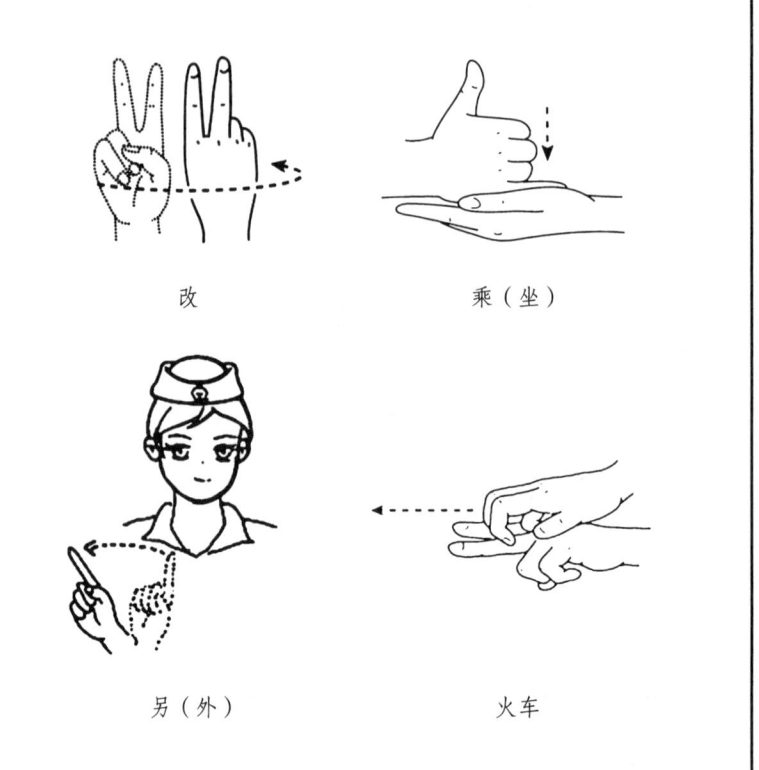

改　　　　　乘（坐）

另（外）　　　火车

10. 公交车停车场

公交车：一手握拳，虎口朝内，前后移动两下，如握公交车上方把手状。

停车场：（1）双手五指成"冂"形，指尖朝前，左手不动，右手向右一顿一顿移动几下。（2）一手伸食指，指尖朝下划一大圈。

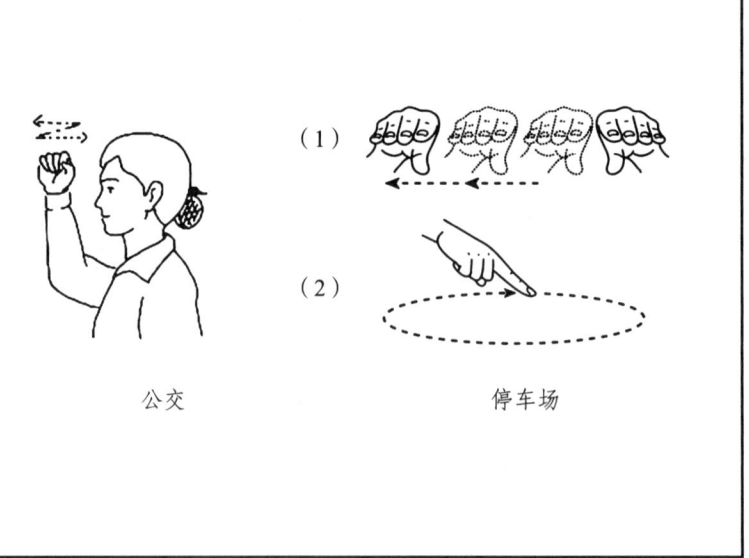

公交　　　　停车场

11. 堵车

堵车：双手五指成"匚"形，指尖朝前，左手在前不动，右手从左手腕腕处向后一顿一顿移动几下，表示车前后相挨。

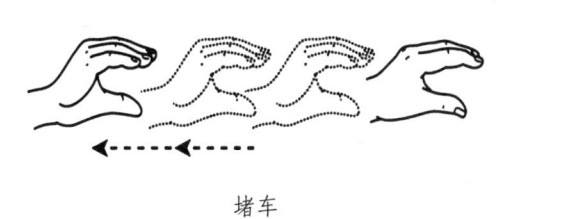

堵车

12. 出租车

出租车：一手伸食指，指尖朝前，中指弯曲，指尖抵于食指向前移动。

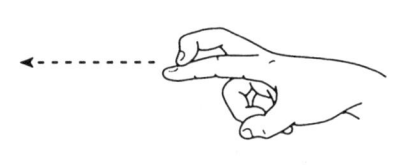

出租车

13. 满足需求（要）

满足：（1）一手横伸，掌心朝下，从腹部向下颌部位移动。（2）右手五指成"フ"形，虎口向内，碰向左胸部。

需（要）：一手平伸，掌心朝上，向后微移两下。

求：双手抱拳，向后晃动两下，面露恳求的表情。

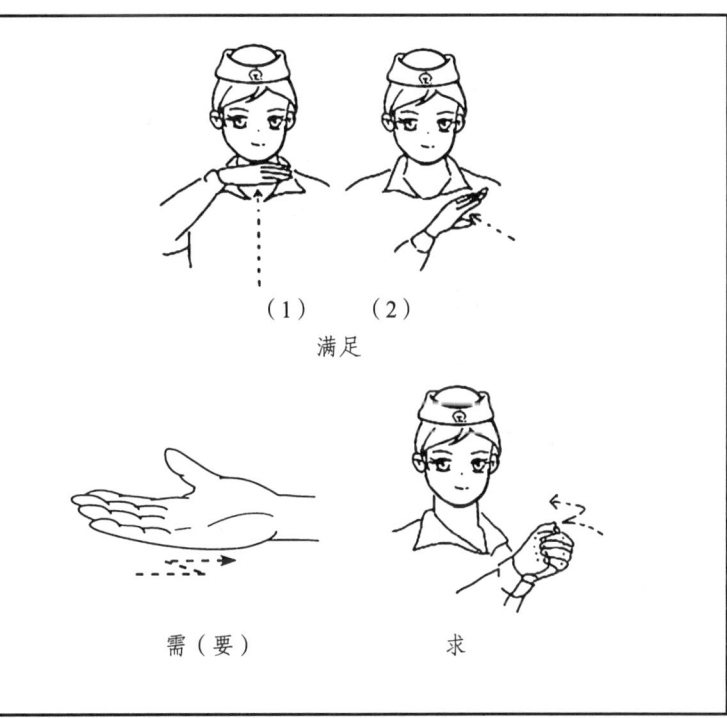

（1）　（2）
满足

需（要）　　　　　求

服务用语

1. 早上就可以到达广州。
2. 请按箭头指示的方向走。
3. 您可以在郑州站转车。
4. 火车将停靠在第6号站台。
5. 时间紧迫。
6. 下车时请不要推挤。
7. 火车晚点15分钟。
8. 火车在半小时后开动。
9. 列车准点运行。
10. 对于列车的延误,我们深表歉意。

情景对话练习

情景对话一　问换乘工具

旅客:您知道哪里可以坐到出租车吗?

客运员:知道的。出站后,往左拐,然后一直走,大约4分钟就能看到出租车停车场。

情景对话二　问附近宾馆

旅客:打扰一下,请问车站附近有五星级宾馆吗?

客运员:有的。

旅客:谢谢。顺便问一下,怎么走呢?

客运员:出站后往右拐,然后径直往前走15分钟,走到一个大商场就到了。宾馆就在商场的对面。

情境视频:
旅客问询

情景对话三　问中转换乘

旅客：请问从哪里换乘？

客运员：乘坐站台中部的电梯上楼到候车室检票。

旅客：谢谢。

客运员：不用客气。

聋人文化
专题二

聋人的交流方式

聋人的听力状况和语言状况非常多元化。每个聋人的失聪时间和听力曲线图都不一样，而佩戴助听设备之后的矫正听力、口语能力和手语水平也都存在差异。

有的聋人戴上助听器之后能听能说，但发音有些含糊；有的聋人不喜欢开口发音，选择以手语表达自我；有的聋人书面语很好，但不会看口型……这些复杂的情形使健听人和聋人交流时会遇到不同的交流障碍，所以应当灵活采取各种策略来帮助沟通。

当你遇到聋人的时候，千万不要先入为主地认为他只能用手语交流。"十聋九哑"已经成为过去，现在越来越多的聋人接受过语言康复训练，能够说话，也有一定的看口型能力。当然，即使是戴了助听器，同时配合读唇，他们接收到的信息也不如健听人那样完整。所以在与聋人交谈时，健听人应适当放慢语速，咬字清晰，注意适度重复，必要时多配合简单的手势，有利于聋人听清你全部的话语。但也没有必要刻意大声嚷嚷，这样反而会引起佩戴助听器者的不适。

如果你遇到的是以手语为主要沟通方式的聋人，也不要太紧张。要知道，聋人可是"变色龙"，他们会聪明地根据交际场合和交际对象来转换自己的手语——看到你是健听人，手语不太熟悉，那他们就会放慢速度，简化手势，以简单的手势汉语来和你进行沟通；如果你根本就没学过手语，那他们也能用大家都能看懂的形象比划来同你交流，比如吃饭、喝水、休息、好、坏、要、不要……如果你连这个也没法看懂的话，没关系，还有翻译和笔帮忙沟通呢！

聋人与别人交流时，不管对象是聋人还是健听人，他都习惯双眼紧紧盯着对方，一刻也不离开。在健听人看来，这是有些失礼的，但在聋人看来，是很自然的一件事情，因为聋人只有看着对方，才会知道对方在比划什么，读懂对方的口型。

所以健听人与聋人交流的时候，要适应这种目光的"亲密接触"，也要注意说话时别让自己的手、口罩、围巾等遮挡住面部。如果在公共场合遇到陌生的聋人在用手语交谈，不要因为好奇而紧紧盯着他们看，也不要对他们的夸张表情感到奇怪，聋人用手语交谈，就像健听人说话聊天一样，再自然平常不过。如果狭窄的通道上正好有两个正在"手谈"的聋人挡住了你的路，你可以拍拍他们的肩膀，这是一种在聋人群体里很普遍的唤起他人注意的方式。如果要赶时间，也可以干脆弯下身子尽可能低地从他们的手臂下面钻过去，这种做法看起来有点奇怪，但其实是对聋人和手语的尊重。

手语思政专题二

手语与社会公益

主题	内容引导	实施路径	落脚点
手语与社会公益	组织手语教学，向公众、学生或志愿者群体传授基础的手语表达知识，提高社会对手语的认识和理解	1. 第一课堂 2. 线上（智慧职教MOOC）教学 3. 为企事业单位提供服务手语授课培训	服务社会：促进社会对聋人群体的关注和支持，增进学生对手语沟通认识和理解，推动社会的包容与共融
	邀请聋人、手语教师等进行公益讲座，介绍聋人的生活现状、手语教育和沟通技巧，引导学生以及公众关注聋人的权益和需求	第三课堂 公益讲座	
	举办手语公益活动，如手语普法、手语进医院志愿者活动，关注聋人的切实利益和生活	第三课堂 联合当地人民法院、医院等开展公益活动	

学习情境三

轨道交通列车乘务服务手语

学习目标

1. 知识目标

(1) 学习迎客作业相关词汇及短语的手语打法;

(2) 学习车厢服务相关词汇及短语的手语打法;

(3) 学习动车设备设施介绍相关词汇及短语的手语打法;

(4) 学习重点旅客相关词汇及短语的手语打法;

(5) 学习应急服务相关词汇及短语的手语打法;

(6) 学习餐饮服务相关词汇及短语的手语打法。

2. 能力目标

(1) 掌握迎客作业相关词汇及短语的手语打法并熟练运用;

(2) 掌握车厢服务相关词汇及短语的手语打法并熟练运用;

(3) 掌握动车设备设施介绍相关词汇及短语的手语打法并熟练运用;

(4) 掌握重点旅客相关词汇及短语的手语打法并熟练运用;

(5) 掌握应急服务相关词汇及短语的手语打法并熟练运用;

(6) 掌握餐饮服务相关词汇及短语的手语打法并熟练运用。

3. 思政目标

(1) 能用手语传递对聋人旅(乘)客的尊重和关爱;

(2) 树立服务意识,能够运用手语技能为听障旅(乘)客的出行提供出行便利;

(3) 培养职业情怀、职业奉献精神和法律意识。

学习情境三 轨道交通列车乘务服务手语

任务一

迎客作业

词汇及短语

视频：迎客作业相关服务和短语

1. 车门

车（火车）：左手食、中指伸直平放，象征铁轨。右手食、中指弯曲如钩，指尖抵在左手食、中指上，并向前移动，象征火车在轨道上行驶。

门：双手五指并拢，掌心向外，并排直立。

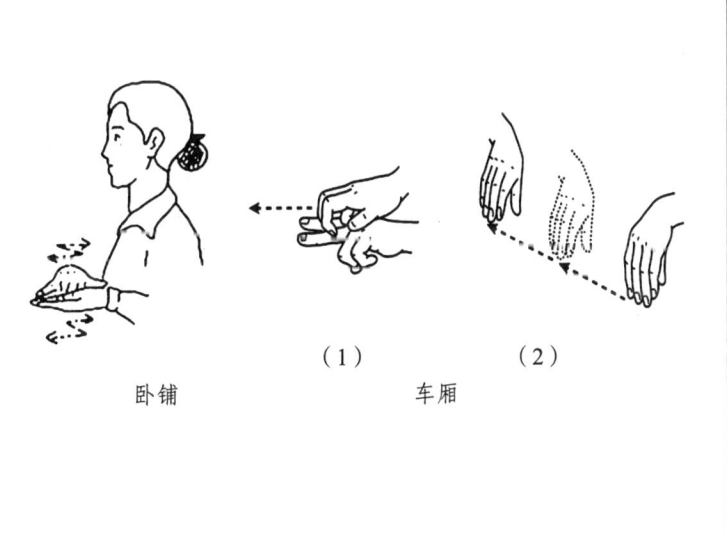

车　　　　　门

2. 卧铺车厢

卧铺：左手平伸，右手伸拇、小指，手背向上，放于左手掌心上，双手同时前后移动几下。

车厢：（1）左手食、中指伸直平放，象征铁轨。右手食、中指弯曲如钩，指尖抵在左手食、中指上，并向前移动。（2）双手五指成"∩∩"形，左右相挨，左手不动，右手向右一顿一顿移动几下。

卧铺　　　　（1）　车厢　（2）

3. 卧铺灯

卧铺：左手平伸，右手伸拇、小指，手背向上，放于左手掌心上，双手同时前后移动几下。

灯：一手五指撮合，指尖向下，然后五指放开，象征灯光。

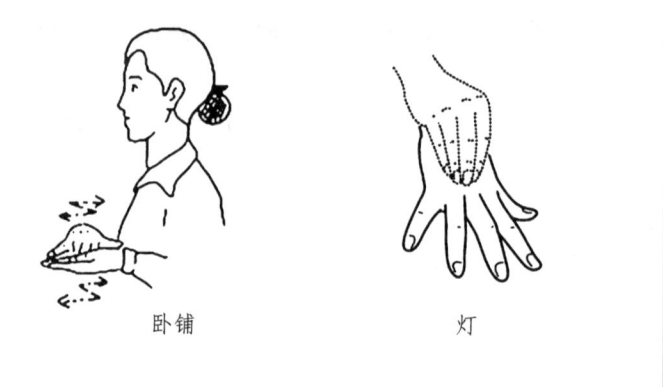

卧铺　　　灯

4. 卧铺垫

卧铺：左手平伸，右手伸拇、小指，手背向上，放于左手掌心上，双手同时前后移动几下。

垫：左手横伸；右手五指成"コ"形，指尖向左，在左手掌心下捏动几下。

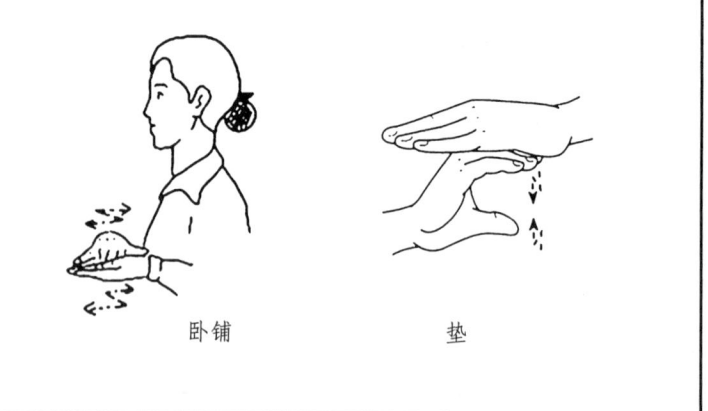

卧铺　　　垫

5. 卧铺牌

卧铺：左手平伸，右手伸拇、小指，手背向上，放于左手掌心上，双手同时前后移动几下。

牌（子）：左手侧立，手背朝外；右手拇指、食指张开，指尖朝内，在左手背上向下划动一下。

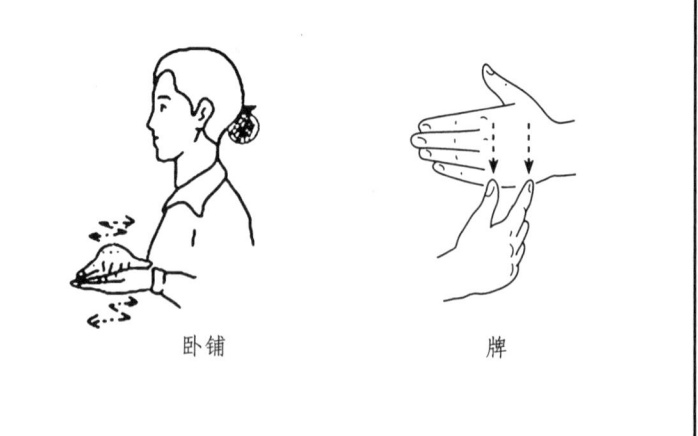

卧铺　　　牌

6. （卧铺）号码

卧铺：同词汇2中"卧铺"。

号码：左手拇食指成"匚"形，虎口朝内；右手直立，手背朝外，五指张开，在左手"匚"形内边从左向右移动边连续点动。

号码

7. 座位号

座位：一手伸出拇、小指，坐于另一手掌心上。

号码：左手拇食指成"匚"形，虎口朝内；右手直立，手背朝外，五指张开，在左手"匚"形内边从左向右移动，边连续点动。

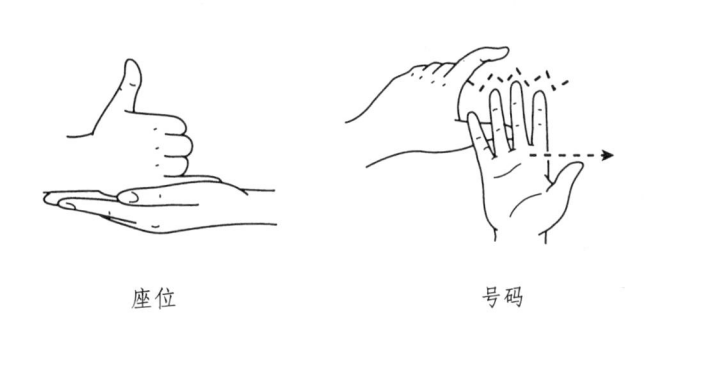

座位　　　　　　号码

8. 取（卧铺）票

取（拿）：一手五指张开，指尖朝下，边向上移动边握拳。

卧铺：同词汇2中"卧铺"。

票：双手拇、食指指尖相对，两边微拉，如车票大小。

取　　　卧铺　　　票

9. （列车）乘务员

车（火车）：同词汇1中"车"。

乘务员：（1）右手横立，掌心向内，在胸部向上划动两下。（2）右手伸拇指、食指捏成圆形，虎口向内，贴于左胸部。

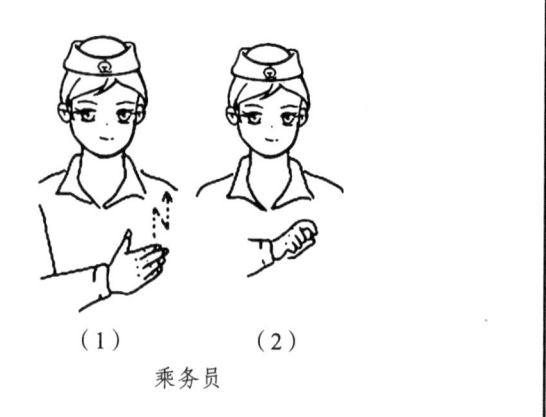

10. （车）窗边小桌

车（火车）：同词汇1中"车"。

窗：双手并排直立，掌心向外，左手不动，右手左右移动两下。

边（旁边）：右手五指并拢，拍两下左臂外侧。

小：一手拇指捏小指指尖。

桌：双手平伸，掌心向下，从中间向左右平移，成"冂"形，如桌子状。

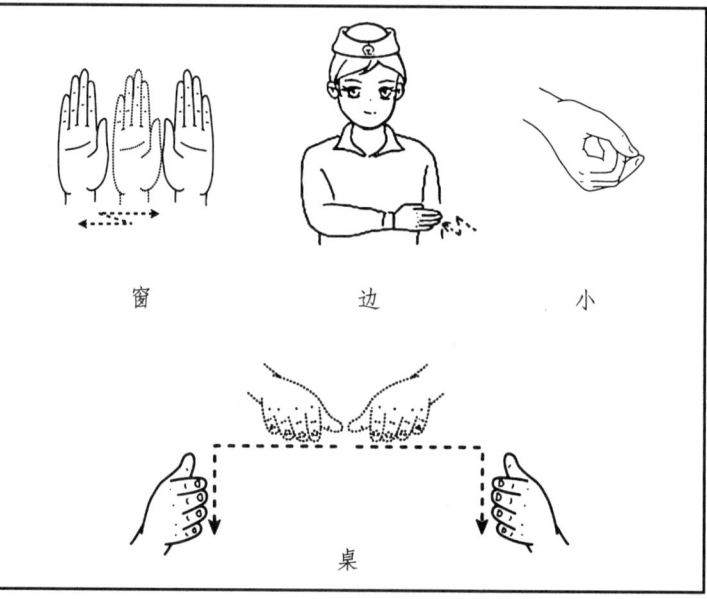

11. 折叠座

折叠：双手五指张开，指尖朝上，斜向交叉相搭，然后合拢重复一次。

座（位）：一手伸出拇、小指，坐于另一手掌心上。

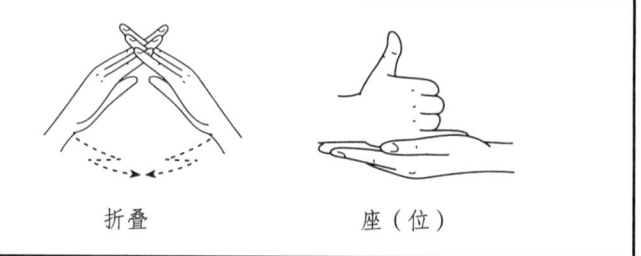

12. 换座

换：双手五指撮合，掌心朝上，左手指尖向右，在前，右手指尖朝左，在后，然后前后交换位置。

座：一手伸出拇、小指，坐于另一手掌心上。

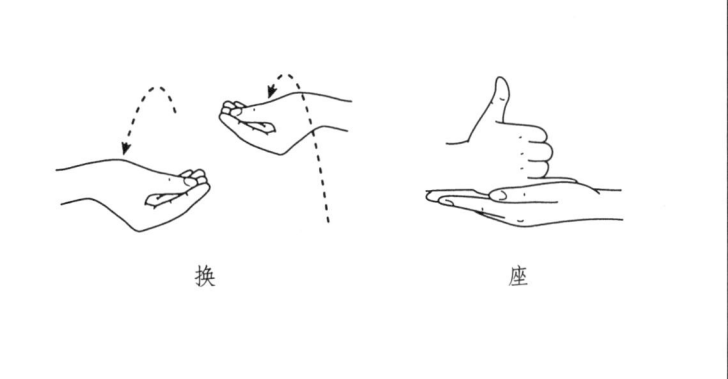

换　　　　　　座

13. 左/右转（拐弯）

左：右手拍一下左臂。

右：左手拍一下右臂。

拐弯：一手侧立，先向前一伸，再转向一侧。

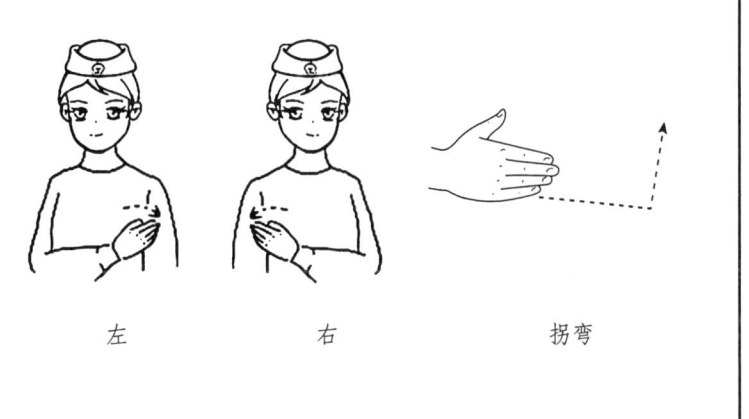

左　　　　　右　　　　　拐弯

14. 直走

直：一手侧立，向前移动（表示直的状态）。

走：一手食指、中指分开，指尖向下，交替向前移动。

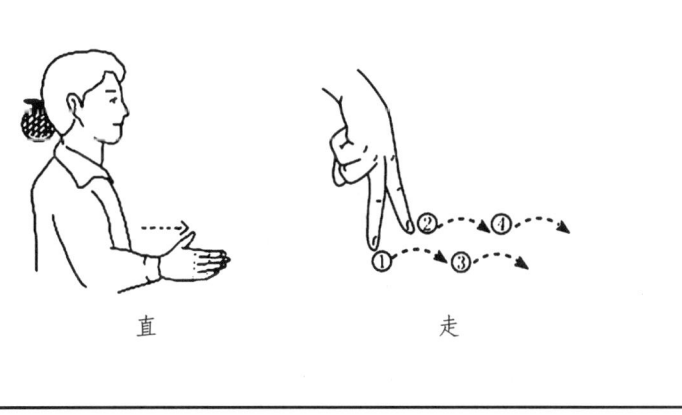

直　　　　　　走

服务用语

1. 欢迎乘坐本次列车。
2. 下午好,女士,请出示您的身份证。
3. 请您上车。
4. 雨天地滑,请您上车注意安全。
5. 危险品禁止带上车。
6. 请您注意脚下安全。
7. 站台与列车之间有缝隙,请您注意脚下安全。
8. 这是7号车厢,您在2号车厢,请往前走。
9. 您的座位号是16,请对号入座。
10. 列车马上就要开了,请上车。
11. 请注意,G20次列车马上就要开车了。
12. 请您再重复(说)一次。
13. 请您告诉我您的卧铺号码。
14. 我带您去您的卧铺。

情景对话练习

情景对话一　检票上车

列车员:您好,欢迎乘车,请问您是几号车厢?

旅客:6号车厢13号。

列车员:这边请,靠中间的位置。

情景对话二　提醒旅客注意行李

列车员:这是您的行李箱吗?

旅客:是的。

列车员:您的行李箱过大,不太安全,请放在大件行李寄存处,谢谢。

情景视频:
车门迎客

旅客：好的。

情景对话三　旅客询问车厢位置（1）

旅客：这是几号车厢？

列车员：6号车厢。

旅客：为什么这节车厢没有车厢号呢？

列车员：车厢号在这个位置，液晶屏上显示。

旅客：10号车厢怎么走？

列车员：您往这个方向走，向前走过三节车厢。

情景视频：
引领服务

情景对话四　旅客询问车厢位置（2）

旅客：姑娘，您能看看这是几号座位吗？

列车员：您是1车1A商务座，在本节车厢的最前排，您这边请。

情景对话五　坐错位置

列车员：打扰一下，先生，请问您是哪个座位？

旅客：3A。

列车员：您坐错了座位，您是靠窗的座位，不是靠过道的。

情景对话六　寻找铺位

旅客：我的铺位在哪里呢？

列车员：您的铺位是21号，下铺。

列车员：请跟我来。

旅客：好的。

列车员：这里就是，需要我帮您把行李放在行李架上吗。

旅客：不用啦，我自己放，谢谢。

情景对话七　提醒旅客上车

旅客：打扰了，请问几点开车？

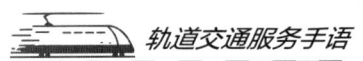

列车员：11点13分，列车快开了，请您抓紧时间上车。

旅客：谢谢。

任务二

车厢服务

视频：车厢服务相关词汇和短语

1. 补票机

| 补（同补贴）：左手侧伸；右手拇、食指握成圆形，向左手掌心移动，相贴。
票：双手拇、食指指尖相对，向两边微拉，如车票大小。
机：双手五指弯曲，四指大关节交错相触，转动几下，象征机器齿轮转动状。 | 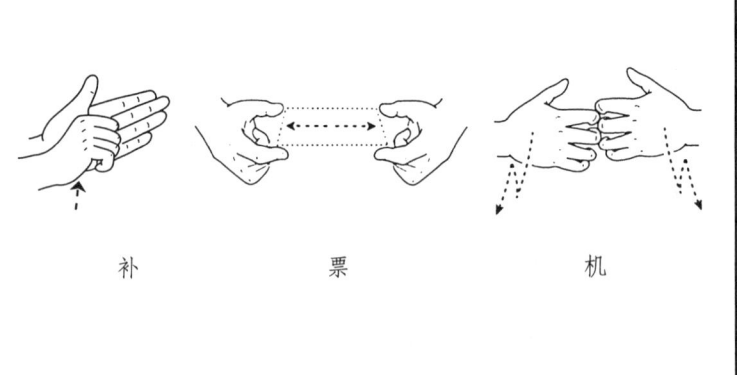
补　　　　票　　　　机 |

2. 走道（旁）边

| 走：一手食指、中指分开，指尖向下，交替向前移动。
道：双手侧立，掌心相对，向前移动。
（旁）边：右手五指并拢，拍两下左臂外侧。 | 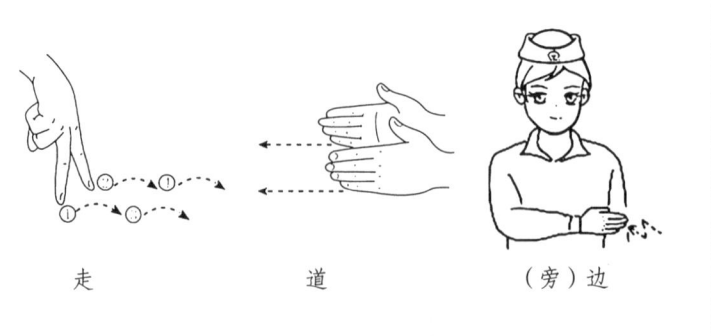
走　　　　道　　　（旁）边 |

3.（旋）转椅

| 转椅：左手直伸，右手四指与左掌成直角，指尖抵住左掌心，如椅子形状。然后双手同时平行转动两下。 | 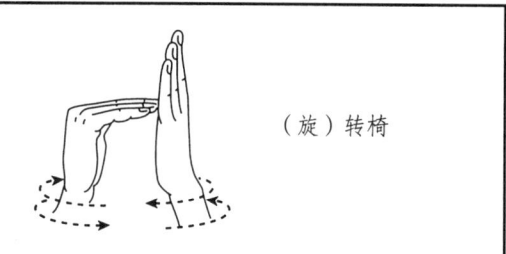
（旋）转椅 |

4. 固定（座）椅

| 固定：左手横伸；右手五指弯曲，指尖朝下，抵于左手掌心向下一按。
（座）椅：左手直伸，右手四指与左掌成直角，指尖抵住左掌心，如椅子形状。 | 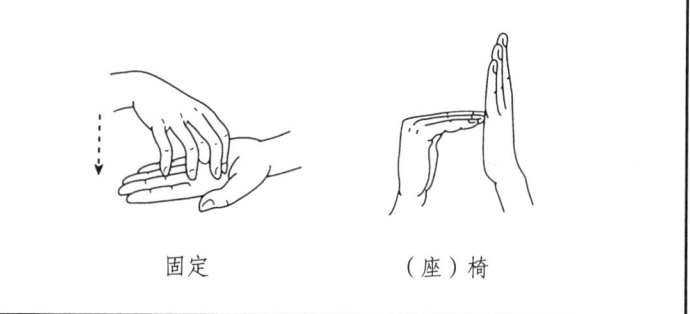
固定　　　　（座）椅 |

5. 大（件）行李寄存处

大（件）：双手侧立，掌心相对，同时向两侧移动，幅度要大些。

行李：一手虚握，手臂伸直，置于身后，然后向前拉动，模仿拉行李箱的动作。

寄存：（1）左手横伸，手背向上；右手平伸，手背向上，从后向前移入左手掌心下；（2）左手横伸；右手横立，掌心向内，置于左手背上然后向下按一下。

处：手指字母"CH"的指式。

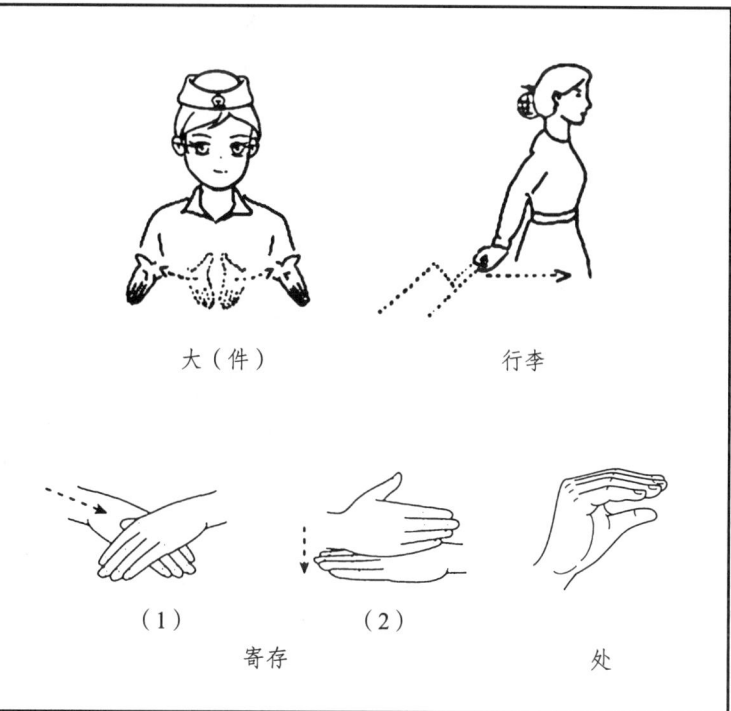

大（件）　　　行李

（1）　　（2）

寄存　　　　处

6. 清洁袋

清洁：左手横伸，掌心向上；右手平伸，掌心向下，贴于左手掌心，边向左手指尖方向移动，边将食指、中指、无名指、小指弯曲，指尖抵于掌心，拇指指立。

袋：一手虚握，虎口朝前，向上一提。

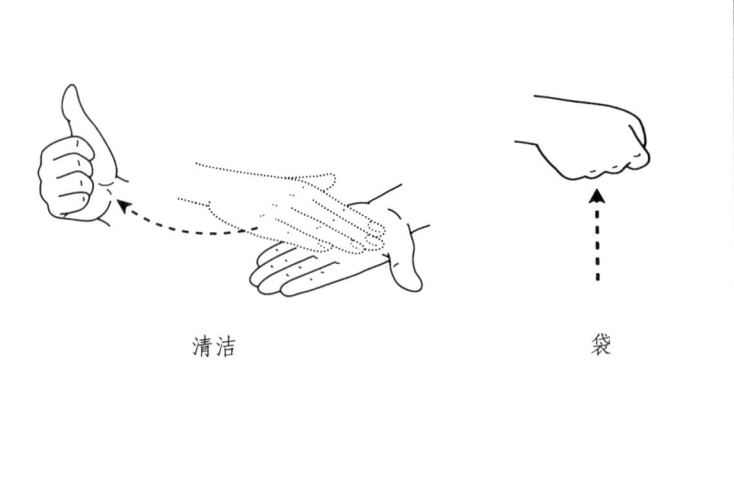

清洁　　　　　　　袋

7. 呕吐袋

呕吐：一手五指微曲，掌心向上，自胸部上移动至嘴边再向外翻，身体微微向前倾，如呕吐状。

袋：一手虚握，虎口朝前，向上一提。

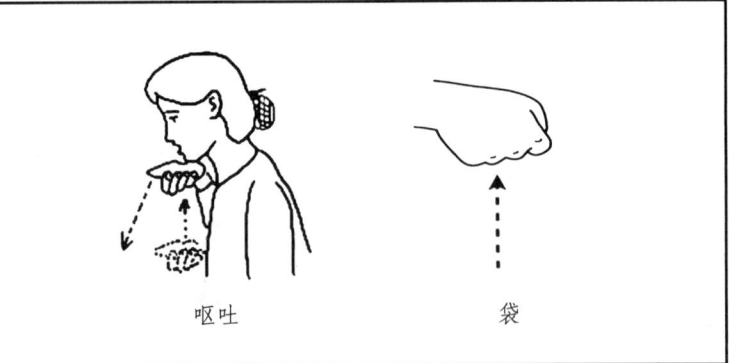

呕吐　　　　　　　袋

8. 衣（钩）架

衣架：（1）一手拇指、食指揪一下胸前衣服。（2）左手食指横伸，手背向上；右手食指弯曲如钩，向左手食指挂几下。

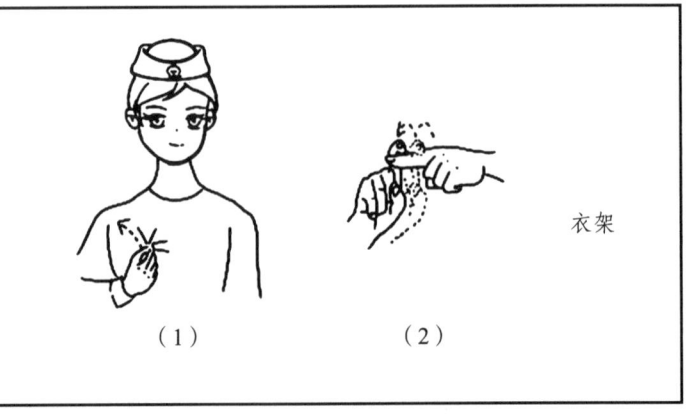

（1）　　　（2）　　　衣架

9. 毛巾

毛巾：（1）一手在脸部转动几下，如洗脸状。（2）双手向前平伸，掌心相对如毛巾宽度，向后微拉。

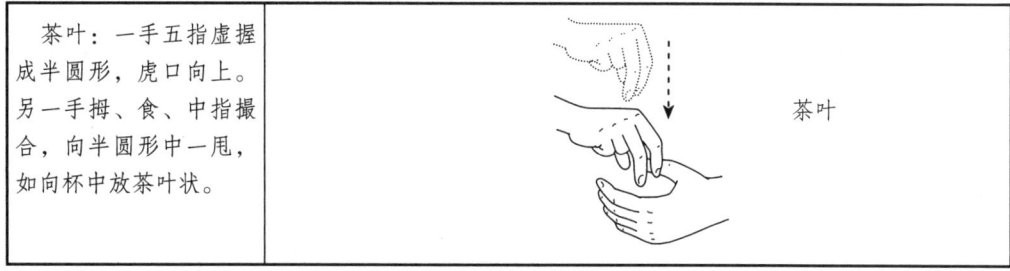

10. 茶叶

茶叶：一手五指虚握成半圆形，虎口向上。另一手拇、食、中指撮合，向半圆形中一甩，如向杯中放茶叶状。

11. 饮料

饮料：（1）一手五指捏成半圆形，模仿举杯喝饮料状。（2）双手手背向上，食指先互碰一下，然后分开并张开五指。

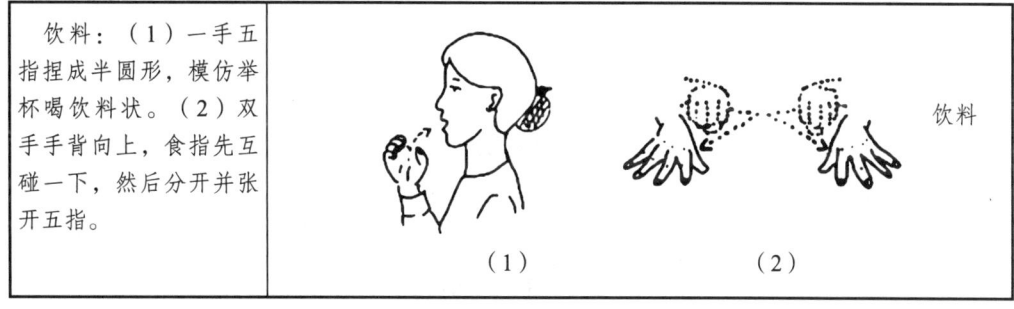

12. 垃圾桶

垃圾：左手五指微曲，指尖向上；右手伸小指，在左手掌心上划两下。

桶：（1）双手拇、中指搭成大圆形，由上向下移，逐渐缩小，如桶状。（2）一手握拳向上提，如提桶状。

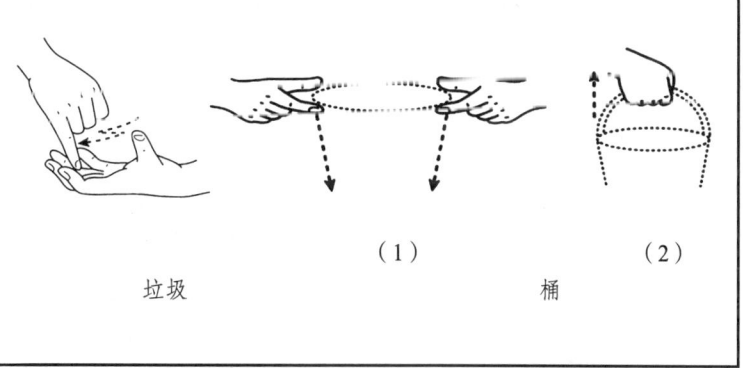

13. 水果皮

水果：（1）一手伸食指，指尖贴于下嘴唇。（2）双手拇、食指搭成圆形，虎口向上，表示果子。

皮：左手横伸，手背朝上；右手拇指、食指捏一下左手手背皮肤。

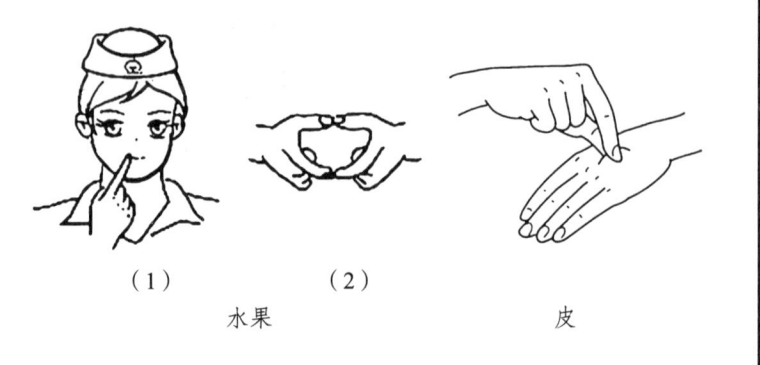

（1）　　　（2）
水果　　　　　　　皮

14. 关紧水龙头

关：双手直立，掌心向外，从两侧向中间移动并互相碰一下。

紧：一手先虚握，再握紧。

水龙头：（1）一手伸食指，指尖贴于下嘴唇。（2）一手拇指、食指、中指弯曲，指尖向下，拧动两下，如拧自来水龙头状。

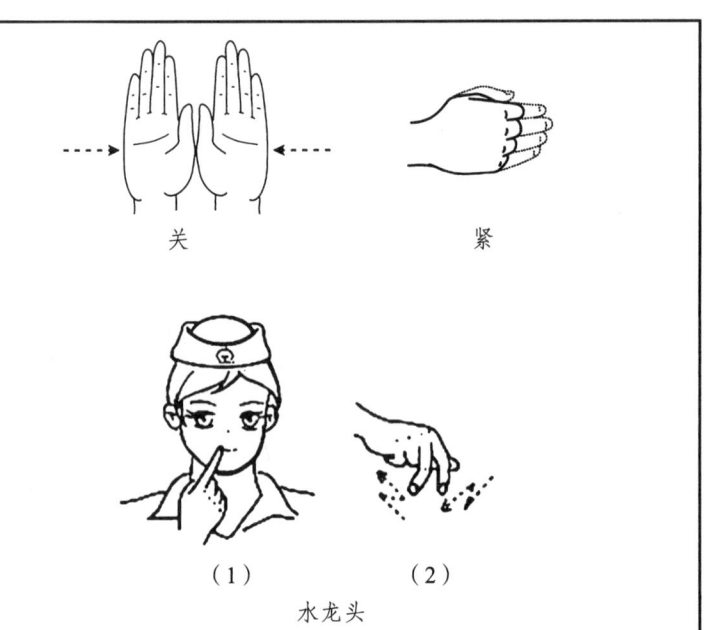

关　　　　　　　紧

（1）　　（2）
水龙头

15. （头）晕

晕：一手食指直立，在头前方平行转动两下，眼睛微闭，头微晃，如头晕状。

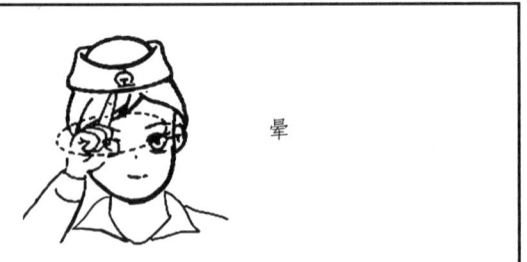

晕

16. 午休

午（中午）：一手食指直立，手背向内，置于嘴部，然后五指张开。

休息：双手交叉，手背向外，贴于胸部，表示休息。

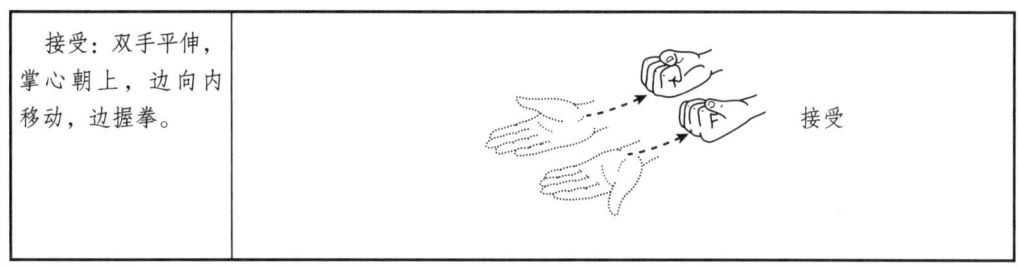

中午　　　　　　　　休息

17. 接受（接收、采纳）

接受：双手平伸，掌心朝上，边向内移动，边握拳。

接受

18. 只要

只要：（1）左手拇指、食指相捏，虎口向内；右手食指、中指直立分开，手背朝内，在左手下点一下，仿"只"字形。
（2）一手平伸，掌心朝上，向后移动一下。

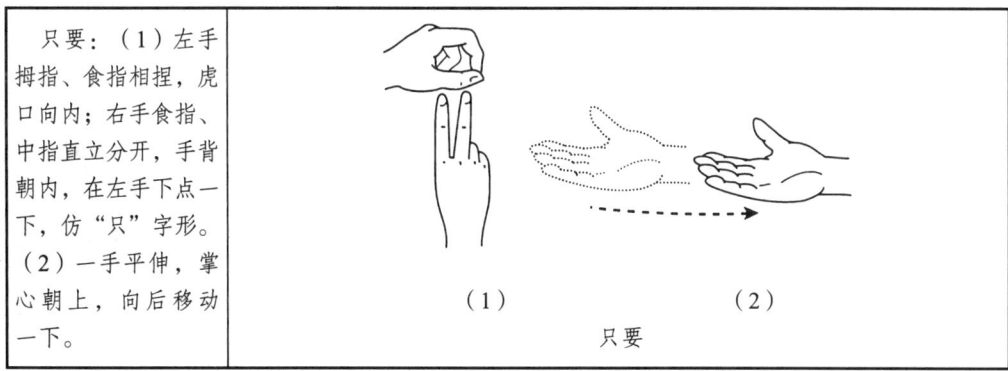

（1）　　　　　　　（2）
只要

服务用语

1. 请问火车上卖纪念品吗？
2. 我来帮助您。

3. 请不要在钩子上悬挂重物。

4. 不要紧,我再换一个。

5. 您好,列车运行中,请您不要倚靠车门,以免发生危险。

6. 卫生间和洗面间地面湿滑,请您注意安全。

7. 由于列车晃动,请您在使用卫生间时,不要手扶门框,防止挤伤,谢谢合作。

8. 接热水时请不要过满,以防烫伤。

9. 为了确保您和其他旅客的安全,请您不要携带危险品上车,谢谢您的合作。

10. 请您不要将包类物品挂在衣帽钩上,谢谢合作。

11. 您的行李可以放在这里(大件行李处),贵重物品请随身携带。

12. 请远离车门。

13. 请注意安全。

14. 请不要吸烟。

15. 列车运行速度快,所以请把行李拿下来放最后一排座位的后面。

16. 我帮您整理一下行李,以免掉落。

 情景对话练习

情景对话一　询问座椅方向

旅客:这个座椅能转过来吗?

列车员:可以,不过车是朝这个方向开。

情景视频:
常规问题解答

情景对话二　请求换座

旅客:我可以跟前排的人换一下座位吗?我的朋友们在那里,我想和他们坐在一起。

列车员:我要问问您前排的人,看他是否愿意接受您的请求。

旅客:非常感谢您。

列车员:(询问完后)您的前排人非常好,他同意了。

旅客:非常感谢。

情景对话三　禁止吸烟（1）

旅客：打扰了，我可以在这儿吸烟吗？

列车员：抱歉，列车上禁止吸烟。

旅客：但是普通列车车厢处就允许吸烟。

列车员：您说的没错。但这是高铁列车。高铁列车是全车禁烟的车厢，装有探测仪器。这些烟雾探测器非常灵敏，一点点烟雾都可以引起报警。一旦警报拉响，列车会紧急停车。

情景视频：
禁止吸烟

情景对话四　禁止吸烟（2）

旅客：哪里可以吸烟？

列车员：站台上可以吸烟，请您走得不要太远。吸烟时，请您站在白色安全线以内。

情景对话五　禁止吸烟（3）

旅客：请问可以吸烟吗？

列车员：抱歉！动车组各部位均不得吸烟。谢谢合作。

旅客：卫生间能吸烟吗？

列车员：抱歉先生，这车是全列禁烟，卫生间也不能吸烟，感谢您的配合。

情景对话六　安全巡视

列车员：您好，您有什么需要吗？

旅客：没有，我随便看看。

列车员：车速较快，请您注意安全。

情景对话七　整理行李

列车员：打扰一下，我帮您整理一下行李。

列车员：能把您的箱子放到行李架上吗？

旅客：好的。

列车员：谢谢您的配合，我来帮您。

情景视频：
整理行李

情景对话八　大件行李

旅客：我的行李放在哪里？

列车员：女士，您的大件行李可以放在大件行李搁放处，也可以放在最后一排座椅后面，贵重物品请自己保管。谢谢配合。

情景对话九　行李安全

旅客：打扰了，我的行李太大，可以放哪儿？

列车员：您可以放这里，不要挡住过道就行。

旅客：为什么不让我把行李放在行李架上？

列车员：您的行李太大，车速快，容易造成危险。为了您和周围旅客的安全，请您配合我们的工作。谢谢。

列车员：打扰了，您的旅行箱可以横过来吗？竖着放不安全，我帮您整理。

列车员：这个铁质的小推车不能放在行李架上，谢谢。

列车员：女士，一会这边开门，请您把行李放到车门的另一侧。

情景对话十　行李位置

列车员：请问这是您的手提包吗？

旅客：是我的，怎么了？

列车员：手提包挂在窗边的挂钩上不安全。挂钩是用来挂帽子、外套、毛巾之类的物品的。

列车员：谢谢您。

情景对话十一　中途下车或提前下车

旅客：您好，我可以提前下车吗？

列车员：可以，但是因您自身原因提前下车，未乘区间的票价不退。

旅客：好的，我知道了，谢谢您。

情景对话十二　列车补票

旅客：您好，我想延长车票。

列车员：请出示您的身份证，您延长到哪一站？

旅客：西安北站

乘务员：您的原到站是郑州东站，到西安北需补180元，请问您怎么支付？

旅客：微信。

列车员：请您扫码。

情景对话十三　询问中转换乘的就近车厢

旅客：请问几号车厢距离便捷换乘直梯最近？

列车员：7号或8号车厢连接处。

旅客：谢谢。

动车设备设施介绍

视频：动车设备设施介绍相关词汇和短语（1）

视频：动车设备设施介绍相关词汇和短语（2）

1. 动车组

动车：左手食、中指分开，指尖朝前，手背向上；右手打手指字母"D"的指式，手腕贴于左手食指，然后向指尖方向移动。

组：一手五指张开，指尖朝上，然后撮合。

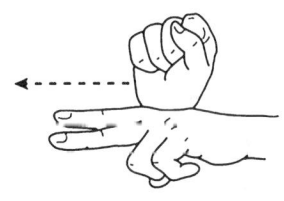

动车

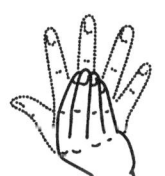

组

2. 驾驶室

驾驶：双手虚握，左右转动，如操纵方向盘状。

室：双手搭成"∧"形。

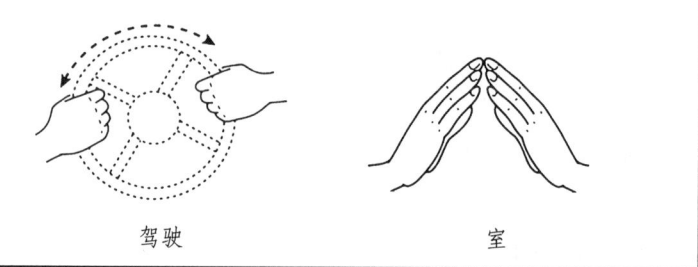

驾驶　　　　　　　　室

3. 洗手间

洗手间：一手拇、食指弯曲，其余三指直立，掌心向前，左右微晃。

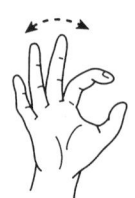

洗手间

4. 电热水炉

电：一手食指书空"⚡"的形状。

热：双手横伸，掌心向上，五指微曲，从腹部慢慢上移。

水：一手伸食指，指尖贴于下嘴唇。

炉：双手五指成圆形，虎口朝上，左手不动，右手向上移动一下，仿热水炉的外形。

电　　　　　　　　热

水　　　　　　　　炉

5. 车厢的设备

车厢：（1）左手食、中指分开，指尖朝前，手背向上；右手食、中指弯曲，指尖抵于左手食、中指上，并向前移动，如火车行驶状。（2）双手五指成"∩∩"形，左右相挨，左手不动，右手向右一顿一顿移动几下。(此手势表示动车车厢)

设备：（1）双手五指弯曲，食、中、无名、小指关节交错相触向下转动一下。（2）双手食指指尖朝前，手背向上，先互碰一下，再分开并张开五指。

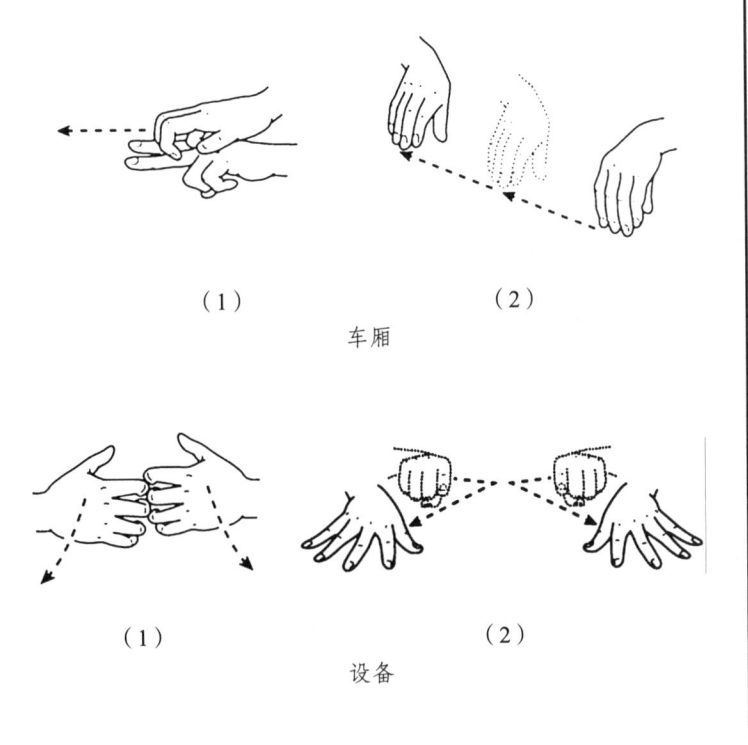

（1）　　　　　（2）
车厢

（1）　　　　　（2）
设备

6. 最高时速

最：一手拇指指尖抵于食指根部，向下一沉。

高：一手平伸，掌心向下，向上举过头。

时：一手伸出拇、食两指，拇指尖抵住另一手掌心，食指向下转动，象征钟表的时针在转动。

速：一手拇、食指捏成圆形，向一侧微晃几下。

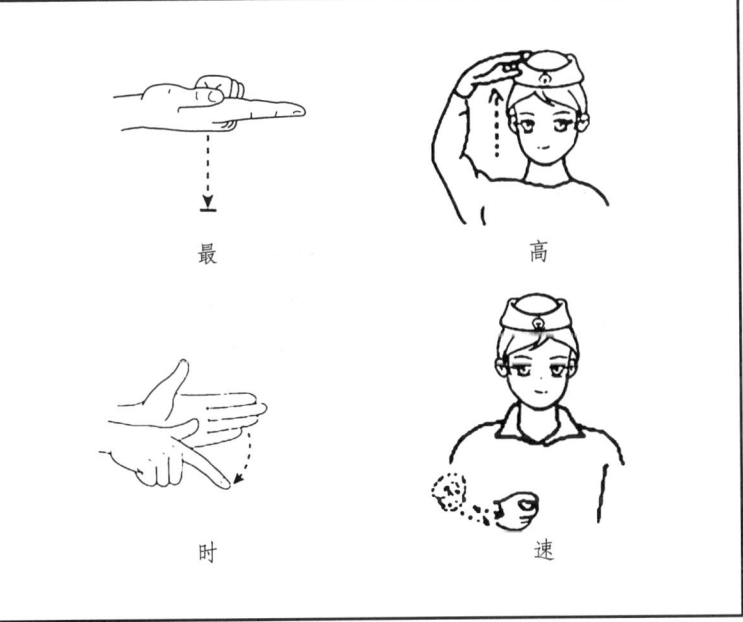

最　　　　　高

时　　　　　速

7. 风量按钮

风：双手或一手直立，掌心左右相对，五指微曲，左右来回扇动。（可根据实际表示刮风的状态）

量：一手直立，掌心向内，五指张开，交替点动几下。

按钮：左手拇、食指捏成圆形，虎口朝右；右手伸拇指，朝左手虎口处按一下。

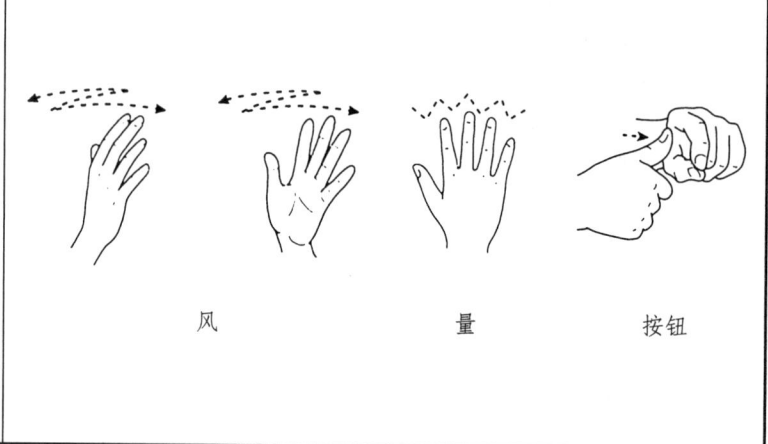

风　　　　　量　　　　　按钮

8. 照明控制

照明：一手五指撮合，指尖朝下，然后张开。（可根据实际决定手指的朝向，表示"光"时可适当移动。）

控制：左手伸拇指；右手五指微曲，掌心向下，罩向左手拇指。

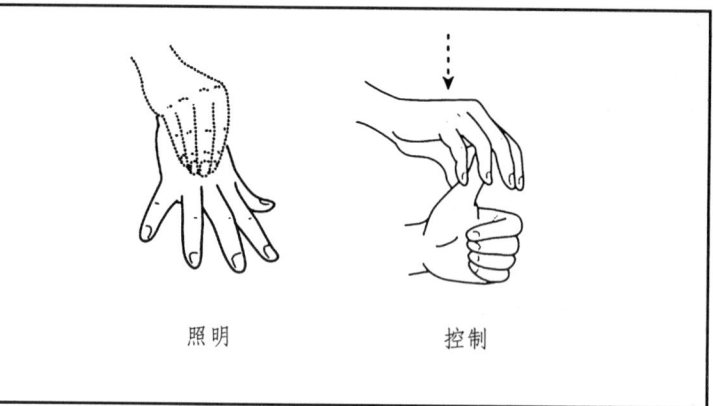

照明　　　　　控制

9. 呼唤按钮

呼唤：双手五指微曲，虎口朝内，置于嘴两侧，头从一侧转向另一侧，口张开。

按钮：左手拇、食指捏成圆形，虎口朝右；右手伸拇指，朝左手虎口处按一下。

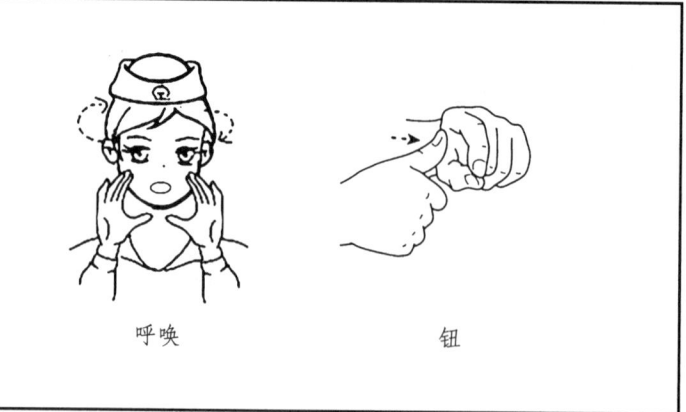

呼唤　　　　　钮

10. 专人服务

专：一手五指微曲，搭在另一手直伸的食指根部向外移动，同时收拢五指。
人：双手食指搭成"人"字形。
服务：右手横立，掌心向内，在左胸部向上划动两下。

专　　　　　　　人　　　　　　　服务

11. 空调装置

空调：左手横立，掌心向内，五指张开；右手平伸，掌心向下，置于左手食、中指指缝间，五指交替点动，嘴同时做吹风的动作。
装置：左手五指成"匚"形，虎口朝上；右手五指撮合从上向下移入左手。（可根据实际表示安装的动作）

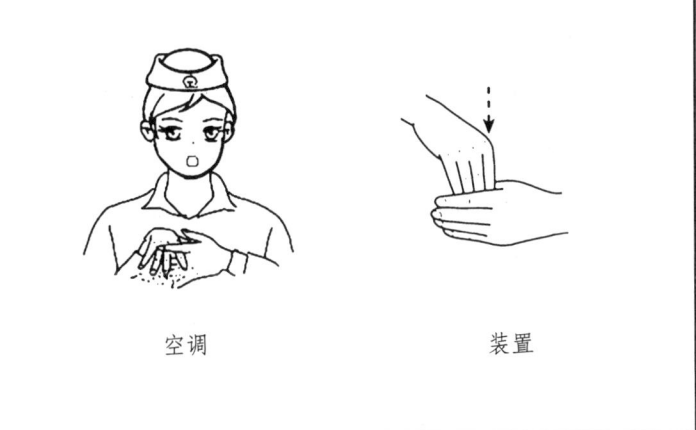

空调　　　　　　　　装置

服务用语

1. 电热水炉处有一次性纸杯，您可以随时取用。
2. 需要我给您介绍一下车厢的设备设施吗？
3. 卫生间有一次性马桶垫，请自行取用。
4. 靠背可以调整得舒服些，按钮在这里。
5. 小桌板在侧扶手内，我来帮您打开。

6. 座椅网内备有杂志、清洁袋、服务指南，请您自助使用。

7. 每节车厢的两端均设有电子显示屏，显示列车时速、温度、发到站时间等旅行信息，请您关注。

8. 这列车是CRH3型车，引进了德国西门子技术。

9. 空调设备没有问题，假如您觉得冷/热，我可以为您把温度调高/低点。

10. 请把不需要的垃圾扔这儿。

11. 不好意思，我能清扫一下（桌面）吗？

12. 包房小桌上有果盘和暖瓶，方便您使用。

13. 在每一位旅客的铺位墙壁上还设有一个衣架方便您使用。

14. 每个包房的小桌下面设有垃圾桶，请您将垃圾放入垃圾桶内。

15. 您好，为了您的安全请不要趴在小桌上休息，谢谢您的配合。

16. 卧铺下有四个行李箱包收纳处，请您妥善放置。

17. 买下铺票的旅客，我们为您准备的床单放在枕头下面，请您自助使用，谢谢。

18. 非常抱歉，把您的卧具弄脏了，我马上给您换新的。

19. 车厢两端为感应式端门，在您通过时会自动开启。

20. 每节车厢的连接处都设有紧急停车按钮，请不要随意触碰，以免引发停车事故。

21. CRH3车型设有1辆一等车、7辆二等车（含1辆餐车），全列车定员557人。

22. CRH3动车组由8辆车构成一个编组，其中4辆为动力车。

23. 包房内的门框处设有左右两个控制面板，其中一个为照明控制，另一个为呼唤按钮，请在需要时使用。

24. 包房内的影视系统您可以自行控制，请按照控制面板的提示进行频道及开关的调控。

情景对话一　询问洗手间

旅客：打扰了，请问洗手间在哪？

列车员：洗手间在每节车厢的尽头。但很抱歉，您现在不能使用本节车厢的洗手间。

情景视频：
询问卫生间

旅客：为什么呢？

列车员：洗手间因故障被暂时锁闭。

旅客：明白了，那什么时候才能使用呢？

列车员：修好后就可以使用，请您稍等。或者您往前再走一个车厢，那里的卫生间可以使用。

旅客：谢谢。

情景对话二　询问开水

旅客：为什么电热水炉里没有开水了？

列车员：这边的电热水炉临时出现了故障，请您到相邻车厢打水。

旅客：谢谢。

情景视频：
热水设备

情景对话三　询问水杯

旅客：车上有热水吗？有杯子吗？

列车员：有，纸杯在电热水炉旁，让我帮您吧。

情景对话四　询问零食或饮料

列车员：晚上好，先生，我帮您整理一下小桌子吧？

旅客：好的，谢谢。

列车员：不用客气。给您垃圾袋，您可以把水果皮、蛋壳和瓜子壳倒在里面。

旅客：列车上有饮料卖吗？

列车员：有的。服务员有时推着装满饮料和零食的小推车，在车厢过道来回走动。

旅客：太好了，谢谢了。

列车员：不客气。

情景对话五　询问卫生间

列车员：您好，请问需要帮助吗？

旅客：我要用卫生间。

列车员：卫生间有人，请您稍等。

旅客：全列就这一个是无障碍卫生间吗？

列车员：对，全列仅五车厢有一个。

情景对话六　询问卫生间冲水方法

旅客：卫生间怎么冲水？

列车员：卫生间内冲水按钮在墙壁上，是按压式按钮。

旅客：这个水龙头怎么出水？

列车员：水龙头为感应式设计。

情景对话七　询问插座

旅客：您好，车上有充电的地方吗？

列车员：每排坐席底下都有插座。

情景视频：
空调、通风、插座

情景对话八　询问空调

旅客：打扰了，太凉了容易感冒，能把温度调高点吗？

列车员：好的，我马上与机械师联系。

列车员：您现在觉得怎么样，温度合适吗？

旅客：好多了，谢谢。

情景对话九　询问通风

旅客：这里有空调吗，我觉得房间里有点热。

列车员：您好，这里有风量调节器，我帮您把风量调到最大，您看会不会好一些。

情景对话十　询问座位区别

旅客：商务座位比一等座好在哪儿？

列车员：商务座更安静，环境更舒适，设备更先进，并且有专人服务。

旅客：一等座和二等座有什么区别？

列车员：一等座比二等座空间大，座椅更舒适，还配有影视播放系统。

情景对话十一　询问座位设施

旅客：对不起，能不能帮我调一个靠窗的顺向座位？

列车员：先生，我给您找到了一个靠窗的座位，是那边的15号。

旅客：怎么才能把座椅调舒服些？

列车员：按住扶手侧面上的黑色按钮，向后倚，就可以了。

情景对话十二　询问列车时速

旅客：这个车好快啊，最高时速是多少？

列车员：这列车最高时速为300千米。列车玻璃都是安全玻璃，所以您不会有晕的感觉。

旅客：列车现在的速度是多少？

列车员：列车时速会在电子屏幕上显示，请看这里。

情景对话十三　阅读灯

情景视频：
电视、阅读灯、
照明灯

列车员：一等座车厢行李架下方面板上设有阅读灯，您可以根据需要自行开启/关闭。

旅客：请您帮我把灯光开亮一点。

列车员：好的，请您稍等。

旅客：好，谢谢。

情景对话十四　照明灯

旅客：打扰一下，我房间的照明灯好像关不上。

列车员：对不起，影响您休息了。我来看一下，照明灯的控制开关在这儿，它是触摸式的，将手指放在上面轻按2秒即可。

情景对话十五　电视

旅客：我的电视打不开，请您帮我看一下。

列车员：请稍等，我们马上通知机械师过来帮您看一下。

情景对话十六　询问垃圾桶

旅客：请问垃圾桶在哪？

列车员：在车厢尽头电茶炉旁边，我帮您把垃圾带过去吧。

旅客：谢谢。

重点旅客服务

词汇及短语

视频：重点旅客服务相关词汇和短语

1. 无障碍卫生间

无：一手（或双手）五指捏成圆形，虎口朝内，左右晃动几下。 障碍：左手侧立；右手横立，掌心向内，然后移至左手并停住表示遇到障碍。 卫生间：一手拇、食指弯曲，其余三指直立，掌心向前，左右微晃。	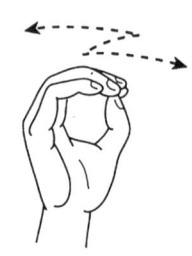 无	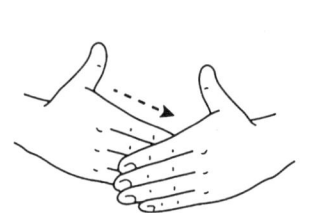 障碍	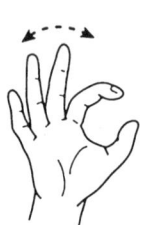 卫生间

2. 残疾人轮椅固定设备

残疾人：（1）双手横伸，掌心向上，交替在对侧上臂划一下，表示肢体不健全。（2）双手食指搭成"人"字形。

轮椅：双手虚握，虎口朝前，在腰部两侧做向前转动轮子的动作。

固定：左手横伸；右手五指弯曲，指尖朝下，抵于左手掌心向下一按。

设备：（1）双手五指弯曲，食、中、无名、小指关节交错相触向下转动一下。（2）双手食指指尖朝前，手背向上，先互碰一下，再分开并张开五指。

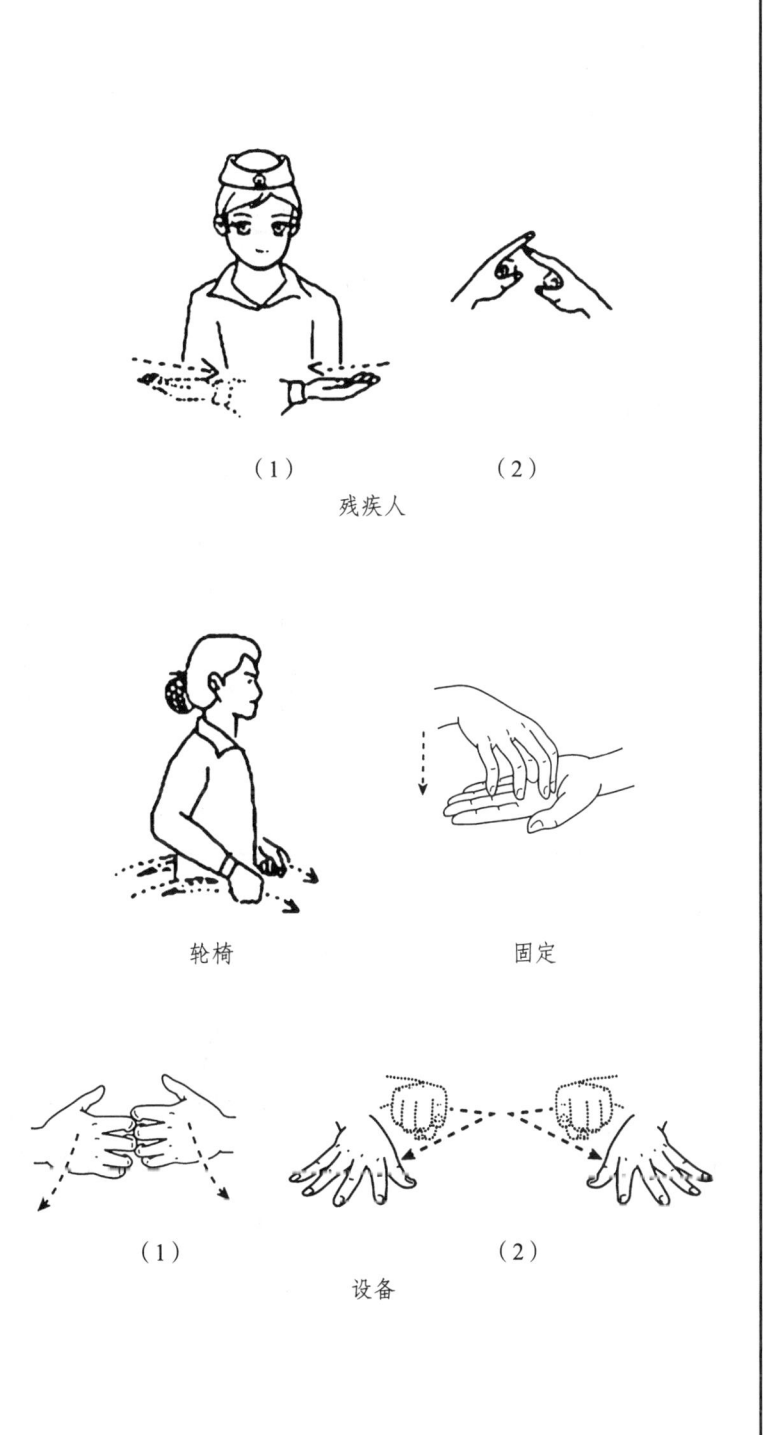

（1） （2）

残疾人

轮椅　　　　　固定

（1）　　　　　（2）

设备

3. 婴儿护理台

婴儿：双手五指微曲，手背向外，一上一下，置于胸前，下边的手拍动两下，如拍怀抱里的婴儿状。

护理：（1）左手伸拇指，在前；右手食、中指微曲，在后，指尖朝左手拇指点动一下。（2）左手伸拇指；右手五指并拢，轻拍一（或两）下左手拇指背。（此手势表示伺候老人、儿童、病人等）

台：双手平伸，掌心向下，先从中间向两侧平移，再折而下移成"冂"形。（可根据实际表示台子的样式）

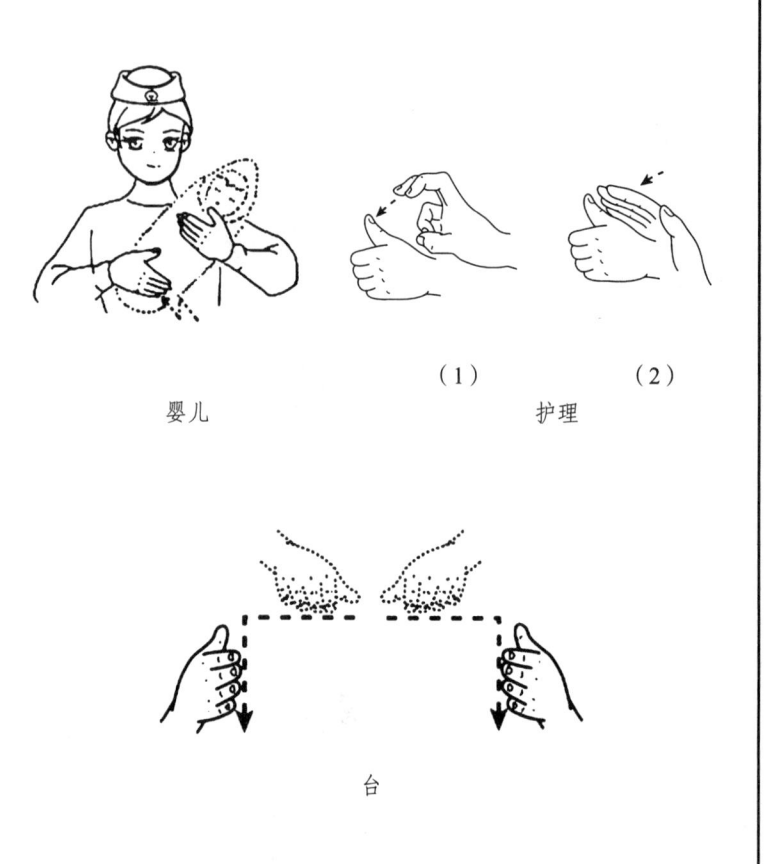

婴儿　　　　（1）　　　　（2）
　　　　　　　　护理

台

4. 孕妇

孕妇：（1）一手五指微曲，掌心向内，在腹部做弧形移动。（2）一手拇、食指捏一下耳垂。

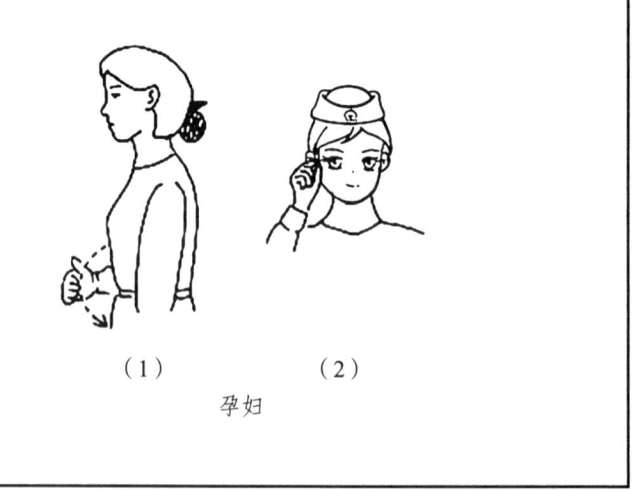

（1）　　　（2）
孕妇

5. 母婴室

母婴：双手五指微曲，手背向外，一上一下，置于胸前，下边的手拍动两下，如拍怀抱里的婴儿状。

室：双手搭成"∧"形。

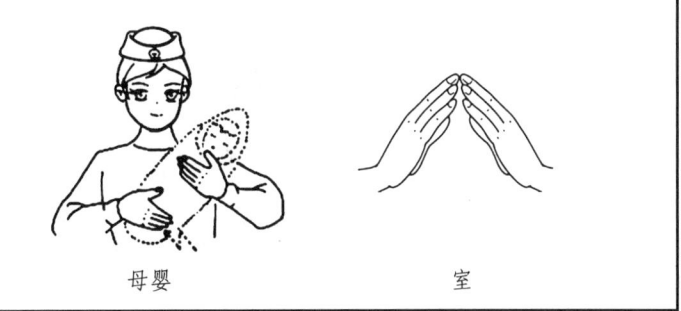

母婴　　　　　　室

6. 非吸烟区

非：一手食指横伸，向下甩动一下，表示外界条件不允许或禁止某种行为的意思。

吸烟：一手食、中指直立稍分开，手背向外，置于嘴边，如吸烟状。

区：左手拇、食指成"匚"形，虎口朝内；右手食、中指相叠，手背向内，置于左手"匚"形中，仿"区"字形。

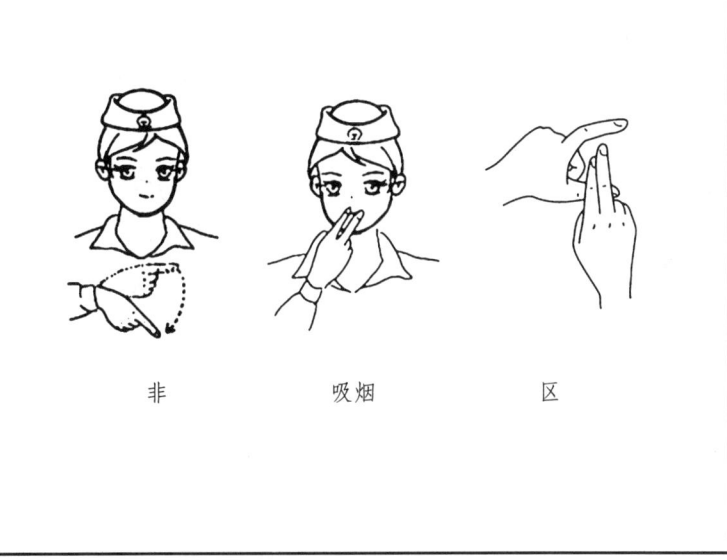

非　　　　吸烟　　　　区

7. 妇女儿童优先

妇女：一手拇、食指捏一下耳垂。

儿童：一手平伸，掌心向下，按动两下。

优先：左手伸拇指，手背向外；右手伸食指，碰两下左手拇指。

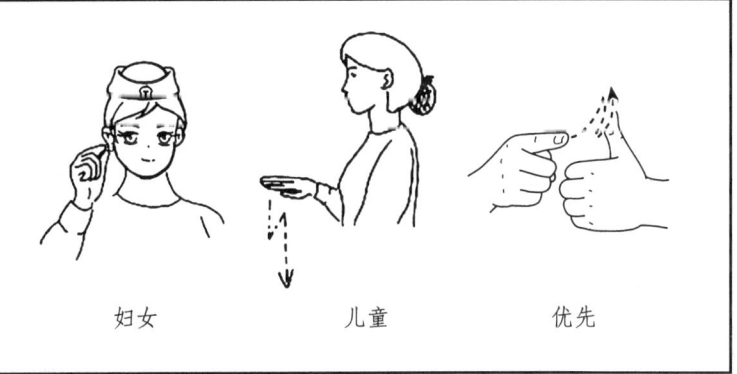

妇女　　　　儿童　　　　优先

8. 婴儿车

婴儿：双手五指微曲，手背向外，一上一下，置于胸前，下边的手拍动两下，如拍怀抱里的婴儿状。

车：双手虚握，左右转动，如操纵方向盘状。

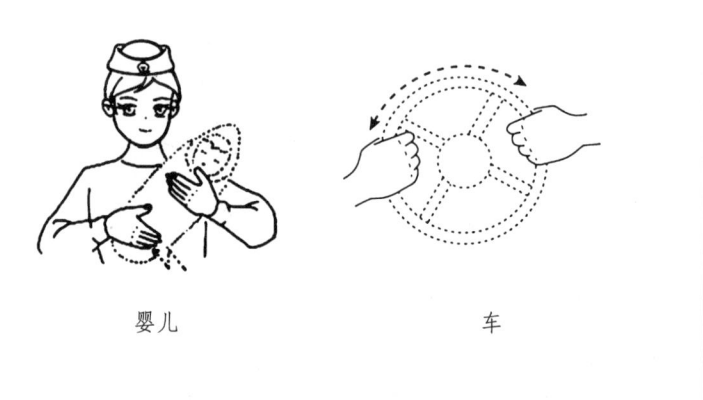

婴儿　　　　　车

9. 看管好孩子

看管：左手伸拇指，在前；右手食、中指微曲，在后，指尖对着左手拇指点两下。

好：一手伸拇指，面露赞赏的表情。

孩子：一手平伸，掌心向下，按动两下。

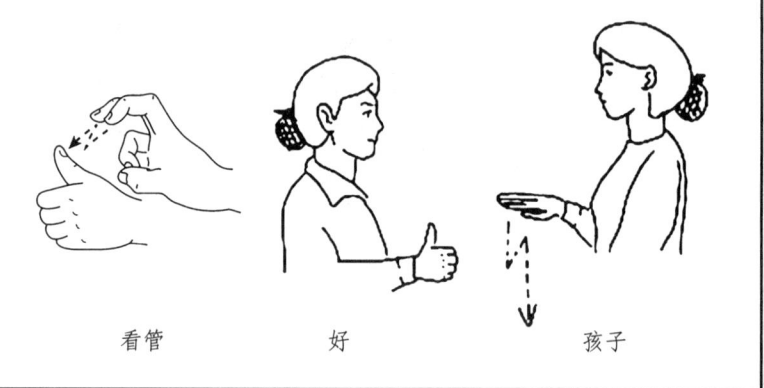

看管　　　好　　　孩子

10. 宝贵意见

宝贵：左手横伸；右手拇、食指相捏，边砸向左手掌心边张开，食指指尖朝左前方，表示钱多。

意见：右手打手指字母"K"的指式，中指尖朝左，从嘴部向前移出。

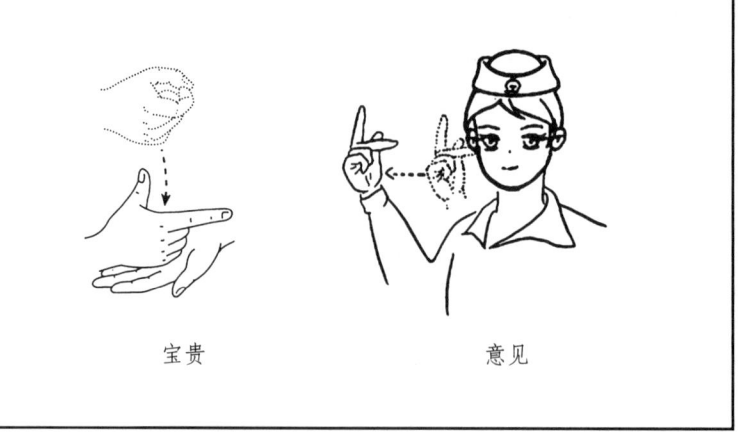

宝贵　　　　　意见

1. 您哪里不舒服？

2. 我马上联系救护车。

3. 您行动不便，就近乘坐吧，我来帮您安排。

4. 女士，您带的这辆婴儿车一定要踩好脚刹。

5. 这里是无障碍卫生间，里面设有扶手、紧急呼叫按钮。

6. 您最好早点去看医生。

7. 祝您早日康复。

8. 您好，车速快，请您看管好小朋友，注意安全。

9. 先生，您好，我为您清理一下车厢卫生，列车快到站了，请您收拾好您的物品，防止拿错或遗忘行李。

10. 非常感谢您为我们工作提出宝贵意见。我会向我们的上级反馈，希望您能经常乘坐我们的列车。

情景对话一　协助老人上车

列车员：老先生，别着急，您先上车，我来帮您拿行李。

旅客：好的，谢谢。

情景对话二　照顾老人

旅客：我的父亲乘车，您能帮我照顾一下吗？到站前请提示一下。

列车员：没问题，您放心吧。我一定会照顾好他的。

情景对话三　照顾残疾人1

旅客：您好，我的腿脚不方便，能不能帮我换个靠过道的座位？

情景视频：
照顾老人小孩

列车员：请您稍等。

旅客：谢谢。

情景对话四　照顾残疾人2

情景视频：
照顾残疾人

旅客：您好，我的朋友腿脚不方便，能帮我们联系轮椅吗？

列车员：好的，没问题，我会联系车站工作人员带轮椅到车门口接您。

情景对话五　照顾残疾人3

旅客：我们有一个腿脚不方便的人，坐哪儿比较方便？

列车员：可以坐在第一排座位，我们帮您协调。

旅客：轮椅放哪儿？

列车员：踩好轮椅脚刹，放在大件行李处。到站后，您需要我与站方联系，为您提供什么帮助吗？

旅客：不用了，谢谢。

情景对话六　无障碍卫生间

旅客：无障碍卫生间怎么进去？

列车员：先按绿色按钮，厕所门就开了。进去后先按绿色按钮关闭，再按旋转按钮锁闭。

情景对话七　婴儿护理

旅客：你好，我需要给孩子换尿布，在哪儿换呢？

列车员：5号车厢的无障碍卫生间内有婴儿护理台，您可以去那里。

情景对话八　看护小孩

列车员：您好，为了孩子的安全，请不要让孩子在走廊上跑。

旅客：对不起，他第一次坐火车，有点兴奋。

列车员：火车快到站了，请您照看好您的孩子。

旅客：好的，谢谢。

情景对话九　提醒旅客

旅客：您好，明天可以早些叫我吗？

列车员：当然可以，您需要几点叫您？

旅客：5点50吧，谢谢。

列车员：没问题，我会按时叫您，晚安。

情景对话十　问候旅客

列车员：早上好，您昨晚休息得好吗？我帮您换壶热水吧？

旅客：休息得很好，谢谢。

旅客：你们的服务很好，很感谢你。

列车员：谢谢您的夸奖，很高兴能为您服务，欢迎再次乘车。

应急服务

 词汇及短语

视频：应急服务相关词汇和短语（1）

视频：应急服务相关词汇和短语（2）

1. 紧急按钮

紧急：双手五指弯曲，指尖抵于胸部，上下交替几下，面露焦急的表情。 按钮：左手拇、食指捏成圆形，虎口朝右；右手伸拇指，朝左手虎口处按一下。	 紧急	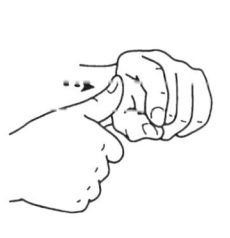 按钮

2. 灭火器

灭：双手五指张开，掌心向外，边交叉向下移动边合拢手指，右手掌压住左手背。

火：双手五指微曲，指尖朝上，上下交替几下，如火苗跳动状。

器(器材)：(1)双手五指弯曲，食、中、无名、小指关节交错相触向下转动一下。(2)双手食指指尖朝前，手背向上，先互碰一下，再分开并张开五指。

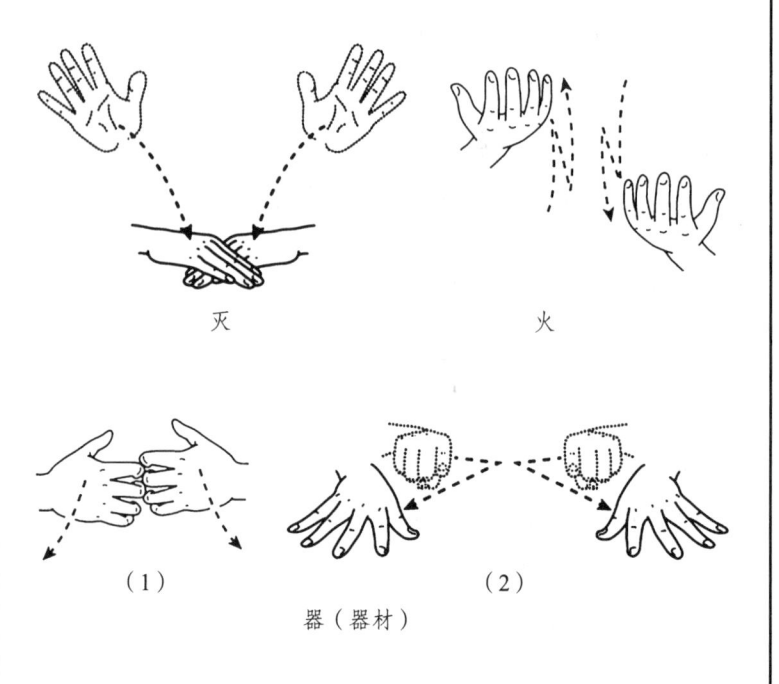

灭　　　　火

（1）　　　　（2）

器（器材）

3. 火车事故

火车：左手食、中指分开，指尖朝前，手背向上；右手食、中指弯曲，指尖抵于左手食、中指上，并向前移动，如火车行驶状。

事故（故障）：(1)双手五指弯曲，食、中、无名、小指关节交错相触向下转动一下。(2)右手伸小指，指尖朝左，向下甩动一下。

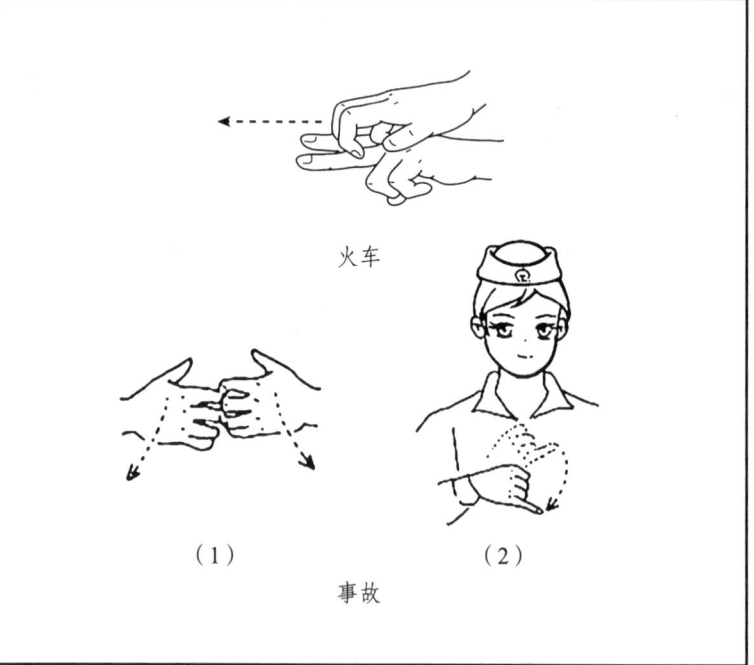

火车

（1）　　　　（2）

事故

4. 列车相撞事故

列车（火车）：左手食、中指分开，指尖朝前，手背向上；右手食、中指弯曲，指尖抵于左手食、中指上，并向前移动，如火车行驶状。

相撞：双手握拳，手背向外，用力互碰一下。

事故（故障）：（1）双手五指弯曲，食、中、无名、小指关节交错相触向下转动一下。（2）右手伸小指，指尖朝左，向下甩动一下。

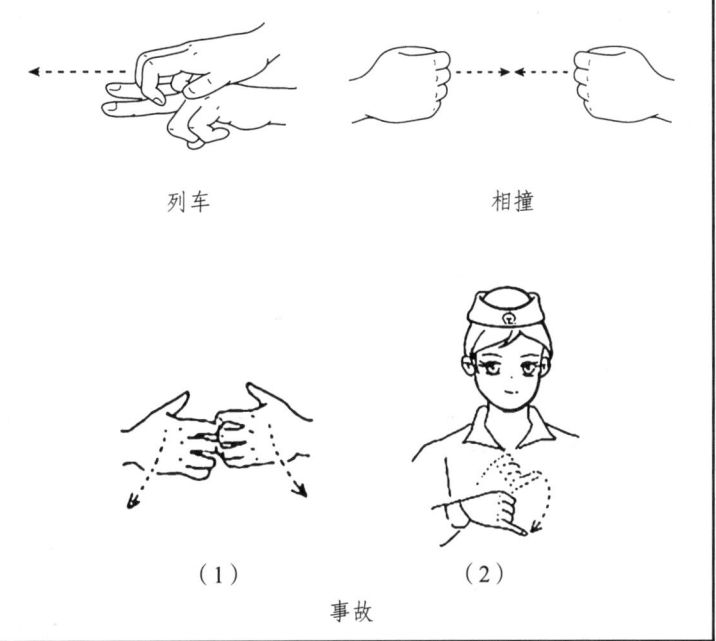

5. 高架桥

高架桥（桥）：双手食、中指微曲分开，指尖相对，指背向上，从中间向两侧下方做弧形移动。

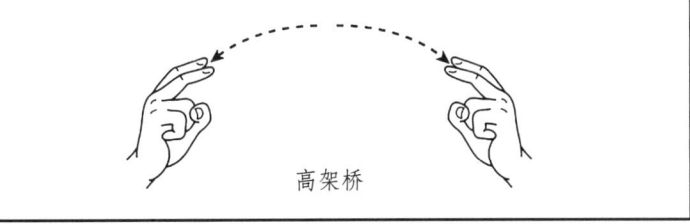

6. 停止列车

停止：左手掌横伸，掌心向下；右手直立，掌心向左，指尖抵于左手掌心。

列车（火车）：左手食、中指分开，指尖朝前，手背向上；右手食、中指弯曲，指尖抵于左手食、中指上，并向前移动，如火车行驶状。

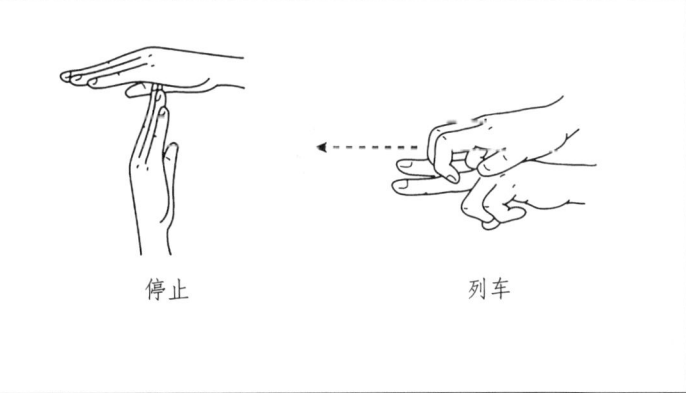

7. 追尾

追尾：双手五指成"コ"形，指尖朝前，左手在前不动，右手从后碰向左手背，表示后车发生追尾。(可根据实际表示追尾的情况)

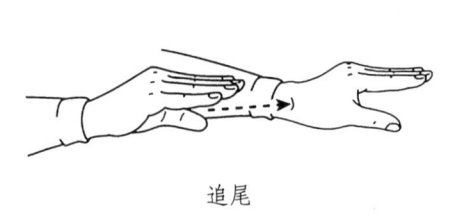

追尾

8. 火车脱轨

火车：左手食、中指分开，指尖朝前，手背向上；右手食、中指弯曲，指尖抵于左手食、中指上，并向前移动，如火车行驶状。

脱轨：左手食、中指分开，指尖朝前，手背向上；右手食、中指弯曲，指尖抵于左手食、中指上，然后边向前移动边歪向一侧。

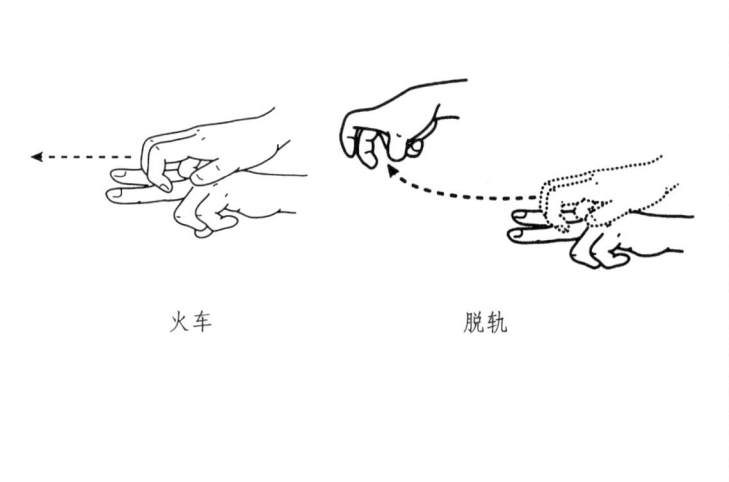

火车　　　　　　脱轨

9. 火车车厢

火车车厢：（1）左手食、中指分开，指尖朝前，手背向上；右手食、中指弯曲，指尖抵于左手食、中指上，并向前移动，如火车行驶。（2）双手五指成"∩∩"形，左右相挨，左手不动，右手向右一顿一顿移动几下。

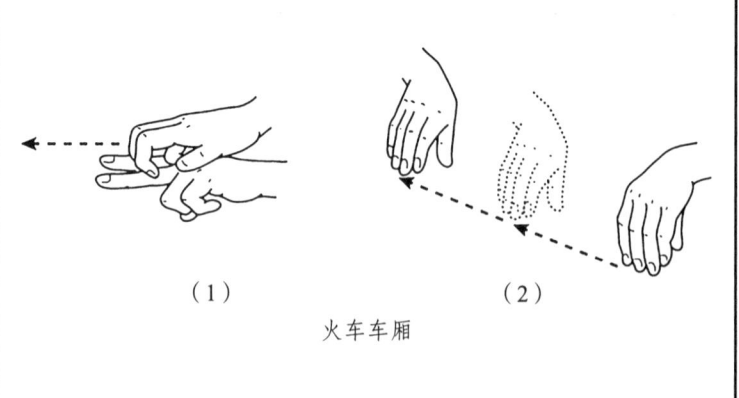

（1）　　　　　　（2）

火车车厢

10. 遇难者家属

遇难：右手伸拇、小指，先直立，再向右转腕。

者（人）：双手食指搭成"人"字形。

家属：（1）双手搭成"∧"形。（2）一手五指微曲，指尖朝内，在颊部左右微动几下。

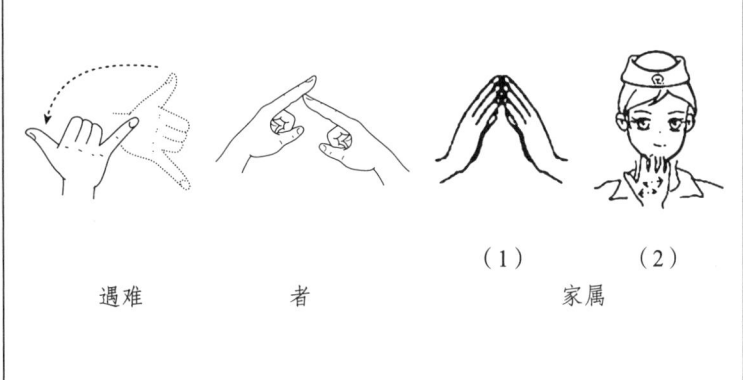

遇难　　　者　　　　　　（1）　　（2）
　　　　　　　　　　　　　　家属

11. 财产损失

财产：（1）左手拇、食指捏成圆形，虎口朝上；右手伸食指敲一下左手拇指。（2）双手食指指尖朝前，手背向上，先互碰一下，再分开并张开五指。

损失：双手五指弯曲，指尖朝内，从嘴部向下方移动，面露惊恐的表情。

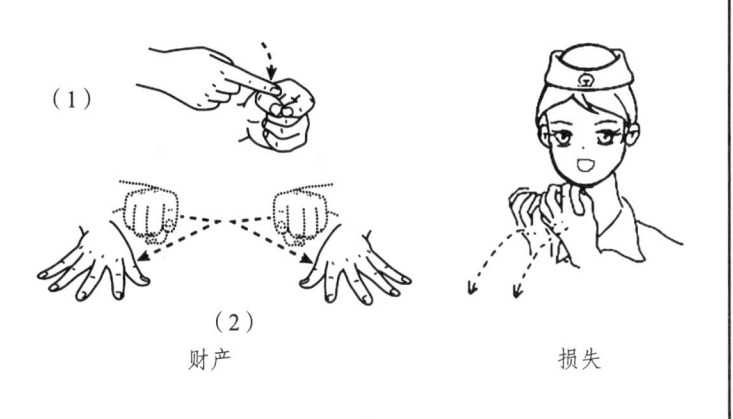

（1）

（2）
财产　　　　　　　　　损失

12. 高速列车

高速：一手拇、食指捏成圆形，向一侧快速滑动。（可根据实际表示快的状态）

列车（火车）：左手食、中指分开，指尖朝前，手背向上；右手食、中指弯曲，指尖抵于左手食、中指上，并向前移动，如火车行驶状。

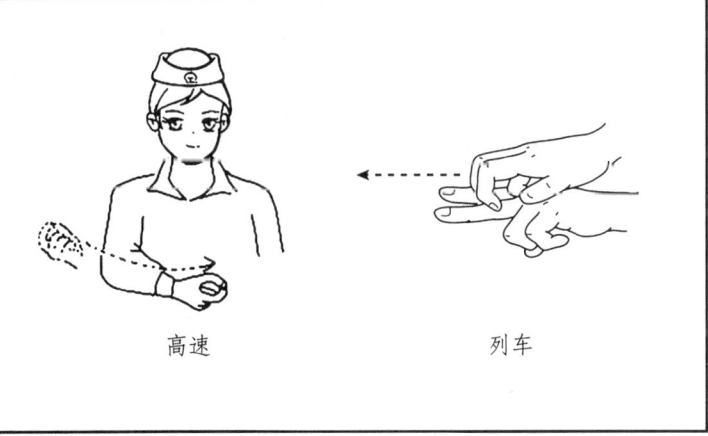

高速　　　　　　　　　列车

13. 铁路线

铁路：（1）双手握拳，虎口朝上，一上一下，右拳向下砸一下左拳，再向内移动。（2）双手侧立，掌心相对，向前移动。

线：双手拇、食指相捏，虎口朝上，从中间向两侧拉开。

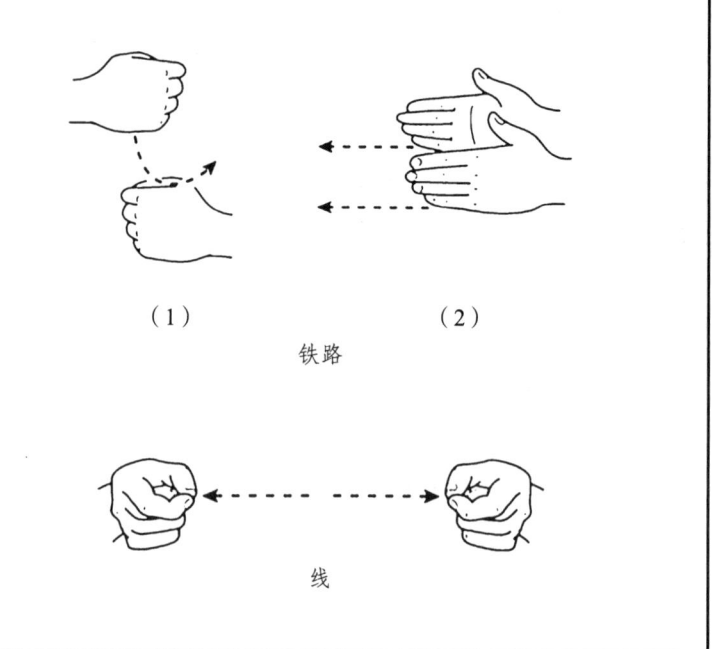

14. 安全系统

安全：（1）一手横伸，掌心向下，自胸部向下一按。（2）一手伸拇指，顺时针平行转动一圈。

系统：左手打手指字母"X"的指式，在上不动；右手五指撮合指尖朝下，边从左手腕向下移动边张开，表示系统。

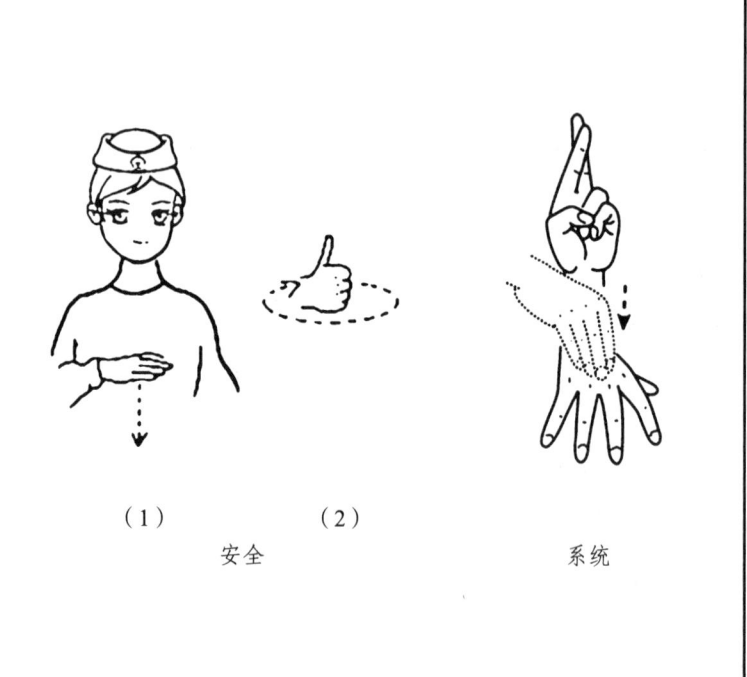

15. 安全隐患

安全：（1）一手横伸，掌心向下，自胸部向下一按。（2）一手伸拇指，顺时针平行转动一圈。

隐患：（1）左手平伸；右手拇、小指伸出，手背向右，边向左手掌心下移动边蜷曲。（2）左手伸食指，指尖朝前；右手伸拇、小指，小指立于左手食指上，左右晃动几下，面露害怕的表情。

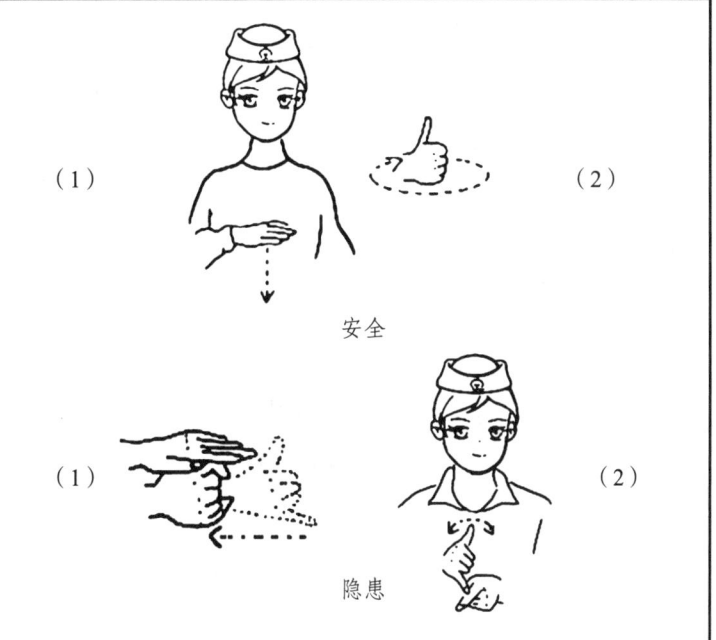

16. 变形的车厢

变形：双手拇、食指成"⊔"形，置于脸颊两侧，然后分别向上下方向移动，嘴同时歪咧，表示外形不正。

的：手指字母"D"的指式。

车厢：（1）左手食、中指分开，指尖朝前，手背向上；右手食、中指弯曲，指尖抵于左手食、中指上，并向前移动，如火车行驶状。（2）双手五指成"∩∩"形，左右相挨，左手不动，右手向右一顿一顿移动几下。（此手势表示动车车列）

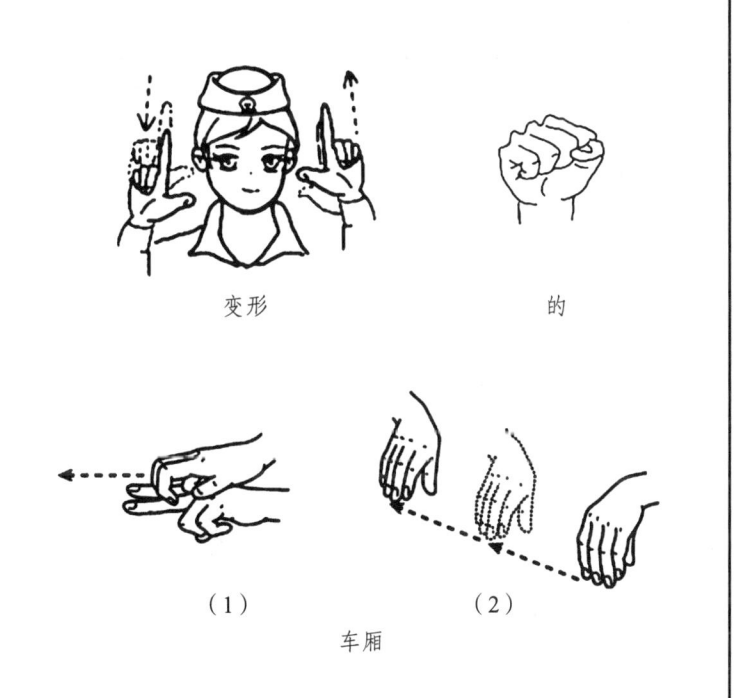

17. 铁路自动闭塞系统

铁路：(1)双手握拳，虎口朝上，一上一下，右拳向下砸一下左拳，再向内移动。(2)双手侧立，掌心相对，向前移动。

自：右手食指直立，虎口朝内，碰两下左胸部。

动：双手握拳屈肘，前后交替转动两下。

闭塞：双手垂立，手背向外，五指并拢，从两侧向中间移动并互碰。

系统：左手打手指字母"X"的指式，在上不动；右手五指撮合指尖朝下，边从左手腕向下移动边张开，表示系统。

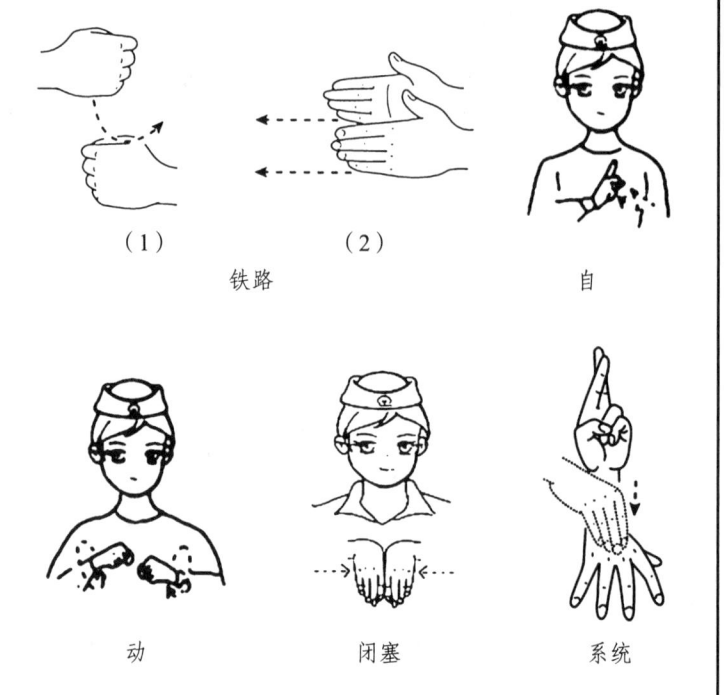

（1）　　　（2）

铁路　　　　　　　自

动　　　　闭塞　　　　系统

18. 密闭车窗

密闭：双手食、中指并拢，手背向外，搭成"X"形，置于前额，然后同时向两侧斜下方移动。

车（火车）：左手食、中指分开，指尖朝前，手背向上；右手食、中指弯曲，指尖抵于左手食、中指上，并向前移动，如火车行驶状。

窗：双手并排直立，掌心向外，左手不动，右手左右移动两下，如开关推拉窗状。(可根据实际表示窗户的式样)

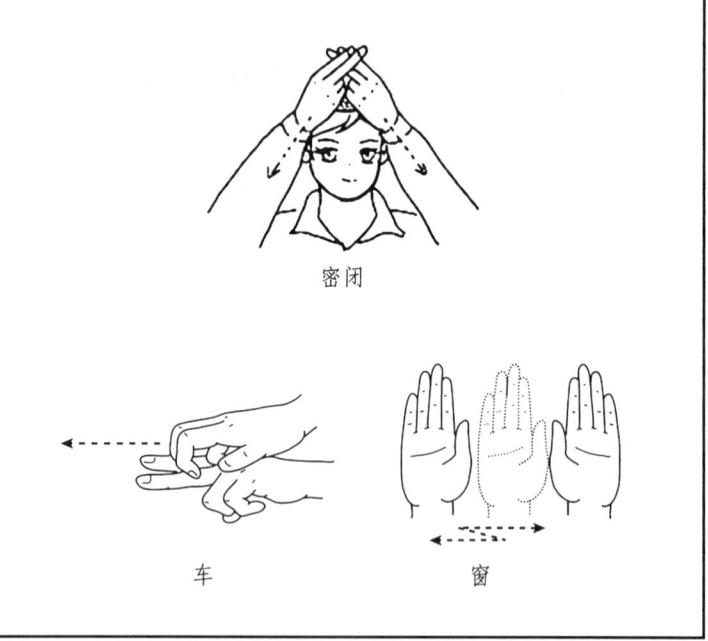

密闭

车　　　　窗

19. 失血过多

失血：左手平伸；右手五指张开，沿左手背向指尖方向移动表示血从手臂上流出。（可根据实际表示出血部位）

过多（多）：一手（或双手）侧立，五指张开，边抖动边向一侧移动表示多。

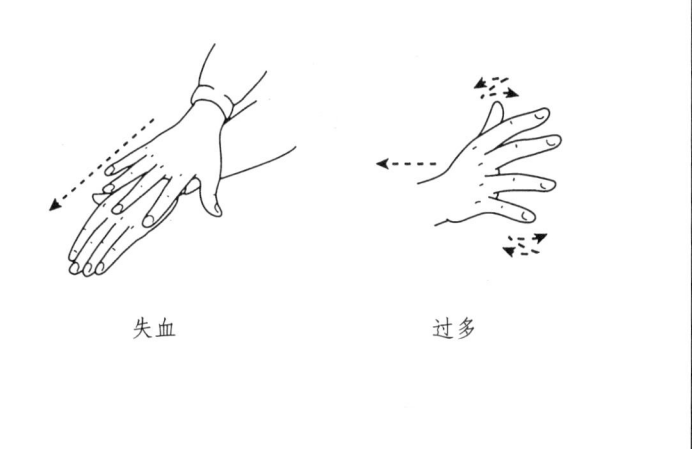

失血　　　　　　过多

20. 擦伤

擦：左手横伸；右手侧立，置于左手指背上，然后向左手腕移动两下。

伤：左手横伸；右手食、中指并拢，手背向上，置于左手背上，然后分开，表示皮肉裂开。

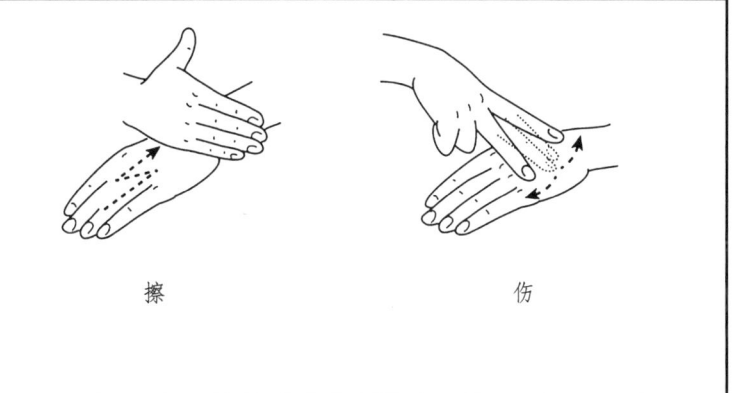

擦　　　　　　伤

21. 骨折

骨：左手握拳，手背向上；右手拇、食指张开，卡在左手腕左手微转两下。

折：双手拇、食指相捏，虎口朝上，然后向上摆动一下，表示破损的意思。

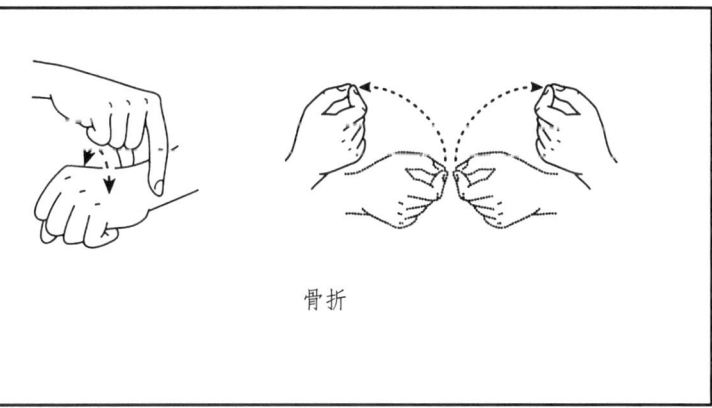

骨折

22. 生命迹象

生命：一手食指直立，边转动手腕边向上移动。

迹象（现象）：（1）双手横伸，掌心向上，在腹前向下微动一下。（2）一手食、中指直立并拢，掌心向斜前方，朝脸颊碰一下。

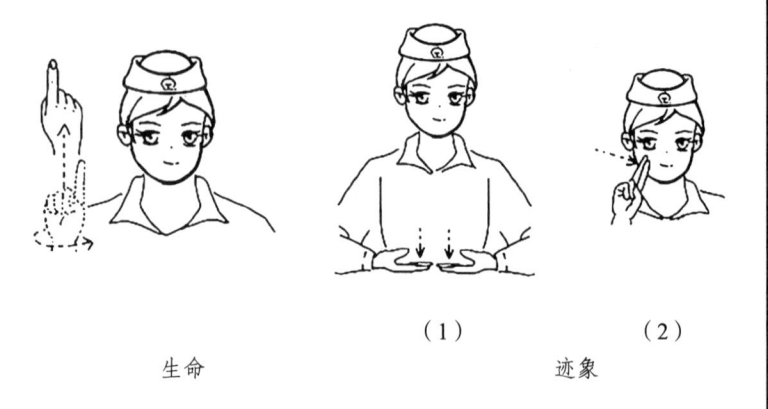

生命　　　　　（1）　　　　（2）
　　　　　　　　　　迹象

23. 救援人员

救援（救助）：左手伸拇、小指；右手拇、食、中指捏住左手拇指尖，向上一提。

人员：双手食指搭成"人"字形。

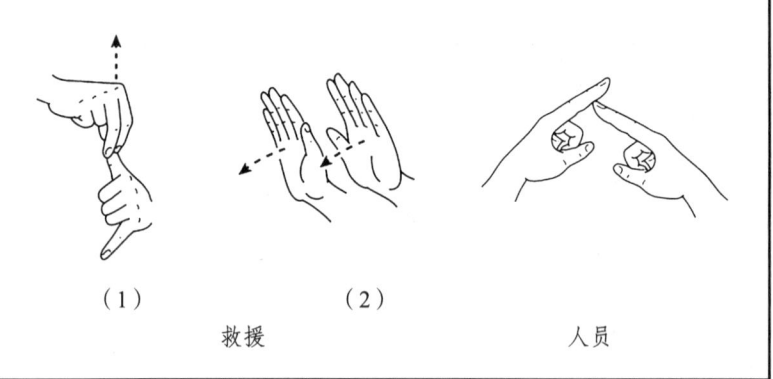

（1）　　　（2）　　　　　　
　救援　　　　　　　　人员

24. 救援工作

救援（救助）：左手伸拇、小指；右手拇、食、中指捏住左手拇指尖，向上一提。

工作：（1）左手食、中指与右手食指搭成"工"字形。（2）双手握拳，一上一下，右拳向下砸一下左拳。

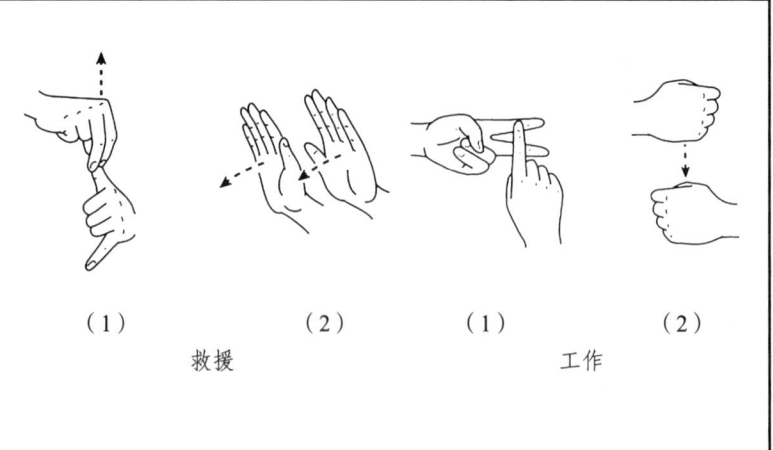

（1）　　（2）　　（1）　　（2）
　救援　　　　　　　工作

25. 恢复运营

恢复：双手直立，掌心向外，然后边向前做弧形移动边翻转为掌心向内。

运营（经营）：（1）双手横伸，掌心向上，前后交替转动两下。（2）双手侧立，掌心相对，向一侧一顿一顿移动几下。

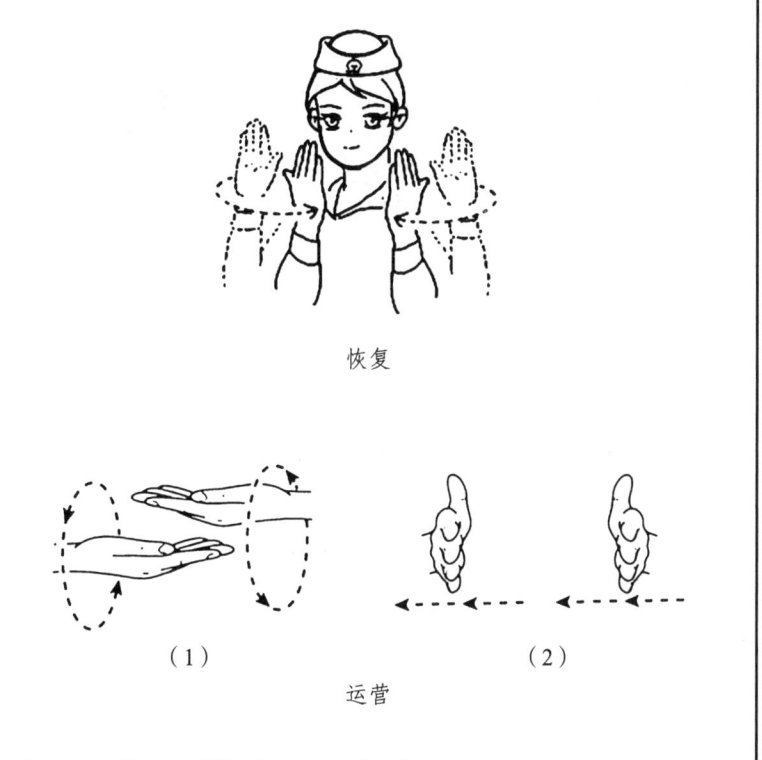

恢复

（1）　　　　　　（2）

运营

26. 全力以赴

全力以赴：（1）左手握拳屈肘，手背向外；右手食指横伸，在左上臂从后向前做弧形移动，表示鼓起的肌肉，引申为尽力。（2）双手握拳，一上一下，右拳向下砸一下左拳。

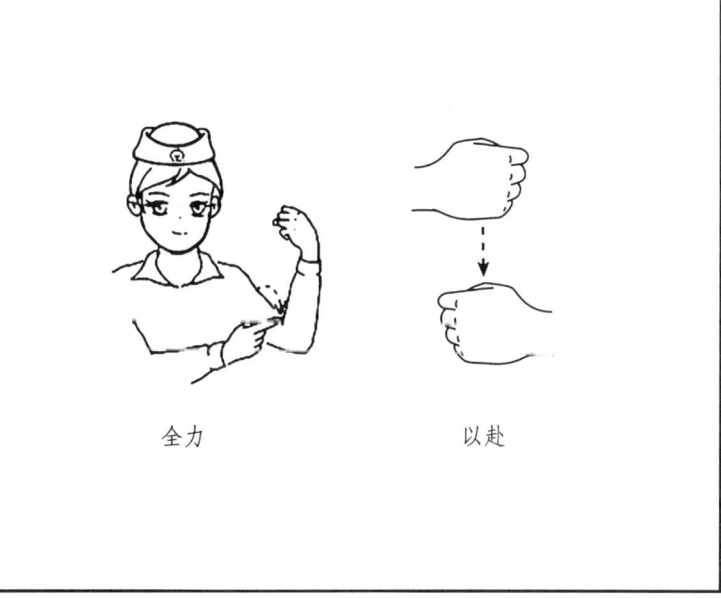

全力　　　　　　以赴

27. 及时治疗

及时：(1) 左手侧立；右手伸拇、食指，拇指尖抵于左手掌心食指向下转动。(2) 双手直立，掌心左右相对，边向前移动边伸出拇指。

治疗：左手平伸，掌心向上；右手五指并拢，食、中、无名指指尖按于左手腕的脉门处，双手同时向前移动两下。

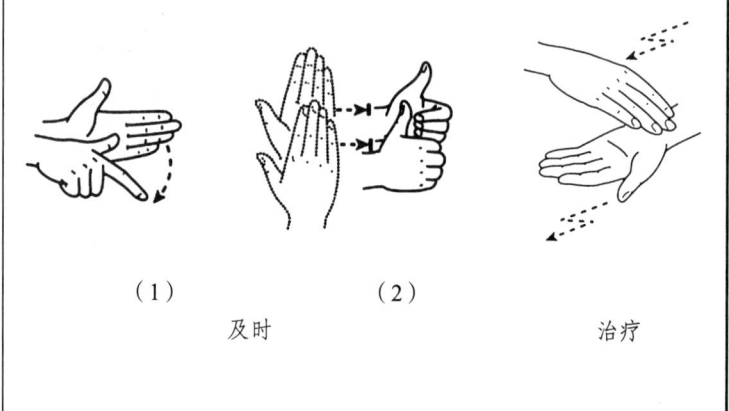

28. 全额赔偿

全：双手五指微曲，指尖左右相对，然后向下做弧形移动手腕靠拢。

额：一手直立，掌心向内，五指张开，交替点动几下。

赔偿：左手横伸；右手五指撮合，在腰部衣袋处做掏物状，再移至左手掌心，表示掏钱赔偿。

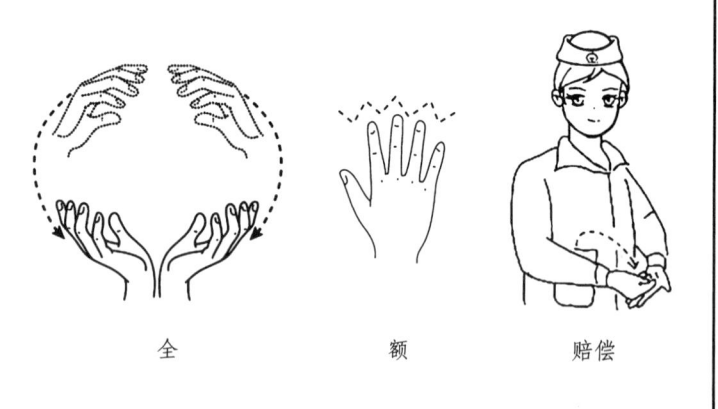

29. 清理工作

清理：双手侧立，掌心相对，向一侧一顿一顿移动几下。

工作：(1) 左手食、中指与右手食指搭成"工"字形。(2) 双手握拳，一上一下，右拳向下砸一下左拳。

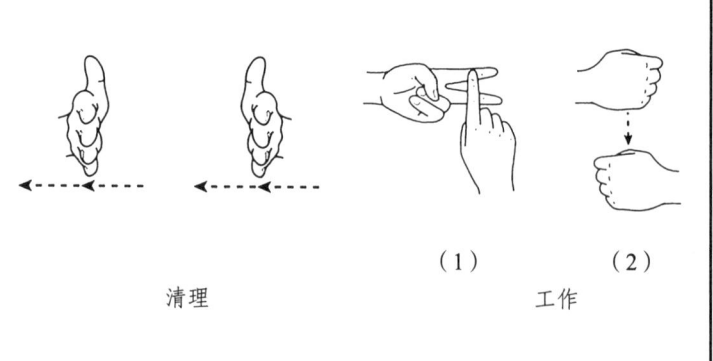

30. 铁路设施

铁路：（1）双手握拳，虎口向上，一上一下，右拳向下砸一下左拳，再向内移动。（2）双手侧立，掌心相对，向前移动。

设施（设备）：（1）双手五指弯曲，食、中、无名、小指关节交错相触向下转动一下。（2）双手食指指尖朝前，手背向上，先互碰一下，再分开并张开五指。

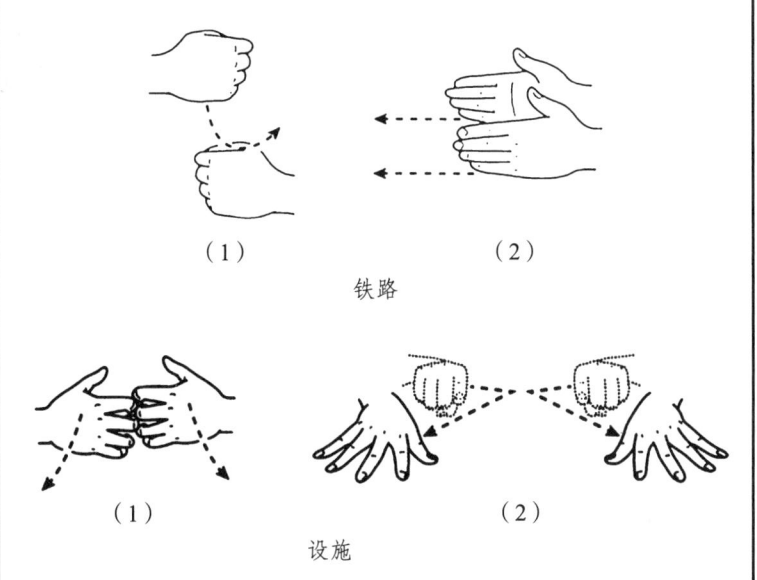

31. 死亡人数

死亡：右手伸拇、小指，先直立，再向右转腕。

人：双手食指搭成"人"字形。

数：一手直立，掌心向内，五指张开，交替点动几下。

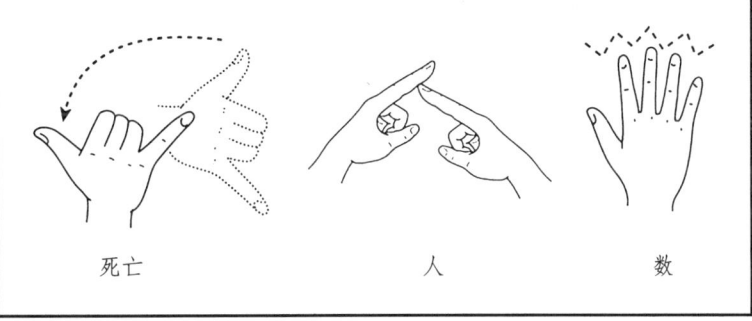

32. 深入调查

深入：左手横伸，掌心向下；右手伸食指，指尖朝下，从左手内侧向下移动较长距离，表示深。

调查：双手拇、食、中指相捏，指尖朝下，上下交替动两下。

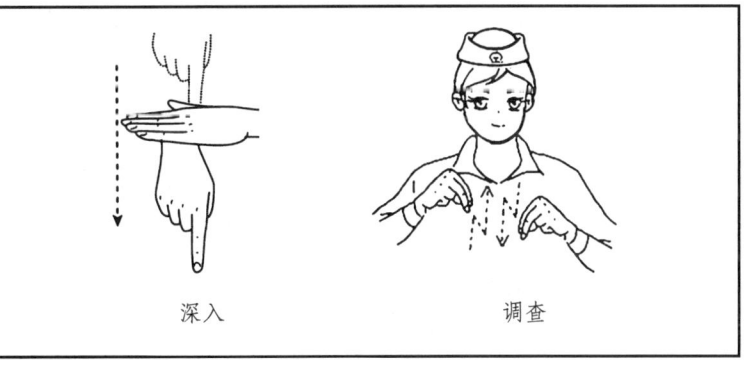

33. 渎职

渎职：（1）双手握拳，一上一下，右拳向下砸两下左拳。（2）一手五指张开，掌心向下，拇指抹一下鼻尖，然后手向下方甩动，重复一次，表示敷衍的意思。

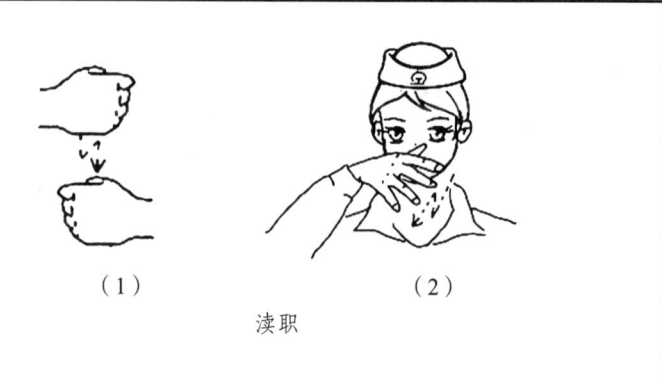

（1）　　　　　　（2）

渎职

服务用语

1．非紧急情况下，请不要触碰紧急停车按钮，以免发生停车事故。

2．非常抱歉，这是我们的过错。

3．非常抱歉，没有找到，您可以报警。

4．别着急，或许车站的警察可以帮助您，到站我帮您联系。

5．请留下您的联系方式，有消息我马上通知您。

6．现在是临时停车。由于前方无运行信号，列车不能继续运行。给您带来不便，请您见谅。

7．非常抱歉，晚点原因现在还不清楚，有消息我会通知您，请原谅。

8．我是本次列车的列车长，由于铁路原因造成列车晚点。列车晚点给您带来诸多不便，我代表铁路部门向您表示诚挚的歉意！感谢您的理解和支持。

9．本次列车晚点15分钟。

10．遇到险情，请您听从工作人员引导。

11．紧急情况下，等列车停稳后，旅客可以拉下紧急破窗锤，对准红色敲击点，敲碎玻璃。

12．旅客，您好！因设备故障，需要倒换车底，请带好随身物品，迅速按照工作人员引导，到站台另侧相同车厢座位号乘坐，请您注意上下车安全。

13. 旅客，您好！请跟随车站工作人员自8号站台南侧上扶梯到11站台登乘G512次列车，到相同车厢座位号乘坐。

14. 由于更换车底，持一等座的旅客请您到7号车厢对号入座。给您带来的不便，敬请谅解，多谢配合。

情景对话一　手机丢失

旅客：您好，我的手机丢失了，能不能麻烦您帮我寻找一下。

列车员：餐吧说拾到一个手机。

旅客：好的，谢谢。

旅客：您好，我刚丢失了一个手机。

列车长：是什么牌子？号码是多少？

旅客：×××，号码是××××××××。

列车长：没错，就是您的。

情景视频：
物品丢失

情景对话二　包落在车上

旅客：能帮我一下吗？我的背包刚落在车上了，我来得及上车找吗？

列车长：车马上开了，您别上车，我找工作人员帮您，您刚才在几号车厢几号座位？您的背包是什么样子的？

旅客：8车20号，我的包是黑色公文包，里面装了一些文件和一台笔记本电脑。

列车长：是这个包吗？请您确认一下里面的物品。

旅客：是的，非常感谢。

情景对话三　换床单

旅客：打扰了。

列车员：请问有什么可以帮您？

旅客：我有点生气，你看，我的床单很脏，好像被人用过。

列车员：让我看看。真的非常抱歉，这是我们的过错，我马上帮您换掉。

旅　客：谢谢。

列车员：不客气，这是我应该做的。

情景对话四　空调故障

旅　客：这节车厢怎么这么热？

列车员：这节车厢空调故障了，我帮您调到其他车厢吧，给您带来的不便，深感抱歉。

情景视频：
空调故障、火车晃动

情景对话五　临时停车1（自然灾害）

旅　客：还没到站，怎么就停车了，请问是什么原因？

列车员：这是自然灾害导致的临时停车，给您带来的不便，深感抱歉。

旅　客：明白了，什么时候能开车呢？

列车员：暂时不确定。但请您放心，有消息我第一时间通知您，谢谢您的理解。

情景视频：
临时停车

情景对话六　临时停车2（设备故障）

旅　客：还没到站，怎么就停车了，请问是什么原因？

列车员：这是设备故障导致的临时停车，给您带来的不便，深感抱歉。

旅　客：明白了，什么时候能修好呢？

列车员：暂时不确定。但请您放心，我们正在全力抢修。事情会好起来的。

旅　客：但愿如此。

列车员：谢谢您的理解。

情景对话七　寻找医生

旅　客：列车上有医生吗？我身体不太舒服。

列车员：对不起，列车上没有随车医生，但我会试着通过广播在旅客中为您寻找医生。

列车员：这位是医生，让他帮您检查一下。

情景视频：
寻找医生

餐饮服务

 词汇及短语

视频：餐饮服务相关词汇和短语

1. 餐车

餐：一手伸出食指、中指，向嘴边拨动，如用筷子吃饭状。

车（厢）：（1）左手食、中指分开，指尖朝前，手背向上；右手食、中指弯曲，指尖抵于左手食、中指上，并向前移动，如火车行驶状。（2）双手五指成"∩∩"形，左右相挨，左手不动，右手向右一顿一顿移动几下。

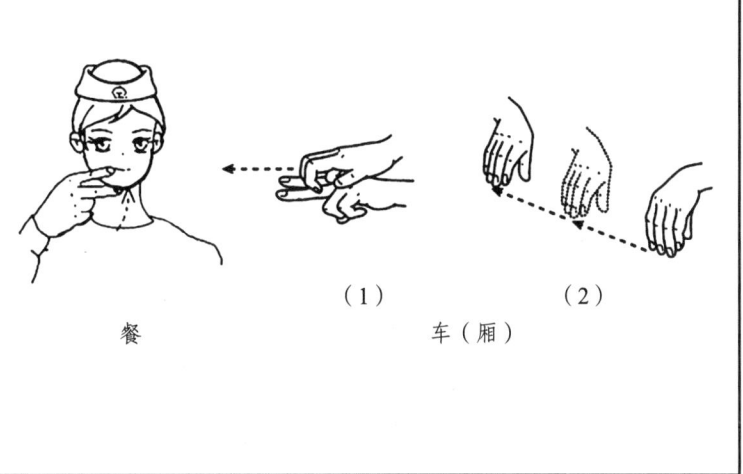

餐　　　　　　　（1）　　　　　（2）

　　　　　　　　　　车（厢）

2. 热水

热水：（1）双手横伸，掌心向上，五指微曲，从腹部慢慢上移动。（2）一手伸食指，指尖贴于下嘴唇。

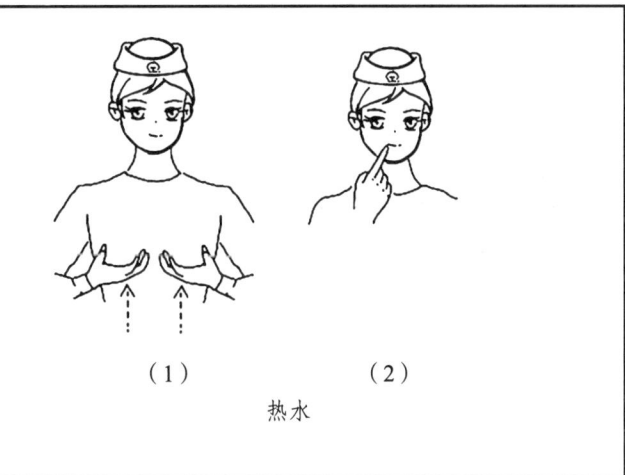

（1）　　　　（2）

热水

141

3. 开水

开水：(1) 双手食指、中指搭成"开"字形。(2) 一手伸食指，指尖贴于下嘴唇。

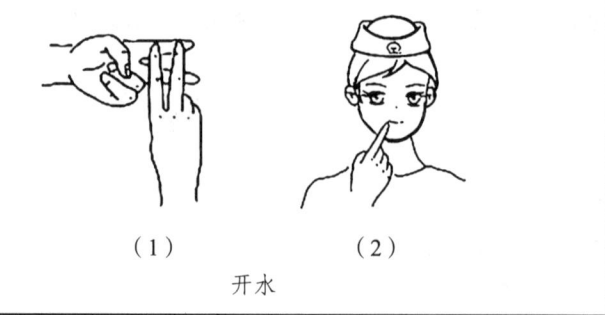

(1)　　　(2)

开水

4. 绿茶

绿茶：左手食指、中指、无名指、小指并拢，指尖朝右上方，手心向内；右手五指向上捋一下左手四指。

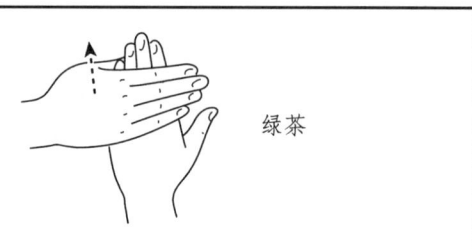

绿茶

5. 红茶

红：一手打手指字母"H"的指式，摸一下嘴唇。

茶：左手食指、中指、无名指、小指并拢，指尖朝右上方，手心向内；右手五指向上捋一下左手四指。还可表示绿、叶、茶叶、绿茶。

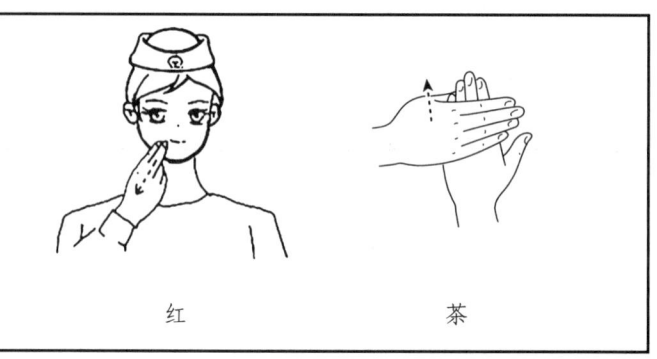

红　　　　茶

6. 咖啡

咖啡：左手五指成半圆形，虎口朝上；右手打手指字母"K"的指式，中指尖朝下，在左手虎口内做搅拌的动作。

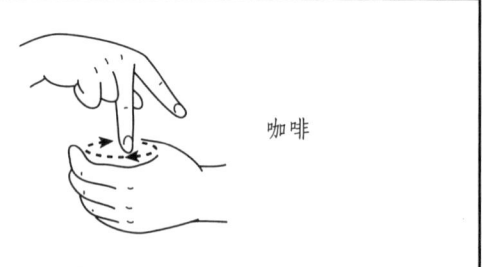

咖啡

7. 牛奶咖啡

牛奶：（1）一手伸出拇指、小指，拇指尖抵于太阳穴，小指尖朝前。（2）一手五指弯曲，虎口朝上，向下捋动两下，模仿挤牛奶的动作。

咖啡：左手五指成半圆形，虎口朝上；右手打手指字母"K"的指式，中指尖朝下，在左手虎口内做搅拌的动作。

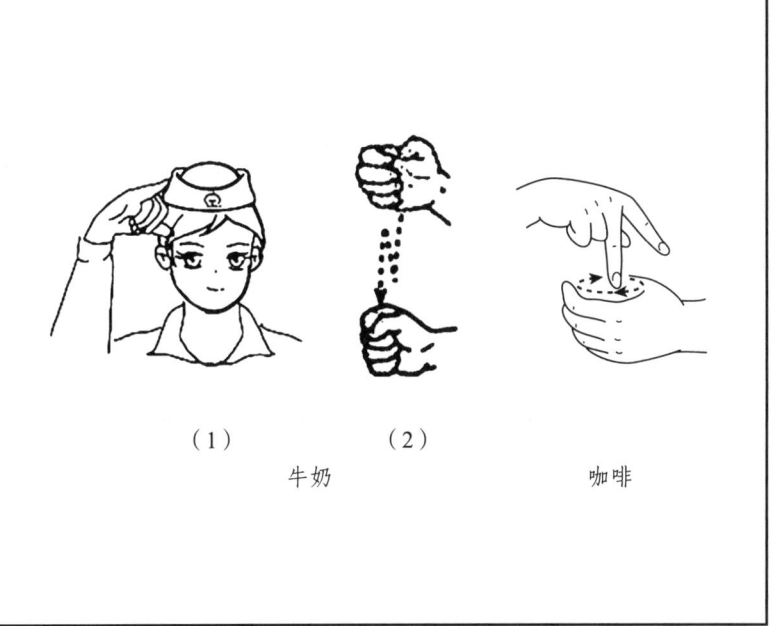

8. 速溶咖啡

速：一手拇指、食指捏成圆形，向一侧快速滑动。

溶：（1）左手五指成半圆形，虎口朝上；右手伸食指指尖朝下，在左手虎口内转动一下。（2）双手虚握，虎口左右相抵，边向两侧斜下方移动边张开五指。

咖啡：左手五指成半圆形，虎口朝上；右手打手指字母"K"的指式，中指尖朝下，在左手虎口内做搅拌的动作。

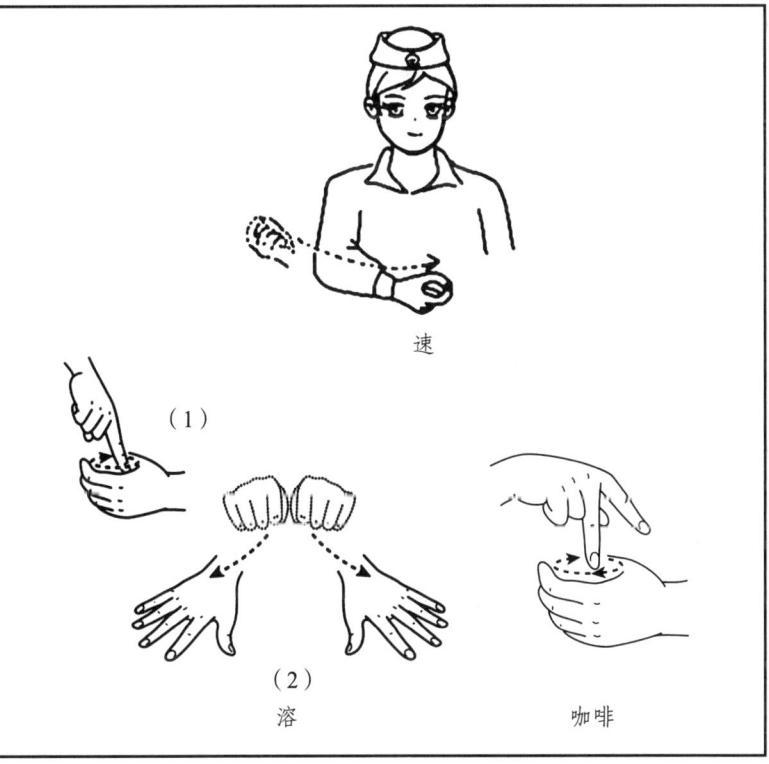

9. 汽水

汽水：(1)左手虚握，虎口朝上；右手食、中指分开，置于左手虎口上，然后向上一撬，模仿起瓶盖的动作。(2)一手伸食指，指尖贴于下嘴唇。

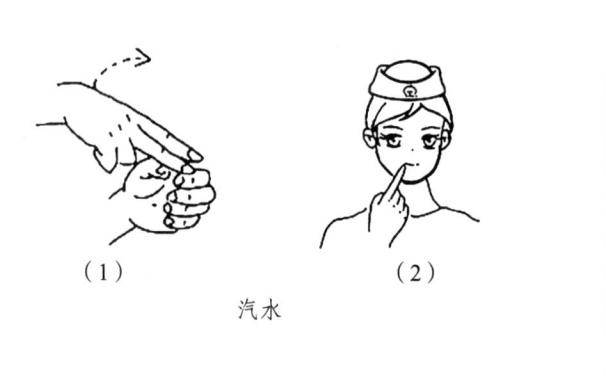

(1)　　　　(2)

汽水

10. 啤酒

啤酒：左手五指成半圆形，虎口朝上；右手五指微曲，指尖朝下，边在左手虎口处微微弯动边向上移动，如啤酒的泡沫。

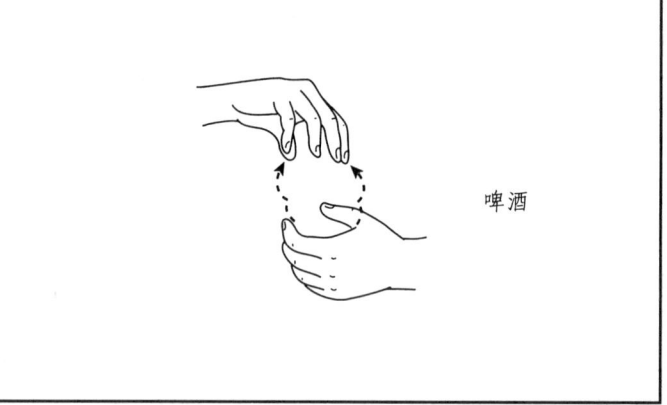

啤酒

11. 点心

点心：(1)左手横伸；右手伸食指，指尖朝下，在左手掌心上点一下。(2)双手拇指、食指张开仿"心"形，手背向外，置于胸部。

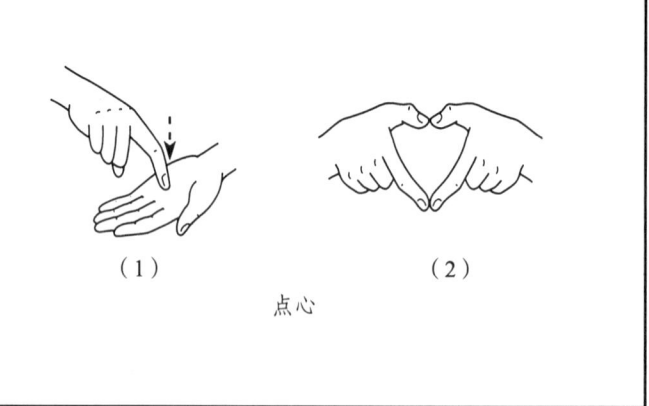

(1)　　　　(2)

点心

12. 咸饼干

咸：一手打手指字母"X"的指式，置于嘴前，向下微动两下面露不舒服的表情。

饼干：(1)一手拇指、食指、中指相捏，置于嘴边，嘴做嚼物状。(2)左手食指、中指与右手食指搭成"干"字形。

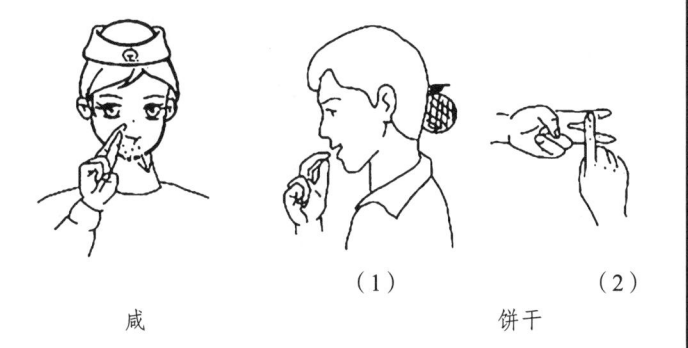

咸　　　　　(1)　　　　　(2)

　　　　　　　　　饼干

13. 葡萄

葡萄：左手拇指、食指、中指相捏，指尖朝下，如提物状；右手拇指、食指捏成圆形，其他三指直立分开，在左手下随意点动几下。

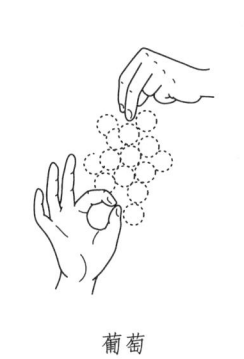

葡萄

14. 糖

糖：一手食指指腮部，同时用舌顶起腮部，表示嘴里含着的糖；也用以表示姓氏"唐"。

糖

15. 爆米花

爆米花：(1)一手拇指、食指微张，在嘴角处前后微动几下。(2)双手虚握，虎口朝上，然后迅速向上弹起并张开五指。

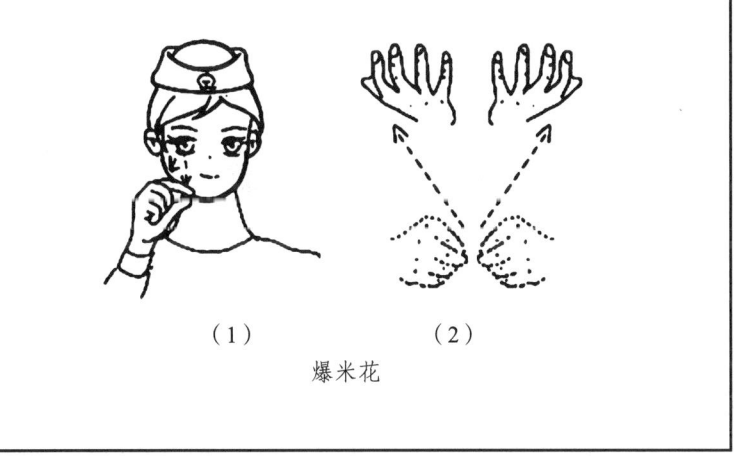

(1)　　　(2)

爆米花

16. 花生

花生：双手握拳，拇指搭在食指上，然后向两侧瓣动两下，模仿剥花生的动作。

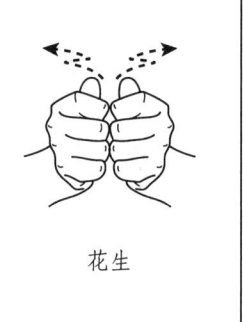

花生

17. 面包

面包：双手五指成"[ ]"形，指尖相对，虎口朝内，轻捏几下。

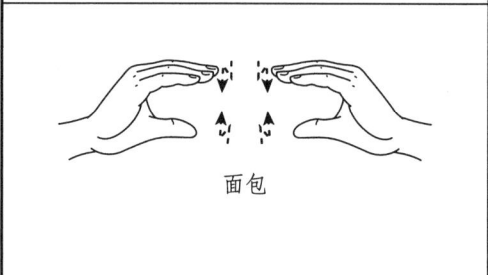

面包

18. 牛肉

牛：一手伸拇指、小指，拇指尖抵于太阳穴，小指尖朝前。

肉：右手拇指、食指捏一下左手的小鱼际部位。

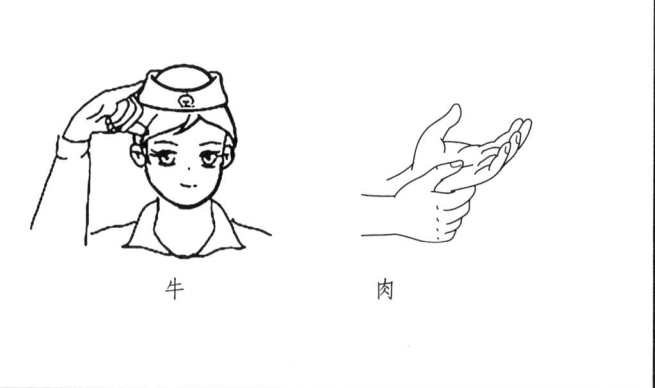

牛　　　　肉

19. 饮料

饮料：（1）一手五指成半圆形，如拿杯子状，模仿喝水的动作。

（2）双手食指指尖朝前，手背向上，先互碰一下，再分开并张开五指。

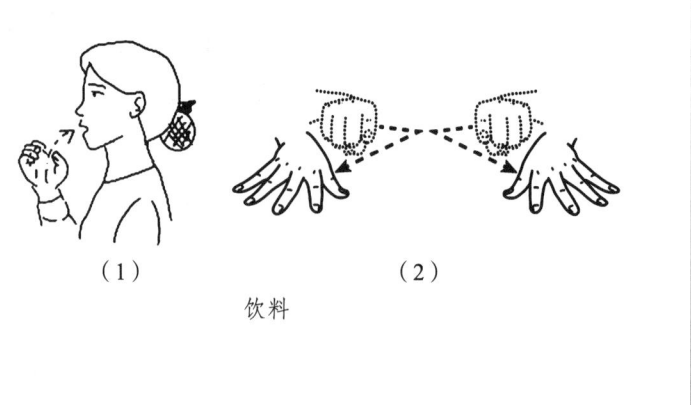

（1）　　　　　　（2）

饮料

20. 汉堡包

汉堡包：（1）双手横伸，五指微曲，掌心上下相对。（2）双手五指搭成"[ ]"形，指尖相对，虎口朝内，轻捏几下。

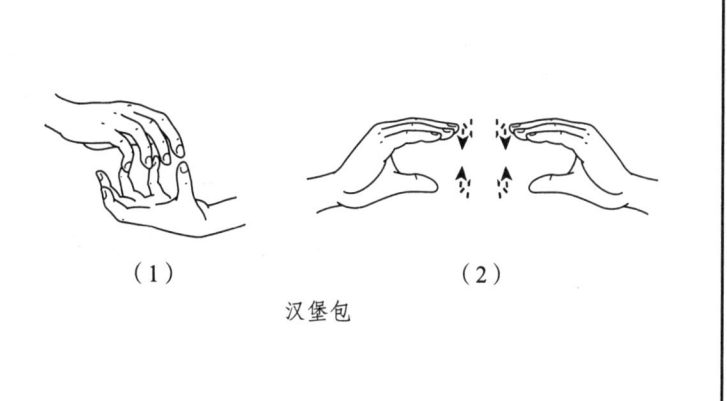

（1）　　　　　（2）

汉堡包

21. 盒饭

盒：双手手背拱起，掌心上下相对，左手在下不动，右手向下移动一下。

饭：一手伸食指、中指，向嘴边拨动一下（或两下）。

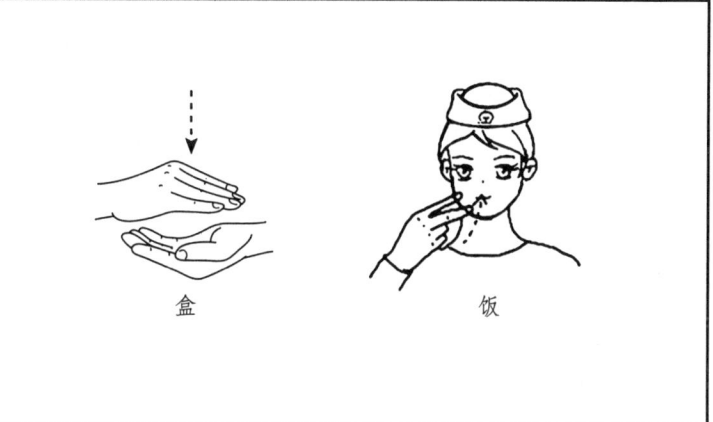

盒　　　　　饭

22. 面条

面条：左手将拇指、食指捏成半圆形，虎口朝上；右手食指、中指分开指尖朝下，边从下向上移动边指尖对着嘴部，如用筷子夹面条状。

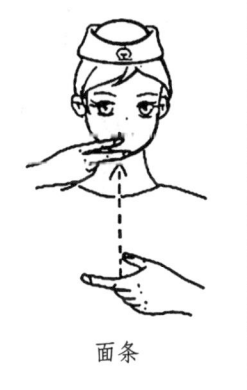

面条

23. 米饭

米饭：一手拇、食指微张，在嘴角处前后微转几下。

米饭

24. 八宝粥

八宝粥：（1）左手横伸；右手拇指、食指相捏，边砸向左手掌心边张开，食指尖朝左前方。（2）左手拇指、食指成半圆形，虎口朝上；右手横伸，掌心凹进，向嘴部拨动两下，口微张，表示喝粥。

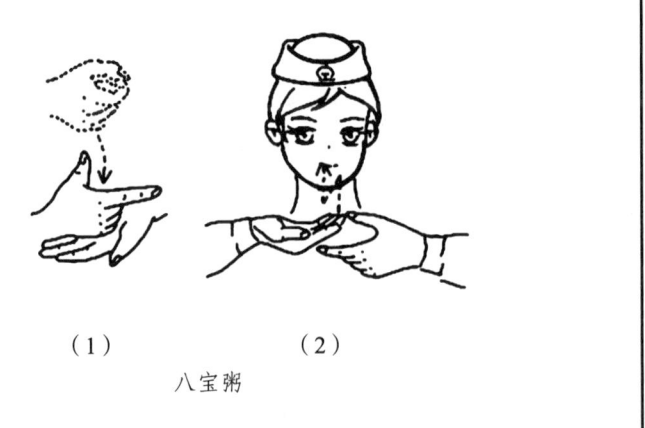

（1）　　　　（2）

八宝粥

25. 瓜子

瓜子：一手拇指、食指相捏，指尖朝内，置于嘴边，嘴同时微动一下，如嗑葵花籽状。"葵"与"蔡"形近，该手势也用于表示姓氏"蔡"，还可以表示嗑。

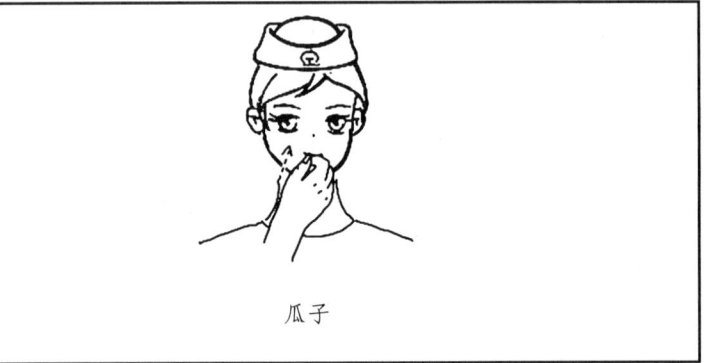

瓜子

26. 纸杯

纸：双手拇指、中指相捏，指尖朝下，微抖几下；也用于表示姓氏"张"。

杯：（1）一手五指成半圆形，如拿杯子状，模仿喝水的动作。（2）双手五指成半圆形，虎口朝上，上下相叠，表示杯子。

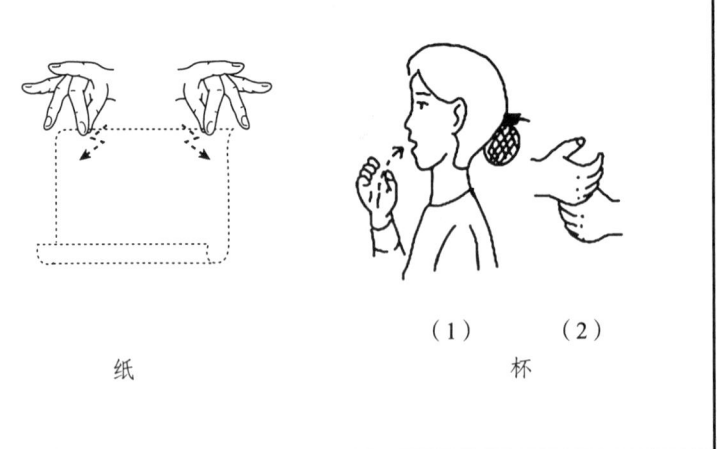

纸　　　　　　（1）　　（2）
　　　　　　　　　杯

27. 发票

发票：双手横伸，掌心向上，指尖相对，左手不动，右手向内翻转，如撕发票状。

发票

28. 吸管

吸：一手五指张开，掌心向下，边向嘴部移动边撮合，口先张开再闭拢。

管：双手虚握，虎口相对，从中间向两侧移动。可根据实际表示粗细和形状。

吸　　　　　　管

情景视频：
售餐

1. 欢迎您到餐车用餐。

2. 开车后餐车工作人员将流动售货，请您耐心等候，餐车出售小食品、饮料、酒水、盒饭等，您也可到9号车厢选购。

3. 女士，早上/下午好，我帮您把小桌打开，这是列车为您准备的茶水和咖啡，请您慢用。

4. 如果您需要用餐，我会及时通知餐车人员为您点餐并送餐。

情景对话一　售餐1

旅客：车上有售餐吗？

餐服长：9车是餐吧区，售卖主要以快餐为主。

旅客：餐车有什么吃的？

餐服长：您可以看一下，中餐有米饭套餐和汤，西餐有面包和牛奶，您需要什么？

旅客：给我来份面包和牛奶吧。

餐服长：好的，请稍等。

餐服长：您还需要其他的吗？

旅客：不需要了，谢谢。

情景对话二　售餐2

餐服长：先生，您的咖啡需要加糖和奶吗？

旅客：不加奶，只加糖，谢谢。

餐服长：好的，请稍等。

情景对话三　售啤酒

旅客：这儿有什么喝的？

餐服长：有饮料和啤酒。

旅客：给我来2听啤酒。

餐服长：收您30元整，谢谢，请慢用。

情景对话四　售咖啡

餐服长：先生，需要给您再加点热水吗？

旅客：好的，谢谢。咖啡多少钱？

餐服长：5元。

旅客：给我拿一瓶吧。

餐服长：好的，收您5元。您拿好，请慢用。

情景对话五　售饮料

旅客：这是免费的吗？

餐服长：不好意思，这不是免费的。

旅客：有饮料吗？

餐服长：有咖啡、绿茶、红茶、酸奶等，您需要哪种？

旅客：绿茶吧，谢谢。

情景对话六　询问吸管及发票

旅客：有吸管吗？

餐服长：不好意思！车上没有吸管，有纸杯您需要吗？

旅客：请问有发票吗？

餐服长：有的，给您。

情景对话七　指引餐车位置

旅客：餐车在哪里？

餐服长：餐车在9号车厢，您往前走3个车厢就是了。

聋人文化专题三

聋人的生活方式

聋文化是存在于社会主流文化之中的一种亚文化，因此，聋人的生活方式与身边的健听人既有共同点，也有区别。

聋人首先是一个人，具有"人"的全部特征，其次是属于他所在的国家。不同国家的聋人，其风俗习惯会有差异。比如"结婚"的手势，在中国手语中是夫妻对拜的动作，而在英国手语中却是给无名指戴上戒指，这是由中西不同文化风俗决定的。如果你有机会到聋人家中做客，或作为朋友与聋人长期共同相处，就能发现许多他们独有的生活方式和行为习惯。

比如，聋人见面打招呼的时候，不像健听人那样注重对他人的"称呼"。健听人一般会说"张局长您好""王老师好"，等等，而聋人用手语则省略称呼，直接打"你好"。有趣的是，如果聋人对对方非常尊重，则会通过眼神、表情的毕恭毕敬和低头欠身等体态动作来表达，这就等同于有声语言中的"您好"。两个关系熟络的聋人见面，甚至连"你好"都不需要，亲密地拍拍肩，拥抱一下，甚至一个眼神就可以传达问候。

又如，聋人外出就餐时，对餐厅的陈设和座位的安排有所讲究。为了手语沟通便利，他们一般会选择光线明亮的餐厅，这样看得比较清楚，而不会去选择光线昏暗的场所。

在座位的选择上，如果是两个人，一般是面对面坐，而不是肩并肩。如果人多，就采取大桌围坐的方式。落座后，聋人会很自然地伸手拿走桌面的广告牌、花瓶等阻碍视线的东西。买房子时，如果家庭成员全是聋人，则一般不会注重楼盘周边的噪声问题，即使旁边是车来车往的大马路，聋人的日常起居也完全不受干扰。但对房屋的朝向、采光却非常关注，在装修时也会注意把灯光布置得明亮些，一切以视觉交流需求为优先原则。

视觉优先的原则还体现在聋人生活的许多方面。比如读报纸时，会偏爱照片和图片较多的部分；见过一两次的人，在时隔很久之后依然能一下子认出来；迷路时，擅于根据路标、公交站牌和附近标志物，迅速找到自身所在方位等。

聋人还有一个重要的特点是特别喜欢和同类人来往，在健听人看来就是"抱团"。其实，这并不是聋人喜欢固守封闭的小圈子，而是由聋人的语言沟通障碍所决定的。因为与健听人交流比较麻烦，所以他们会本能地对打手语的同类人产生亲近感，且在考学、择业、求偶时都会受到这个因素的影响。健听人如果愿意学手语，能以平等和耐心的态度和聋人沟通，一样能够走入聋人的世界。

手语思政专题三

手语与轨道交通客运服务

主题	内容引导	实施路径	落脚点
手语与轨道交通服务	案例引入：聋人旅客在乘车过程中突发疾病	第一课堂	1. 关怀：运用手语技能展现对旅客的关怀 2. 个性化服务：通过手语沟通，更好理解聋人旅客出行的需求，提供个性化、贴心的服务 3. 安全提示和服务引导：帮助聋人旅客更好的理解和使用客运服务相关设备设施，提高服务的便利性和质量 4. 职业责任：通过手语沟通解决聋人旅客出行中遇到的问题，展现出对工作的热爱和责任感 5. 传递正能量：通过友好、尊重的手语沟通，可以传递积极的情感和态度，为聋人旅客营造温馨、和谐的出行环境，提升服务体验 6. 法律意识：学习客运法规，能运用手语准确与聋人旅客沟通
	案例引入：聋人旅客无票乘车处理，维护乘车秩序，确保聋人旅客的合法权益	第一课堂	
	安排学生进行聋人旅客服务体验活动	第一课堂或第三课堂 聋人旅客服务体验	

学习情境四

轨道交通客运日常用语

1. 知识目标

（1）学习轨道交通客运其他服务用语相关词汇及短语手语的打法；

（2）学习高速铁路介绍相关词汇及短语手语的打法。

2. 能力目标

（1）掌握轨道交通客运其他服务用语相关词汇及短语手语的打法并熟练运用；

（2）掌握高速铁路介绍相关词汇及短语手语的打法并熟练运用。

3. 思政目标

从高速铁路手语介绍中培养学生的民族自信和爱国情感；践行创新务实、追求卓越的铁路精神。

其他服务用语

1. 列车长

列车（火车）：左手食、中指分开，指尖朝前，手背向上；右手食、中指弯曲，指尖抵于左手食、中指上，并向前移动，如火车行驶状。 长：一手伸拇、食、中指，拇指尖抵于前额，食、中指直立并拢。	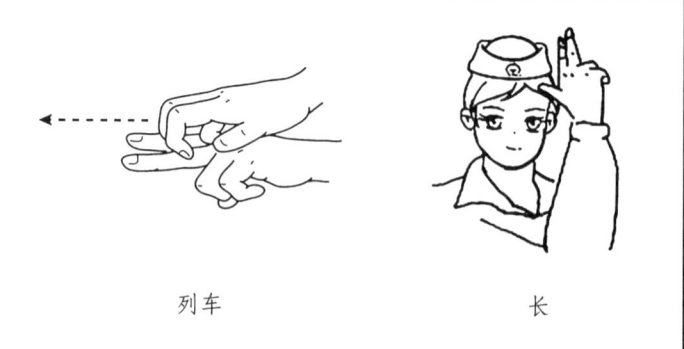 列车　　　　　　　长

2. 负责

负责：右手拍两下左肩。

负责

3. 货车

货车：左手五指成"匚"形，指尖朝前；右手五指成"凵"形置于左手后，双手同时向前移动，仿卡车式样。（可根据实际表示卡车的式样）

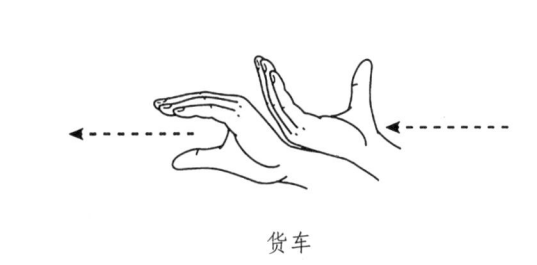

货车

4. 客车

客：双手平伸，掌心向上，前后交替移动两下。

车（火车）：左手食、中指分开，指尖朝前，手背向上；右手食、中指弯曲，指尖抵于左手食、中指上，并向前移动，如火车行驶状。

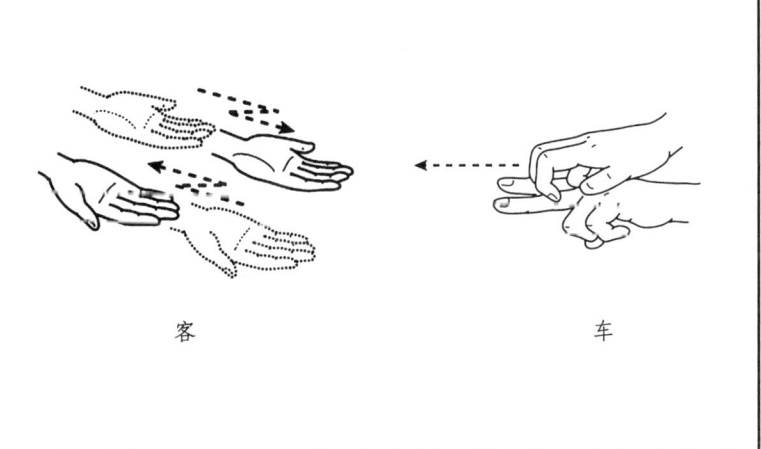

客　　　　　　　　车

5. 列车乘务组

列车（火车）：左手食、中指分开，指尖朝前，手背向上；右手食、中指弯曲，指尖抵于左手食、中指上，并向前移动，如火车行驶状。

乘务（服务）：右手横立，掌心向内，在左胸部向上划动两下。

组：一手五指张开，指尖朝上，然后撮合。

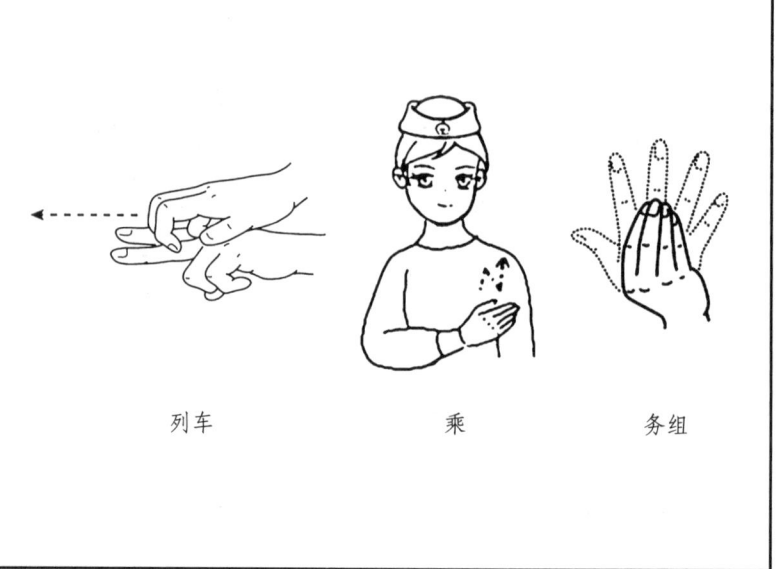

列车　　　　乘　　　　务组

6. 乘警

乘警（警察）：一手手腕贴于前额，五指撮合，然后开合两下，表示警察的帽徽。

乘警

7. 车载

车：双手虚握，左右转动，如操纵方向盘状。

载（使用）：左手五指成"匸"形，虎口朝上；右手五指撮合，指尖朝下，从左手虎口内抽出，表示利用资源的意思。

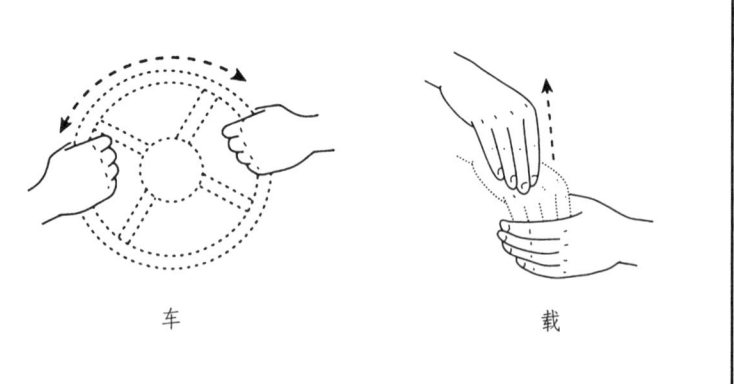

车　　　　　　载

8. 卧铺车

卧铺：左手横伸；右手伸拇、小指，手背向上，置于左手掌心上。（可根据实际表示卧的动作）

车（火车）：左手食、中指分开，指尖朝前，手背向上；右手食、中指弯曲，指尖抵于左手食、中指上，并向前移动，如火车行驶状。

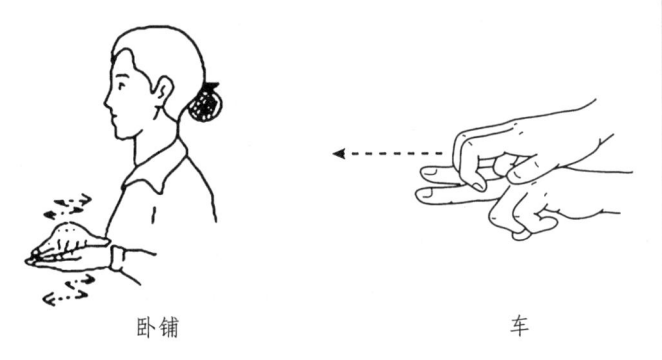

卧铺　　　　　车

9. 根据

根据：左手握拳，手背向上；右手握住左手腕。

根据

10. 帮助

帮助：双手斜伸，掌心向外，按动两下，表示给人帮助。（可根据实际决定手的朝向）

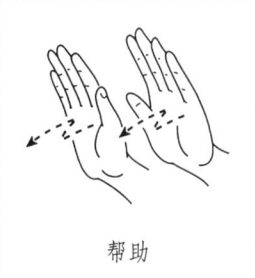

帮助

11. 安全运营

安全：（1）一手横伸，掌心向下，自胸部向下一按。（2）一手伸拇指，顺时针平行转动一圈。

运营（经营）：（1）双手横伸，掌心向上，前后交替动两下。（2）双手侧立，掌心相对，向一侧一顿一顿移动几下。

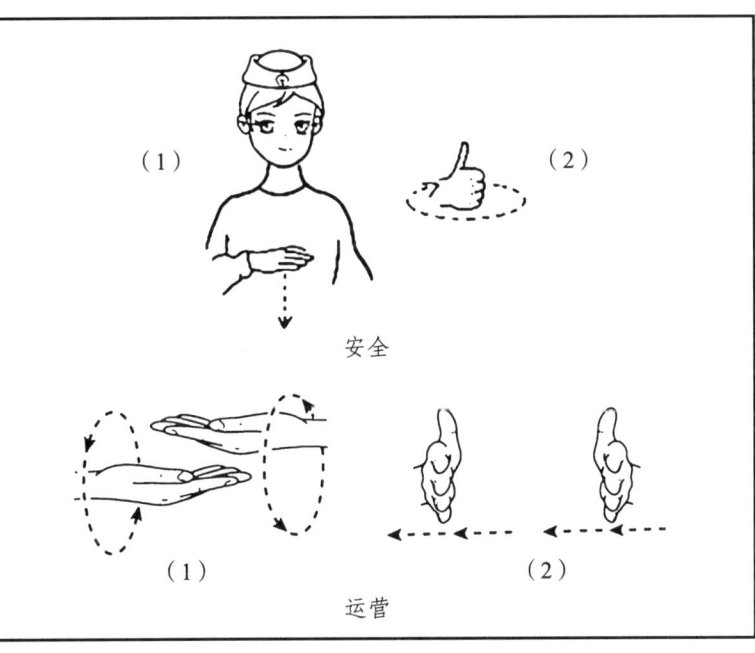

安全

（1）　　　　　（2）

运营

12. 高峰时期

高峰：左手横伸；右手握拳，向上顶一下左掌心。

时期：（1）左手侧立；右手伸拇、食指，拇指尖抵于左手掌心食指向下转动。（2）双手直立，掌心左右相对。

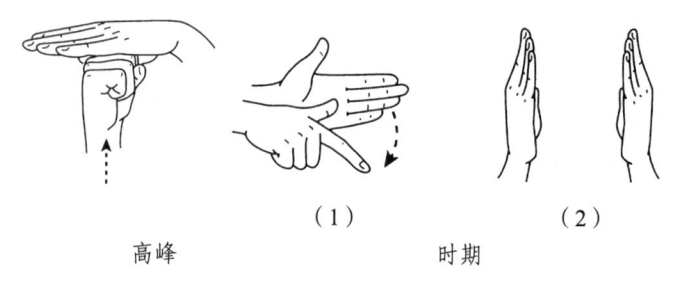

13. 服务费

服务：右手横立，掌心向内，在左胸部向上划动两下。

费：左手拇、食指捏成圆形，虎口朝上；右手伸食指，敲一下左手拇指。

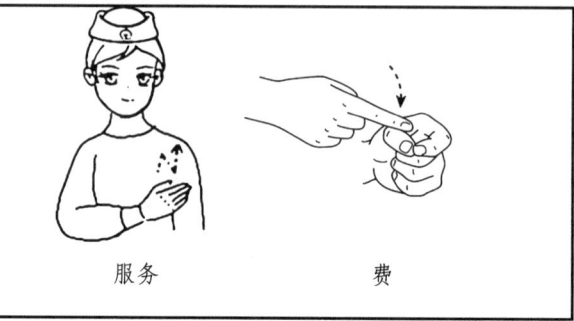

14. 提前

提前：双手直立，手背前后相贴，左手在前不动，右手向后移动，动作幅度大些，表示时间提前的意思。

15. 尽可能早

尽可能（尽力）：左手握拳屈肘，手背向外；右手食指伸，在左上臂从后向前做弧形移动，表示鼓起的肌肉，引申为尽力。

早：右手五指撮合，手背向上，虎口朝内。置于面前向上做弧形移动边张开。

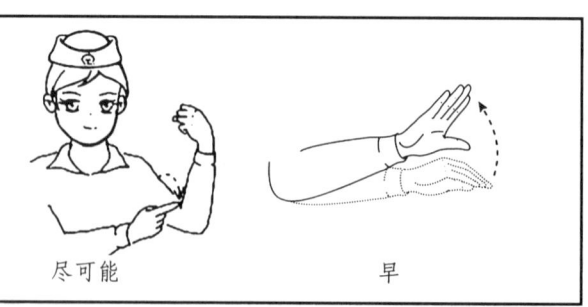

16. 交通工具

交通：双手横立，掌心向内，从两侧向中间交错移动两下，表示车辆来往，引申为交通。

工具：（1）左手食、中指与右手食指搭成"工"字形。（2）双手食指指尖朝前，手背向上，先互碰一下，再分开并张开五指。

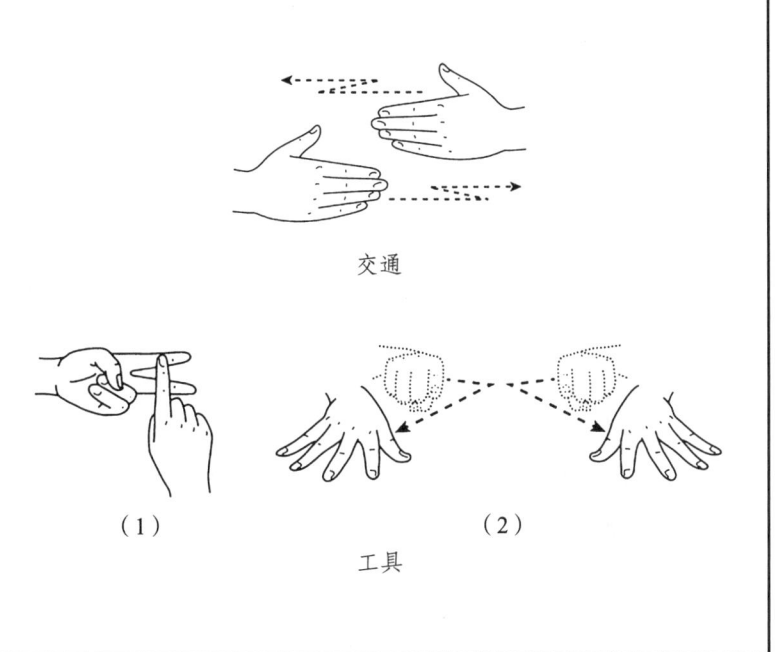

17. 提前买票

提前：双手直立，手背前后相贴，左手在前不动，右手向后移动，动作幅度大些，表示时间提前的意思。

买：双手横伸，右手背在左手掌心上拍一下，然后向内移动，表示买进。

票：双手拇、食指张开，指尖相对，虎口朝上，从中间向两侧移动。（可根据实际表示票的大小）

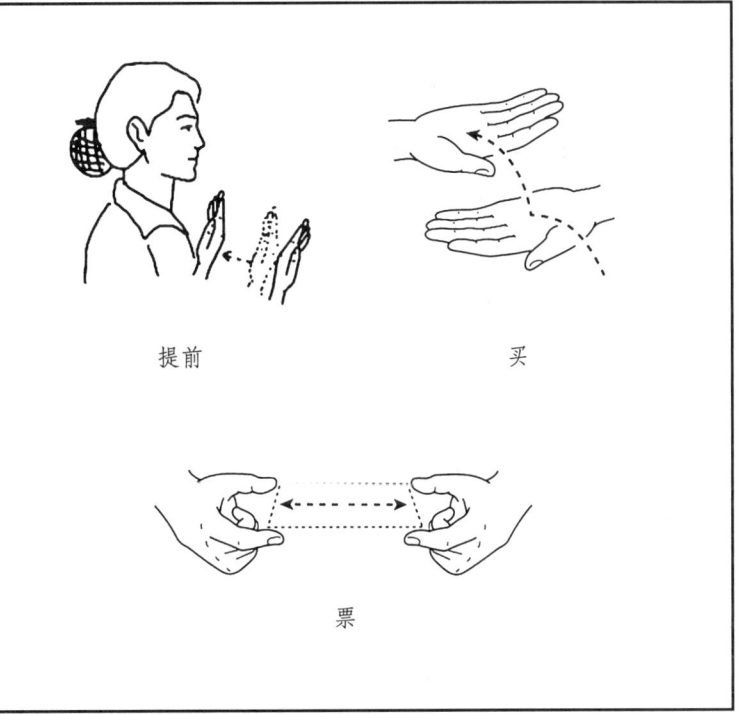

服务用语

1. 欢迎来到西安。

2. 欢迎您乘坐本次列车!

3. 又见到您很高兴。

4. 好久没有见到您了。

5. 再见。

6. 晚安,明天见。

7. 希望您以后再来。

8. 请代我向您家人问好。

9. 谢谢您的帮助。

10. 很对不起。

11. 对不起,我不大明白您的意思。

12. 对不起,我的手语水平不好,请您慢一点。

13. 请再说一遍好吗?

14. 对不起,麻烦您一下。

15. 对不起,让您久等了。

16. 对不起,挡住您的路了。

17. 对不起,晚餐还没有好。

18. 您看起来脸色不好,

19. 您看起来身体不大好。

20. 您胃口如何?

21. 什么时候开始疼的?

22. 您不久就会康复的。

23. 不严重。

24. 没必要惊慌。

25. 不要过度疲劳。

26. 回家休息至少三四天。

27．请给我些碘酒。

28．请帮我包扎一下。

29．请赶快给我叫个医生来。

30．请帮我叫个医生好吗？

31．医生马上给您检查。

32．要我给您一些胃痛药片吗？

33．每4小时服一次。

34．每天饭后吃两片，一天吃三次。

35．您最好到医院治疗一下。

36．要不要我给您找轮椅来？

37．请送我到医院。

38．离车站最近的医院在哪里？

39．您最好在下一站下车到医院去。

情景对话一　问好

列车员：早上好，陈先生，您一切都好吧？

旅　客：很好，谢谢。

旅　客：顺便问一下，这趟车几点到石家庄？

列车员：下午7点18分。

旅　客：谢谢。

列车员：不客气。

情景对话二　送朋友乘车

列车员：请出示您的车票。

旅　客：给您。

列车员：谢谢。（对旅客的朋友说）您的车票呢？

旅客的朋友：我是来送朋友的。他带的东西太多，我能帮他把行李送到他的铺位吗？

列车员：不好意思，离开车时间很近了，您不能上车，我会帮他拿行李的。

旅客：谢谢。

任务二 高速铁路介绍

词汇及短语

1. 中国铁路总公司

中国：一手伸食指，自咽喉部顺肩胸部划至右腰部，以民族服装"旗袍"的前襟线表示中国。

铁路：（1）双手握拳，虎口向上，一上一下，右拳向下砸一下左拳，再向内移动。（2）双手侧立，掌心相对，向前移动。

总：双手五指微曲，指尖左右相对，然后向下弧形移动手腕靠拢。

公司：（1）双手拇、食指搭成"公"字形，虎口朝外。（2）一手打手指字母"S"的指式。

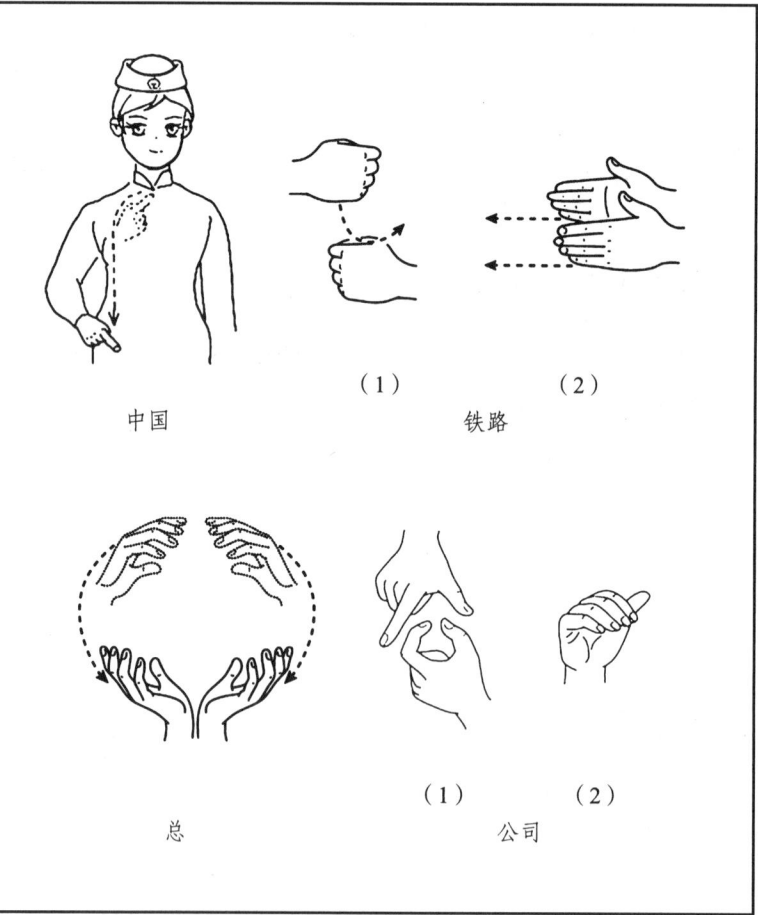

中国　　　　（1）　　　（2）
　　　　　　　　铁路

（1）　（2）
总　　　　　公司

2. 低碳经济

低：一手横伸，掌心向下，自腹部向下一按。

碳：左手打手指字母"C"的指式；右手先打手指字母"O"的指式，再在右下方打数字"2"的手势，表示二氧化碳的化学分子式。

经济：双手拇、食指成圆形，指尖稍分开，虎口朝上，交替顺时针平行转动，表示货币流通，引申为经济。

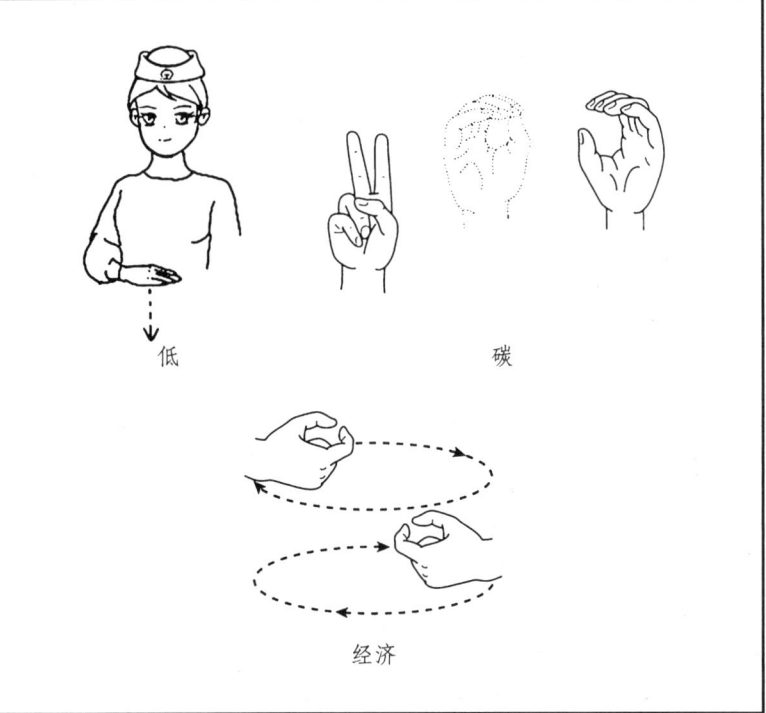

3. 客运专线

客：双手平伸，掌心向上，前后交替移动两下。

运：双手横伸，掌心上下相对，向一侧移动一下。

专：一手五指微曲，搭在另一手直伸的食指根部向外移动，同时收拢五指。

线：双手拇、食指相捏，虎口朝上，从中间向两侧拉开。

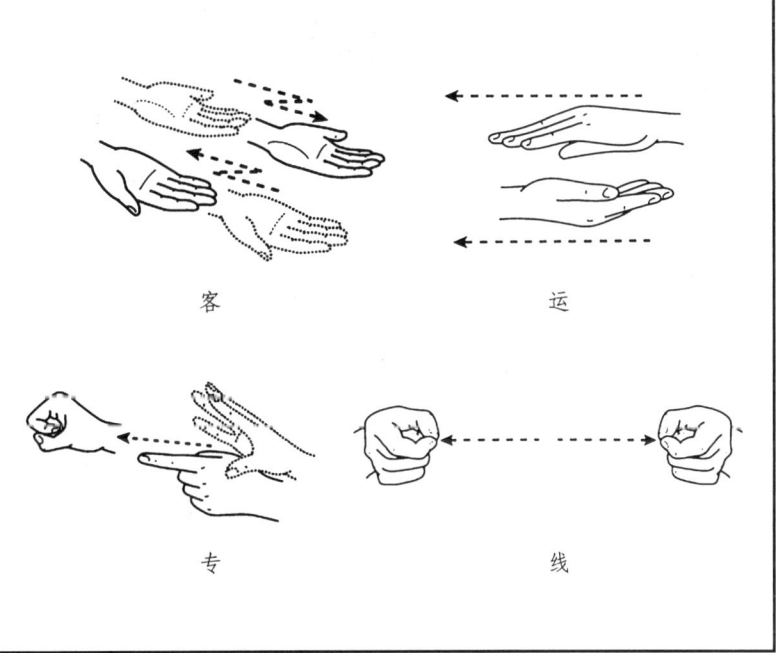

4. （列车）运行时间

列车（火车）：左手食、中指分开，指尖朝前，手背向上；右手食、中指弯曲，指尖抵于左手食、中指上，并向前移动，如火车行驶状。

运行：一手五指成"ㄱ"形，指尖朝前，向前移动一下。

时间：一手伸出拇、食两指，拇指尖抵住另一手掌心，食指向下转动，象征钟表的时针在转动。

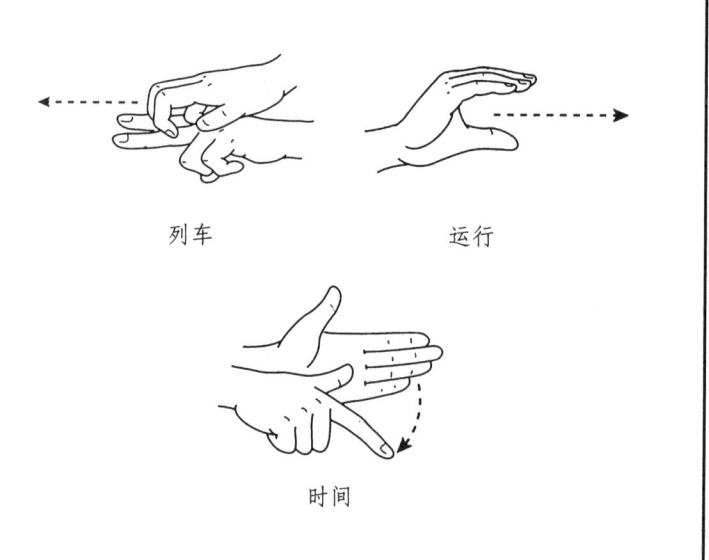

列车　　　　　运行

时间

5. 加强交流与合作

加强：（1）左手侧立，掌心向外，右手拇、食指捏成圆形，虎口朝左，贴向左手掌心。（2）双手握拳屈肘，同时用力向下一顿。

交流：双手五指撮合，指尖呈左右相对，掌心向上，左右平行交替转动。

与：双手直立，掌心左右相对，五指微曲，从两侧向中间移动。

合作：（1）双手直立，掌心左右相对，五指微曲，从两侧向中间移动。（2）双手握拳，一上一下，右拳向下砸一下左拳。

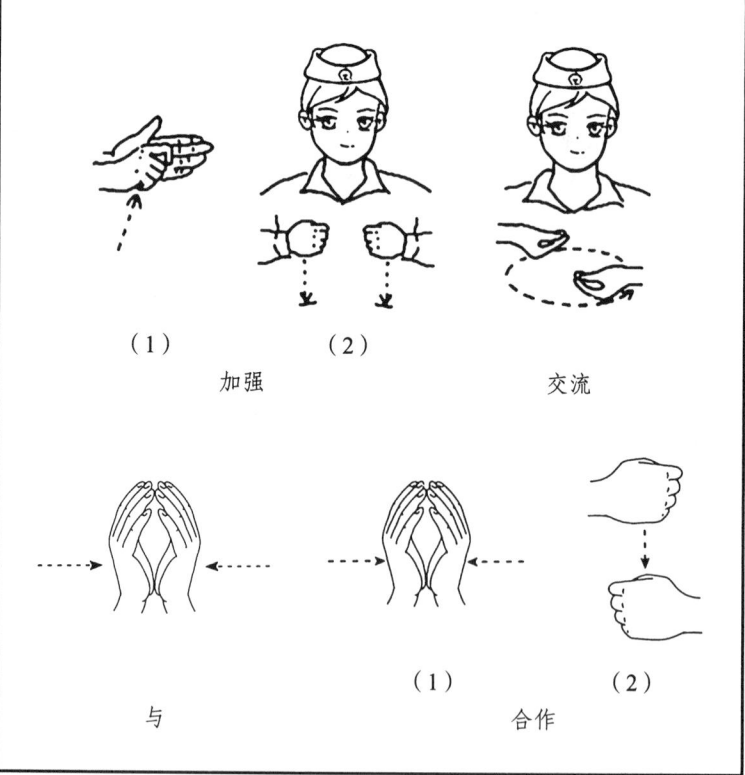

（1）　　　（2）

加强　　　　　　交流

（1）　　　（2）

与　　　　　　合作

6. 掀起了第三次全球性的高铁建设浪潮

掀起了：双手平伸，掌心向上一抬。

第三次：（1）左手伸拇指；右中指、无名指、小拇指横伸分开，手背向外，先碰一下左手拇指，再向上移动（表示其他数字，如"一"时，右手食指横伸，手背向外，即数字"一"，先碰一下左手拇指，再向上移动，以此类推）。（2）一手打手指字母"C"的指式。

全球：左手握拳，手背向上；右手五指微曲张开，从后向前绕左拳转动半圈。

性（性质）：左手食指直立；右手食、中指横伸，指背交替弹左手食指背。

的：手指字母"D"的指式。

高铁：左手食、中指分开，指尖朝前，手背向上；右手五指撮合，指尖朝前，从左手背向指尖方向快速移动，仿动车、高铁车头外形和高速运行状态。

建设：双手五指成"[]"形，虎口朝内，交替上叠，模仿垒砖的动作，引申为建设。

浪潮：双手平伸，掌心向下，五指张开，一前一后，一高一低同时向前做大的起伏状移动，表示激流汹涌奔腾。

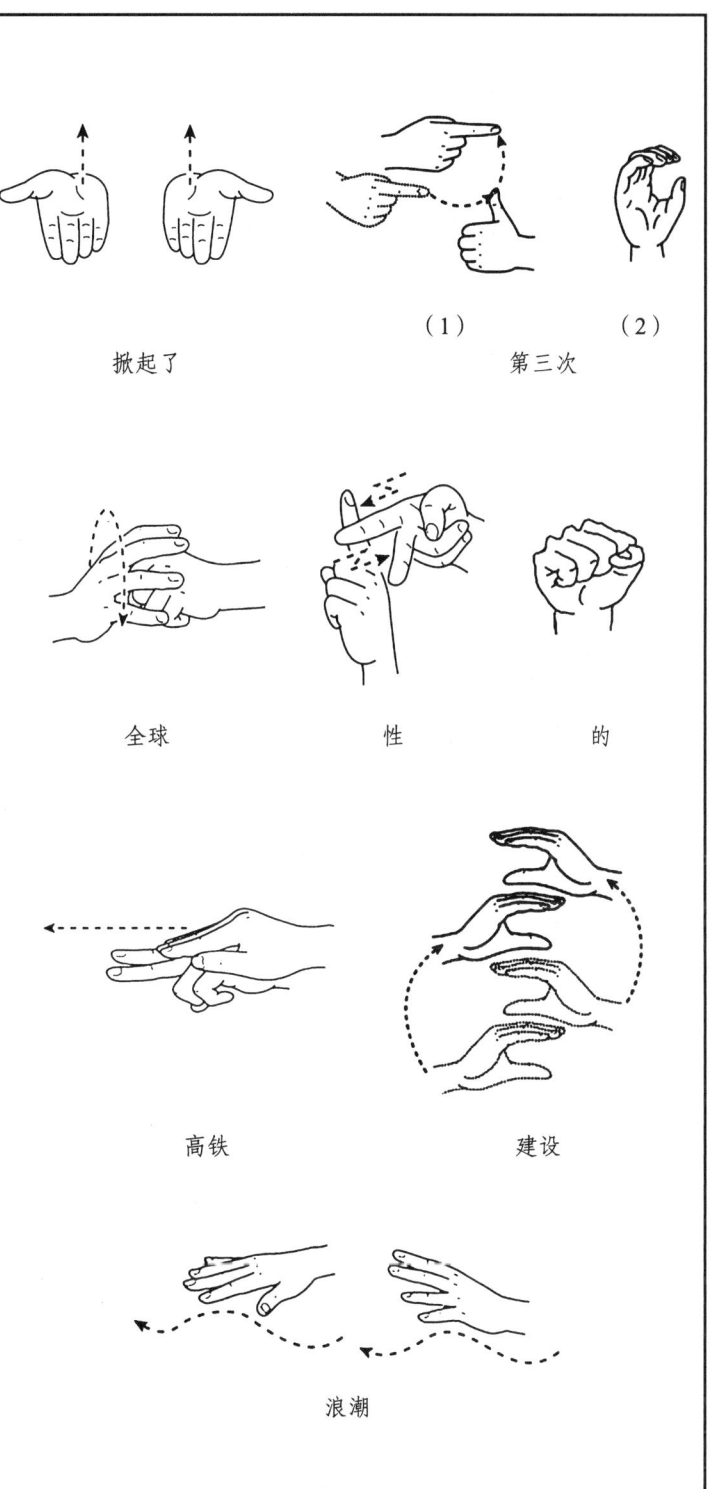

7. 打破世界高铁纪录

打破（超越）：双手食指直立，掌心向外，左手不动，右手向上动一下。

世界：左手握拳，手背向上；右手五指微曲张开，从后向前绕左拳转动半圈。

高铁：左手食、中指分开，指尖朝前，手背向上；右手五指撮合，指尖朝前，从左手背向指尖方向快速移动，仿动车、高铁车头外形和高速运行状态。

纪录：（1）一手打手指字母"J"的指式，碰一下前额。（2）左手横伸；右手如执笔状，在左手掌心上做写字的动作。

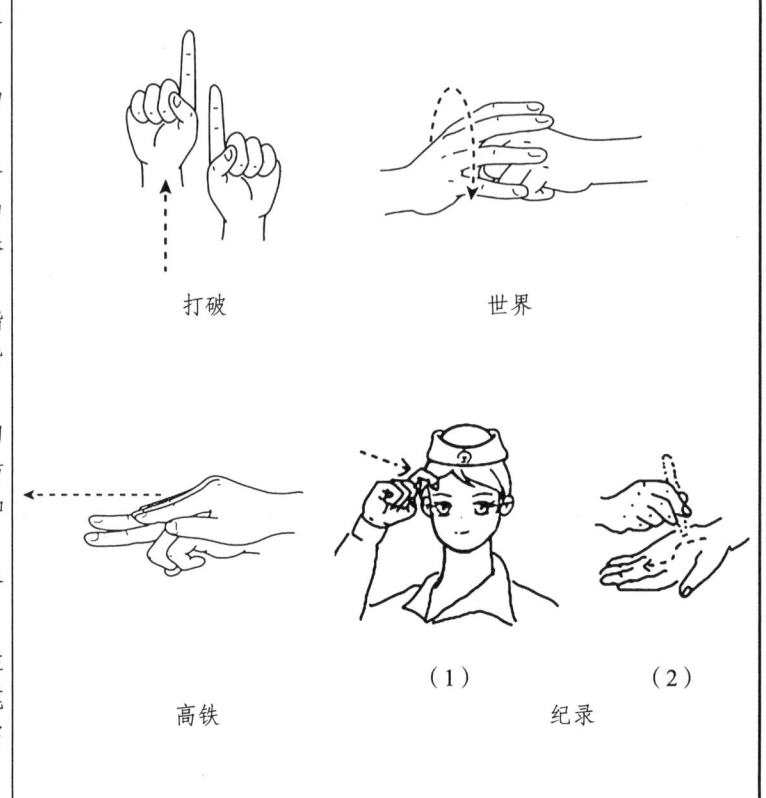

8. 最大时速

最：一手拇指指尖抵于食指根部，向下一沉。

大：双手侧立，掌心相对，同时向两侧移动，幅度要大些。

时：一手伸出拇、食两指，拇指尖抵住另一手掌心，食指向下转动，象征钟表的时针在转动。

速：一手拇、食指捏成圆形，向一侧微晃几下。

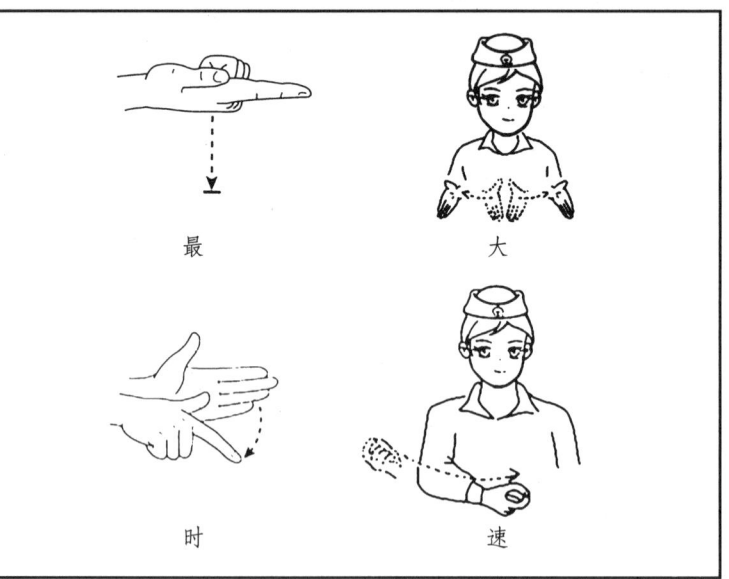

9. 线路最长

线：双手拇、食指相捏，虎口朝上，从中间向两侧拉开。

路：双手侧立，掌心相对，向前移动。

最：一手拇指指尖抵于食指根部，向下一沉。

长：双手食指直立，指面相对，从中间向两侧拉开。（可根据实际表示长的状态）

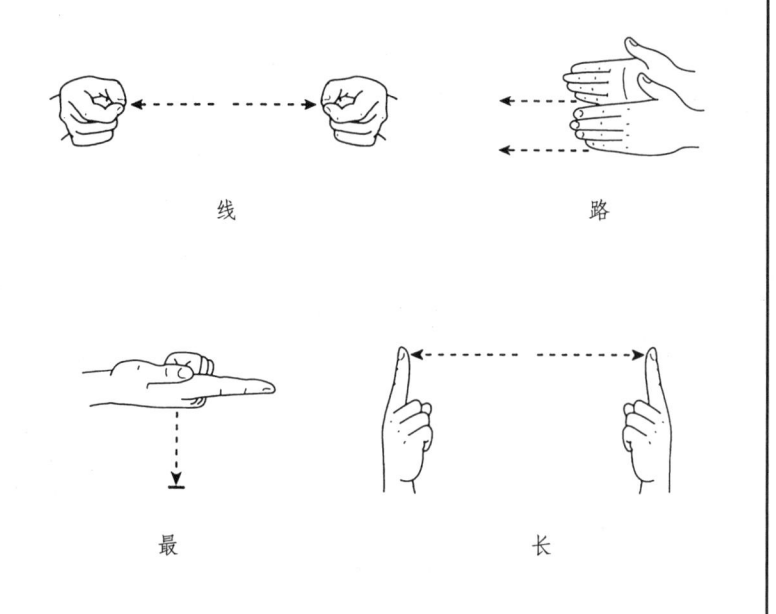

10. 珠江三角洲

珠：双手拇、食指捏成圆形，虎口朝上，随意晃动几下。

江：双手侧立，掌心相对，相距宽些，向前做曲线形移动。

三角：双手拇、食指搭成"△"形，虎口朝内。

洲：右手食、中、无名、小指分开，指尖朝下，手背向外；左手食指横伸，置于右手食、中、无名指间，仿"洲"字形。

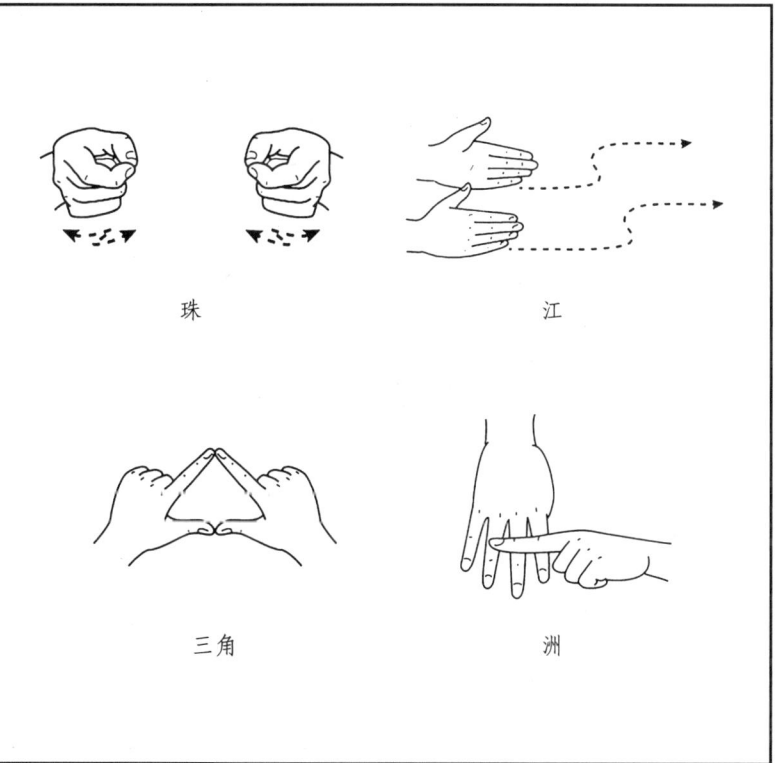

11. 刺激国内消费

刺激：左手握拳；右手食指抵于左手背，拇、中指先相捏再弹开两下。

国：一手打手指字母"G"的指式，顺时针平行转动一圈。

内：左手横立；右手食指直立，在左手掌心从上向下移动。

消费：一手拇、食指捏成圆形，虎口朝前上方，从腰部向前移出，表示掏钱。

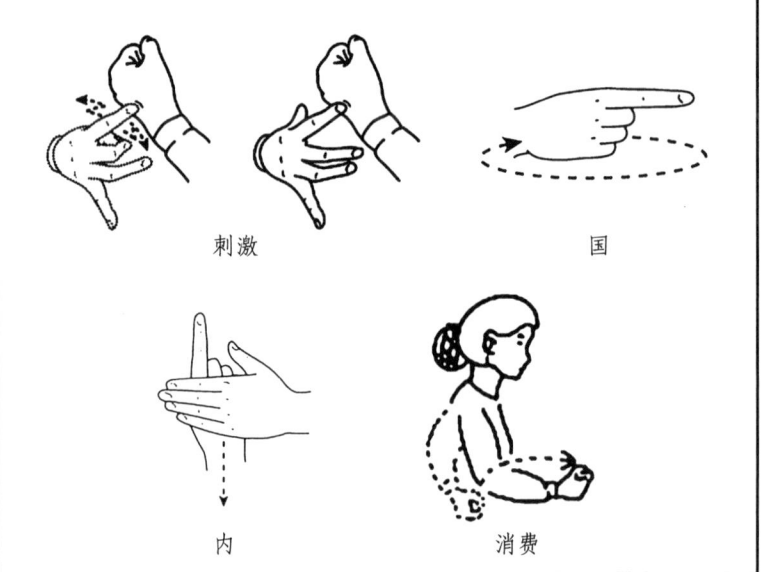

12. 铁路运营长度

铁路：（1）双手握拳，虎口朝上，一上一下，右拳向下砸一下左拳，再向内移动。（2）双手侧立，掌心相对，向前移动。

运营（经营）：（1）双手横伸，掌心向上，前后交替转动两下。（2）双手侧立，掌心相对，向一侧一顿一顿移动几下。

长度：双手食指直立，指面相对，从中间向两侧拉开。（可根据实际表示长的状态）

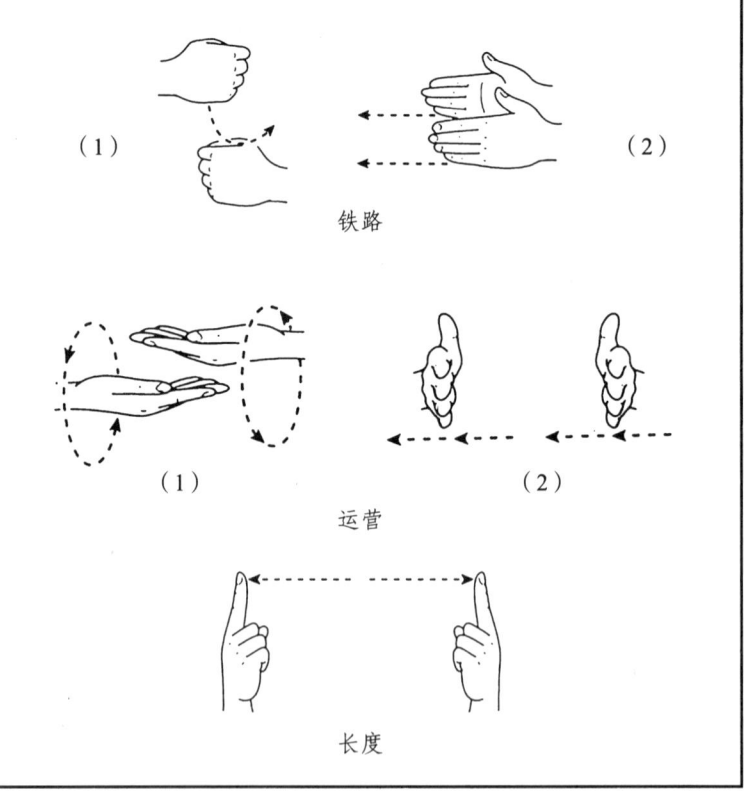

13. 铁路主干线

铁路：（1）双手握拳，虎口朝上，一上一下，右拳向下砸一下左拳，再向内移动。（2）双手侧立，掌心相对，向前移动。

主干（主要）：（1）一手伸拇指，贴于胸部。（2）一手平伸，掌心向上，向后移动一下。

线：双手拇、食指相捏，虎口朝上，从中间向两侧拉开。

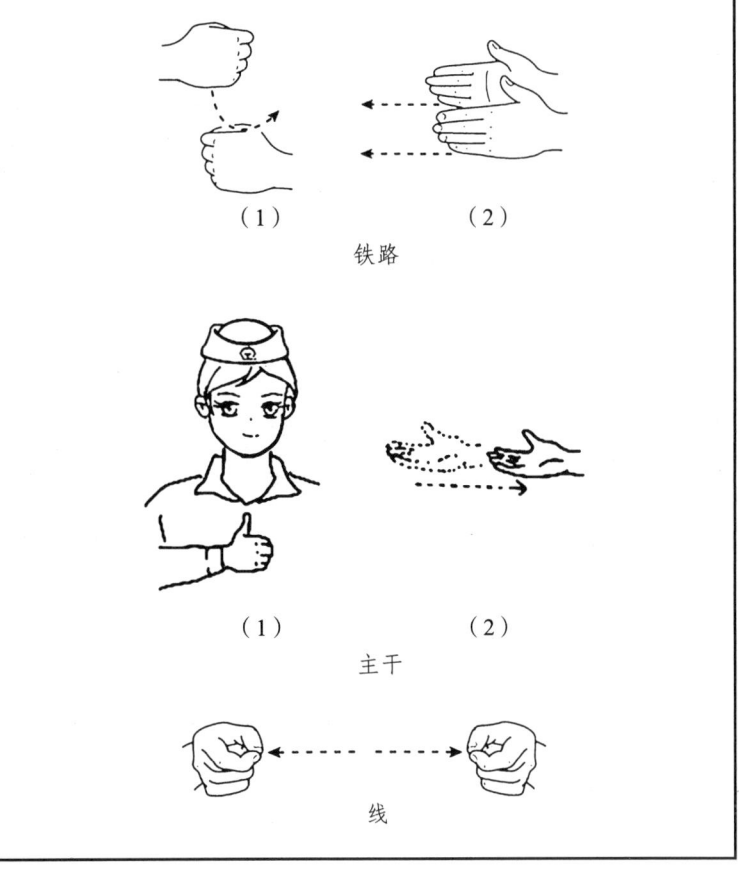

14. 京沪走廊

京：右手伸食、中指，指尖先点一下左胸部，再点一下右胸部。（表示北京的简称"京"时，右手伸食、中指，指尖抵于左胸部，然后划至右胸部）

沪：双手伸小指，一上一下相互勾住。

走廊（网）：双手五指张开，手背向外，交叉相搭，向两侧斜下方移动。

15. 进行一次试运行

进行：双手伸食指，指尖斜向相对，同时向斜下方移动。

一：一手食指横伸，手背向外。

次：一手打手指字母"C"的指式。

试：一手伸拇、小指，指尖朝上，拇指置于鼻翼一侧小指弯动一下。

运营（经营）：（1）双手横伸，掌心向上，前后交替转动两下。（2）双手侧立，掌心相对，向一侧一顿一顿移动几下。

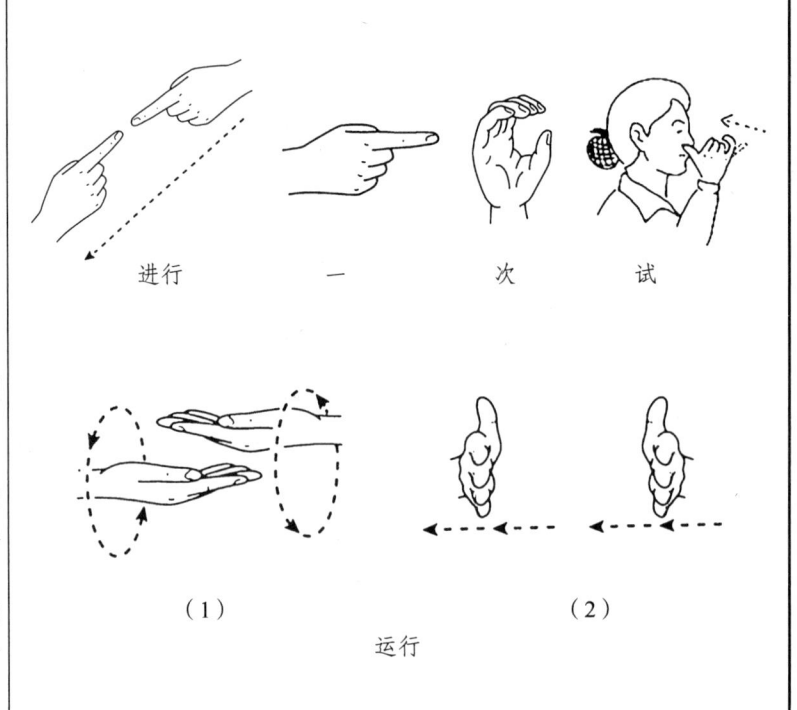

16. 自主创新

自：右手食指直立，虎口朝内，碰两下左胸部。

主：一手伸拇指，贴于胸部。

创新：（1）一手握拳，虎口贴于太阳穴，然后边向前移动张开五指。（2）左手横伸；右手伸拇指，在左手背上从左向右划出。

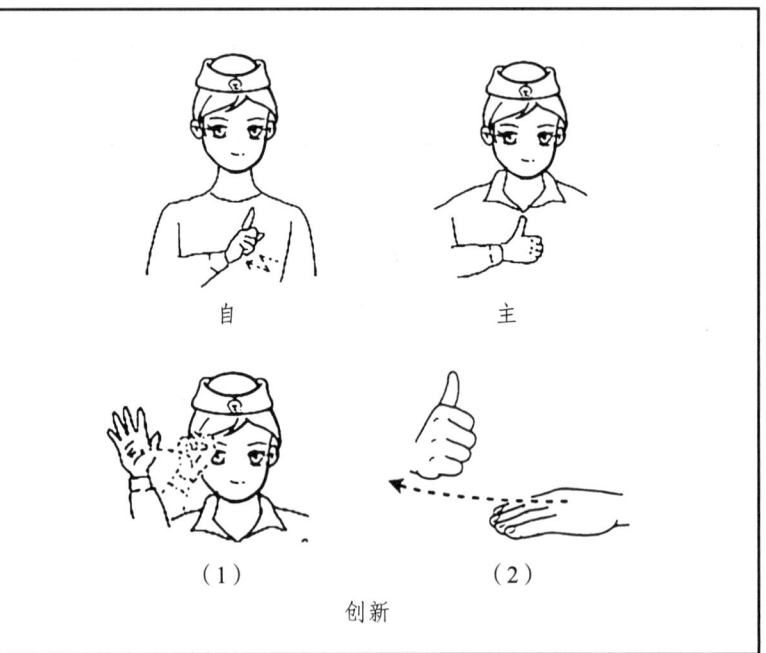

17. 想致富先修路

想：一手伸食指，在太阳穴前后转动一（或两）圈，面露思考的表情。

致（要）：一手平伸，掌心向上，向后移动一下。

富：双手五指张开，掌心向下，拇指尖抵于胸部，其他四指交替点动几下。

先：左手伸拇指，手背向外；右手伸食指，碰两下左手拇指。

修（建）：双手五指成"[]"形，虎口朝内，交替上叠，模仿垒砖的动作，引申为建设；也用于表示建筑的动词意思。

路：双手侧立，掌心相对，向前移动。

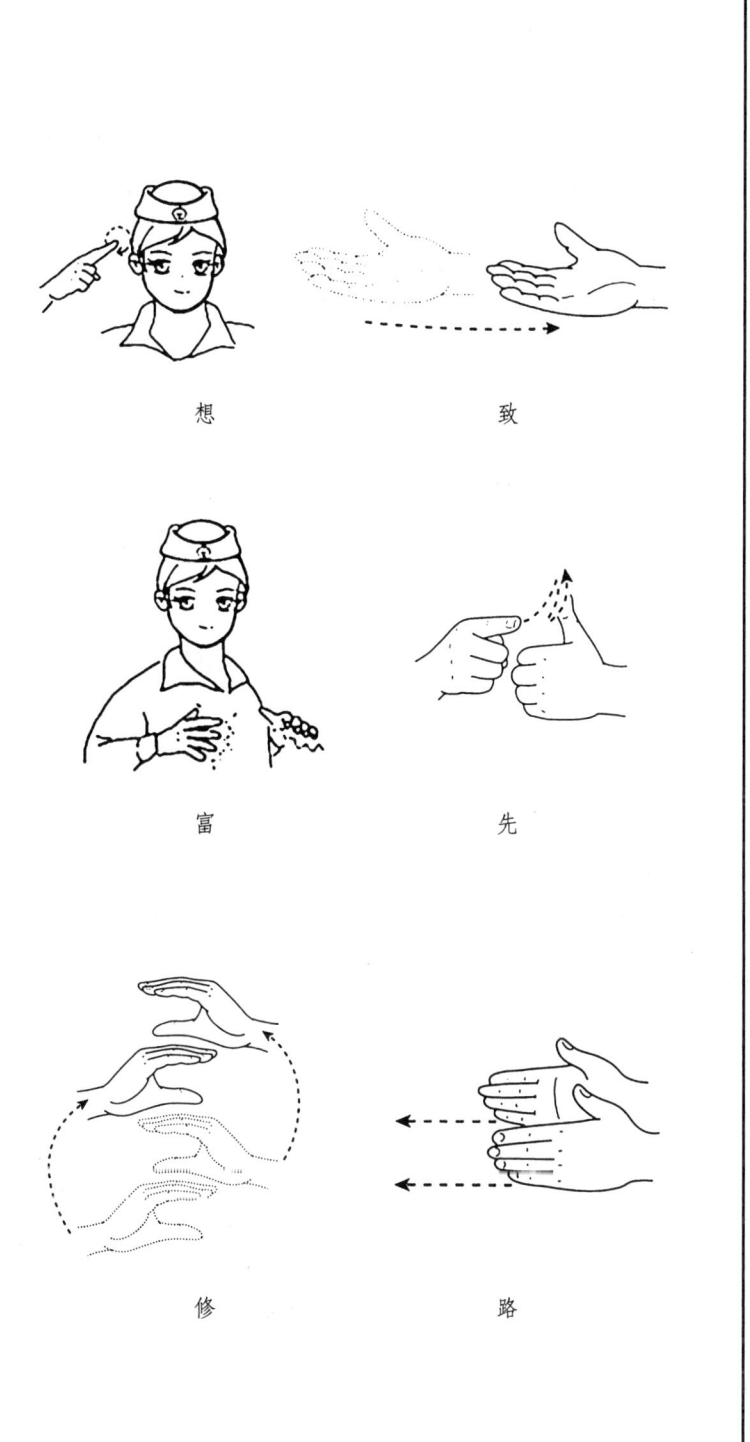

想　　　　　　致

富　　　　　　先

修　　　　　　路

18. 铁路网

铁路：（1）双手握拳，虎口向上，一上一下，右拳向下砸一下左拳，再向内移动。（2）双手侧立，掌心相对，向前移动。

网：双手五指张开，手背向外，交叉相搭，向两侧斜下方移动。

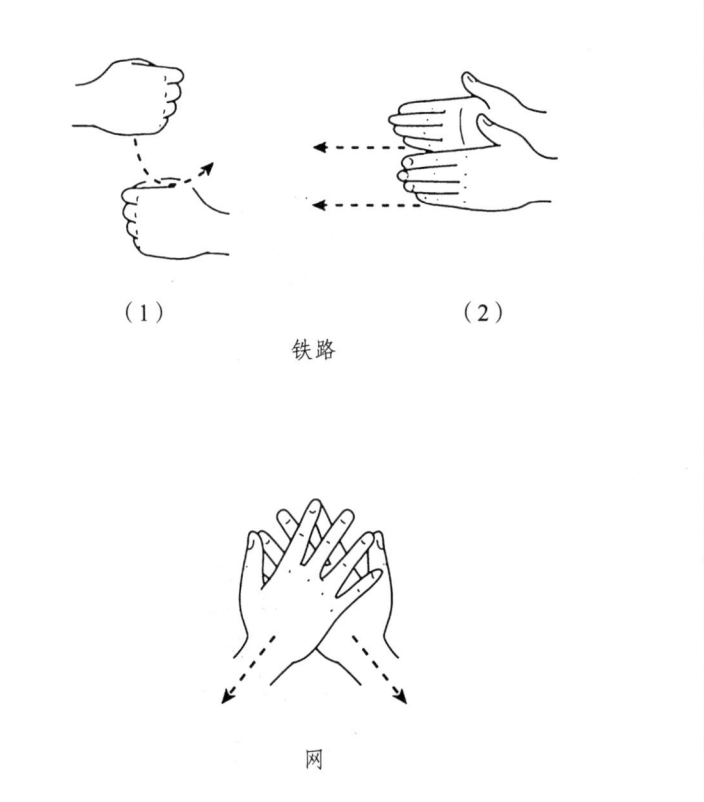

（1）　　　　　（2）

铁路

网

19. 旅游计划

旅游：左手握拳；右手伸拇、小指，小指在左手背上随意点几下，表示到世界各地旅游。

计划：左手横伸，掌心向下；右手食、中、无名、小指并拢指尖朝下，沿左手小指外侧划两下。

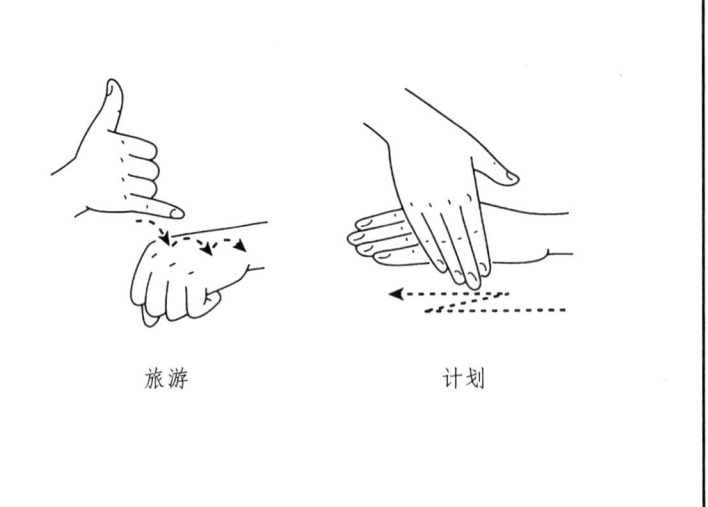

旅游　　　　　计划

20. 交通强国，铁路先行

交通：双手横立，掌心向内，从两侧向中间交错移动两下，表示车辆来往，引申为交通。

强：双手握拳屈肘，同时用力向下一顿。

国：一手打手指字母"G"的指式，顺时针平行转动一圈。

铁路：（1）双手握拳，虎口向上，一上一下，右拳向下砸一下左拳，再向内移动。（2）双手侧立，掌心相对，向前移动。

先：左手伸拇指，手背向外；右手伸食指，碰两下左手拇指。

行：双手握拳屈肘前后交替转动两下。

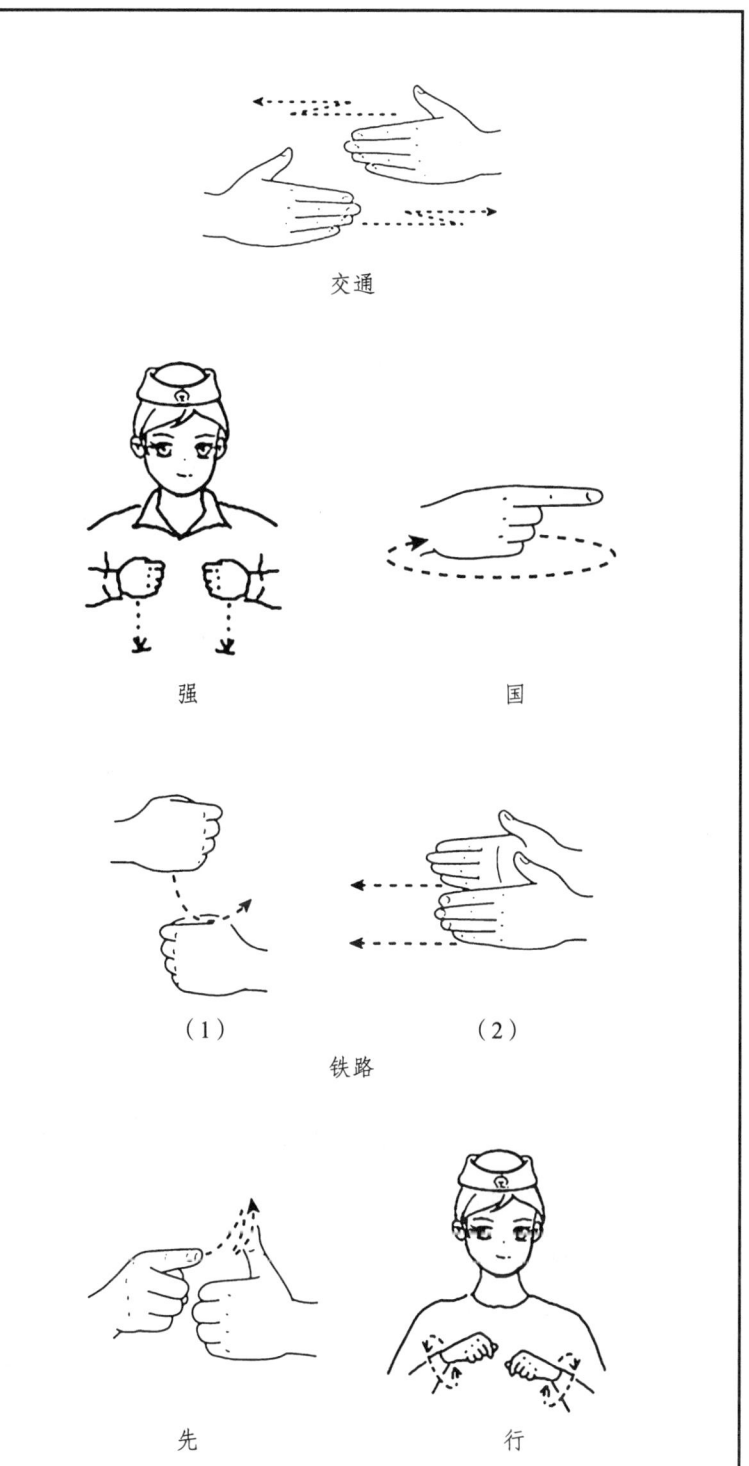

1. 高铁既安全又环保。
2. 据说中国已经进入了高铁时代。
3. 坐高铁我可以节省多少时间。
4. 中途停靠多少个站?
5. 高铁比普通的火车快大约6个小时。
6. 我有同感。

情景对话一 高铁竞争优势及京沪高铁

旅客:中国高速铁路发展迅猛,这是很值得关注的。中国政府斥巨资修建铁路并提高列车运行速度。中国已经进入"高铁时代",已在高铁领域领跑世界。与其他交通工具相比,高铁的竞争优势何在?

列车员:首先,高铁大大改进了铁路系统的运营能力。其次,列车的运行速度很快,时速从200公里到350公里不等。这种运输方式大幅减少了运行时间。对许多旅客来说,"朝发夕归"的火车旅行梦想已经成为现实。再次,高铁既安全又环保。最后同样重要的是,高铁的正点达到率也比较高。

旅客:谢谢您介绍了高铁的基本情况,能否给再给我讲一下京沪高铁?

列车员:好的。铁路建设者花了36个月时间完成了京沪高铁全线的修建工作。该线路于2011年6月30日正式投入运营。出于安全考虑,现行时速为300公里。但实际上是可以跑得更快的。每天大约有90对火车穿梭于京沪两大都市之间。

旅客:谢谢。京沪高铁线全长是多少?沿线需要停靠多少车站呢?

列车员:列车过环渤海区域,进入长江三角洲地区,全长1 318公里。沿途停靠24个站,包括天津、济南、徐州、蚌埠、南京等大站。

旅客:乘坐高铁是不是会节约很多时间?

列车员：是的。在京沪线，高铁把原来的运行时间由14小时减少到了5个小时左右。

旅客：太好了！看来，高铁已成为主流的交通工具。

列车员：我也这么认为。

情景对话二　武广高铁

旅客：早上好，能否给我介绍一下武广高铁？

列车员：当然可以。武广高铁线路于2005年6月23日在湖南省会长沙动工。2009年竣工。同年试运行成功，最高时速达到了394公里。

旅客：太厉害了！武广全线有多长？中途停靠多少站呢？

列车员：武广全长大约1 068公里。中途停靠15个站，主要站点包括咸宁、岳阳、长沙、株洲、衡阳和韶关。

旅客：乘坐高铁是不是要比普铁节约很多时间？

列车员：是的。从原来的10个多小时减少到了4个小时。

情景对话三　西成高铁

旅客：打扰了，我第一次乘坐西成高铁，能否给我介绍一下？

列车员：当然可以。西成高铁，又名西成客运专线，是一条连接陕西省西安市和四川省成都市的高速铁路，是2016年修订的《中长期铁路网规划》中"八纵八横"高速铁路主通道之一，是中国首条穿越秦岭的高速铁路。西成高速铁路于2012年10月27日正式开工；2014年12月20日，江油至成都段投运；2017年12月6日，全线正式通车。

旅客：太厉害了！西成全线有多长？时速如何呢？

列车员：西成高速铁路由西安北站至成都东站，全长658千米，设22个车站。设计的最高速度为250千米/小时。

旅客：乘坐高铁是不是要比普铁节约很多时间？

列车员：是的。西成高速铁路的全线贯通进一步完善了中国西部高铁网络，重庆、成都、西安三城之间的铁路行程被缩短到1～5小时。

聋人文化
专题四

聋人就业难

残疾人就业一直是个老大难问题,作为残疾人的聋人亦然。在我国,大多数聋人的文化水平并不是很高,家庭经济状况也比较困难,因此,一份好的工作对他们来说有着重要意义。"自食其力""残而不废"一直是聋校职业教育的理念,也寄托了对孩子们的殷切期望。

目前在我们国家,由于传统观念的影响,父母对聋孩子的期望值普遍较低,不少人只希望孩子读点书,能认字,找一份工作养活自己就可以了。从聋校高中毕业考大学时,可供选择的专业方向很少,基本以美术和计算机为主,造成就业时意向趋同,竞争严重。求职时,许多用人单位存有刻板印象,总觉得聋人无法说话,交流不便,在招聘员工时把他们拒之门外,有时情愿缴纳残疾人就业保障金或者聘用肢残人也不愿招聋人。聋人为了谋得一份糊口的工作,多方奔走,屡败屡战,很多聋人生活无着落,有人甚至使用非法手段谋生,但聋人学生多半都是被聋人犯罪分子以"介绍好工作"被拐骗,受制于人,不得已走上了偷盗、抢劫的犯罪道路。

尽管如此,许多聋人还是靠自己的双手,或择业、或创业,闯出了自己的一片新天地。有的在街边摆小摊、在互联网做电商;有的开餐厅,把连锁快餐店做得风生水起;有的在残联从事组织联络工作,为聋人服务;有的在全国各地巡回演出,奔波于一个又一个城市;有的在工厂车间勤勤恳恳工作多年……

改变聋人就业难的处境,不仅需要聋人自身转变观念,摆正心态,也需要手语翻译的支持和特殊教育的发展,更需要全社会转换看待残疾人的角度,改变旧观念,多看看他们能做什么,而不要紧盯缺陷不放。

生活是个大舞台,只要你认真演出,必能谱出响亮的华章。在我们身边,正有着这样千千万万默默无闻但遵纪守法、辛勤工作着的聋人。相信他们的努力一定能最终改变世人对聋人的印象。

手语思政专题四

手语与艺术

主题	内容引导	实施路径	落脚点
手语与艺术	手语艺术展演	1．第二课堂学生活动 2．第三课堂学生展演	1．热爱生活：可以通过手语的优美动作和表情，传达情感和思想，体现出对美的追求和对生活的热爱 2．提升审美：学生学习和表演手语舞蹈，手部动作和身体语言的协调，可以激发学生的情感共鸣和审美情趣 3．情感共鸣：通过学习和表演手语戏剧，传达人物的情感和内心世界，引导学生思考人生、社会和价值观念

附 录

中国主要城市地名

1. 北京（京）

北京：右手伸食、中指，指尖先点一下左胸部，再点一下右胸部（表示简称"京"时，右手伸食、中指，指尖抵于左胸部，然后划至右胸部）。

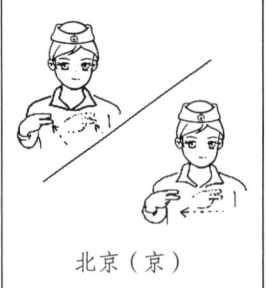

北京（京）

2. 上海（沪）

上海（沪）：双手伸小指，一上一下相互勾住。

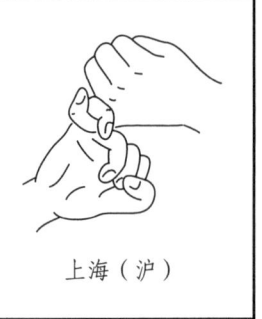

上海（沪）

3. 天津（津）

天津（津）：右手直立稍分开，掌心向左，在头一侧向前微动两下。

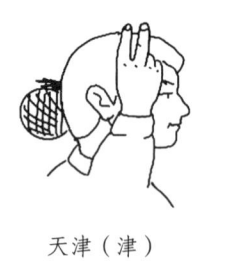

天津（津）

4. 重庆（渝）

重庆（渝）：双手横伸，手背拱起，左手在下不动，右手掌向下拍两下左手背。

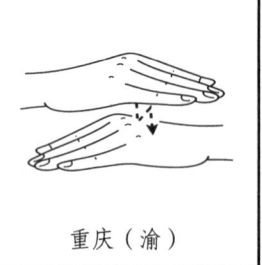

重庆（渝）

5. 西安

西安：（1）左手拇、食指成"匚"形，虎口朝内；右手食、中指直立分开，手背向内，贴于左手拇指，仿"西"字部分字形。（2）一手横伸，掌心向下，自胸部向下一按。

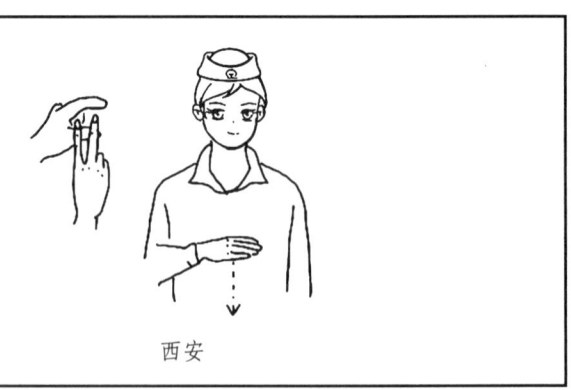

西安

6. 成都

成都：一手食、中指弯曲，置于太阳穴旁，手腕左右转动两下。

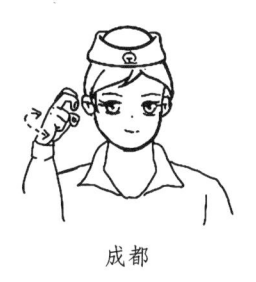

成都

7. 太原

太原：一手拇、食指成圆形，指尖稍分开，虎口朝上，向下甩动两下

太原

8. 贵州

贵州：（1）左手拇、食指成"匚"形，虎口朝内；右手食、中指直立分开，手背向内，贴于左手拇指，仿"西"字部分字形。（2）一手横伸，掌心向下，自胸部向下一按。

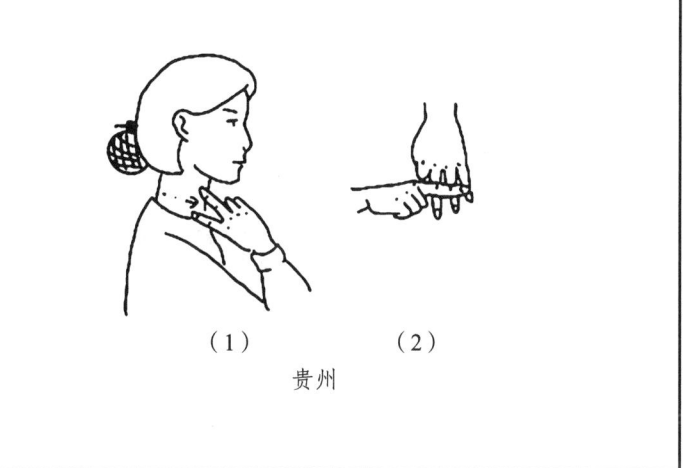

（1）　　　（2）

贵州

9. 呼和浩特

呼和浩特：（1）一手五指成"L"形，虎口贴于嘴边，口张开。（2）左手横伸；右手拇、食指成圆形，指尖稍分开，虎口朝上，移至左手掌心。

（1）　　　（2）

呼和浩特

10. 沈阳

沈阳：一手食指弯曲，朝头一侧碰两下。

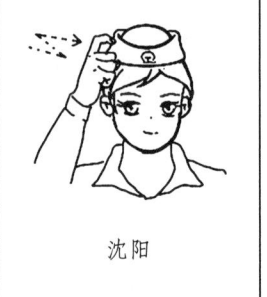

沈阳

11. 济南

济南：一手拇、食、中指相捏，在鼻翼一侧向下微移两下。

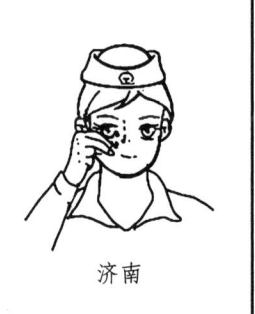

济南

12. 长春

长春：（1）左手横伸；右手平伸，从右向左摸一下左手背。（2）左手横伸；右伸拇指，置于左手背上。

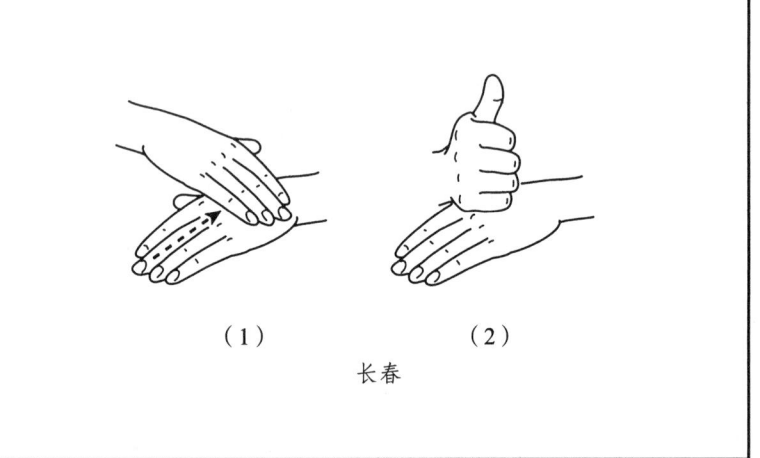

（1）　　　　（2）

长春

13. 哈尔滨

哈尔滨：（1）一手拇、食指弯曲，指尖朝内，抵于颏部。（2）左手横伸；右手伸拇、食指成圆形，指尖稍分开，虎口朝上，移至左手掌心。

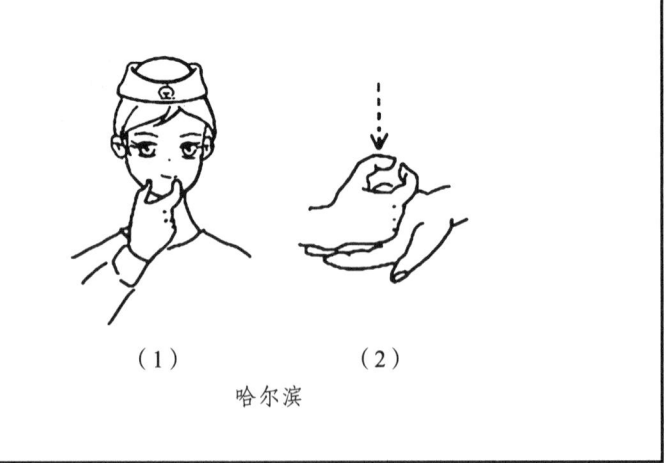

（1）　　　　（2）

哈尔滨

14. 南京

南京：双手五指弯曲，食、中、无名、小指指尖朝下，手腕向下转动两下（表示方位"南"时，手腕向下转动一下）。

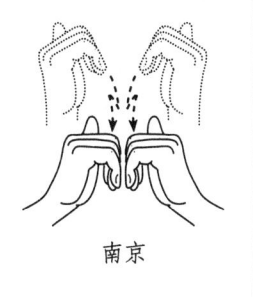

南京

15. 合肥

合肥：左手横伸；右手五指成"コ"形，指尖朝前，在左手背上左右移动两下。

合肥

16. 杭州

杭州：一手五指微曲，掌心贴两下太阳穴。

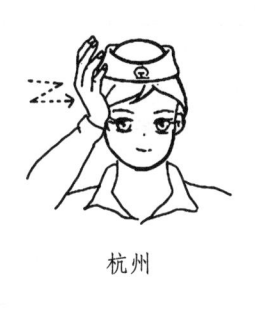

杭州

17. 郑州

郑州：左手食指横伸，手背向外；右手五指弯曲，套入左手食指尖，然后前后转动两下，表示郑州市交通枢纽。

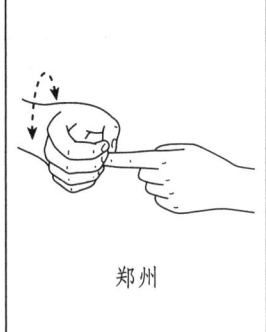

郑州

18. 福州

福州：（1）一手五指张开，掌心贴于胸部逆时针转动一圈；（2）左手中、无名、小指分开，指尖朝下，手背向外；右手食指横伸，置于左手三指间，仿"州"字形。

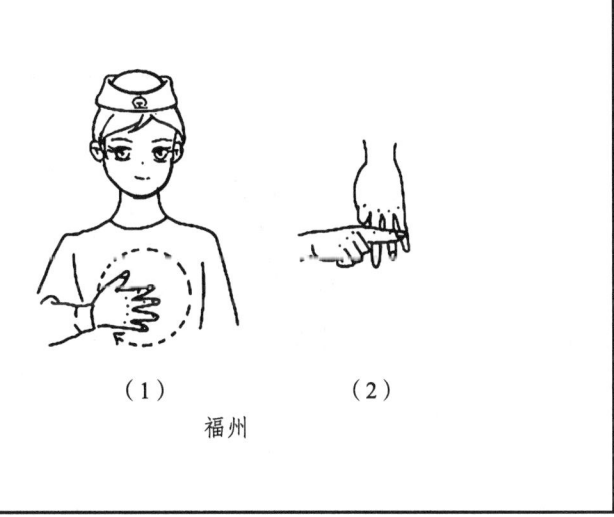

（1）　　（2）
福州

19. 武汉

武汉：左手横伸；右手伸拇、食、小指，手背向上，向左手掌心上碰两下，表示武汉三镇。

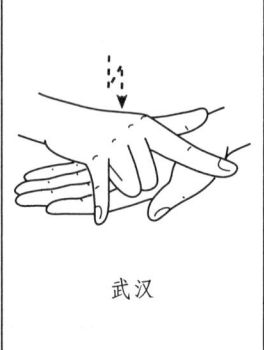

武汉

20. 长沙

长沙：一手拇、食、中指相捏，指尖朝上，边向上移动边分开，重复一次。

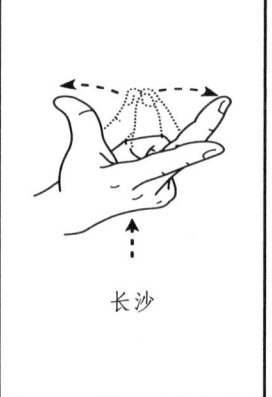

长沙

21. 南昌

南昌：左手握拳，手背向外；右手伸食指，在左手背上点两下。

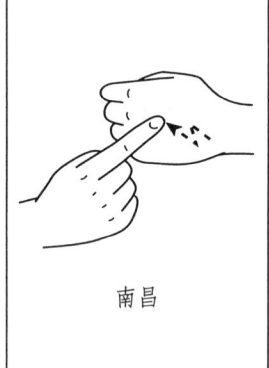

南昌

22. 广州

广州：双手平伸，掌心向上，向腰部两侧碰两下。

广州

23. 南宁

南宁：一手五指微曲，指尖朝上，手腕向前转动两下。

南宁

24. 贵阳

贵阳：一手食、中指分开，指尖朝后，在颈部一侧向前移动两下。

贵阳

25. 海口

海口：(1) 双手平伸，掌心向下，五指张开，上下交替移动，表示起伏的波浪。(2) 一手伸食指，沿嘴部转动一圈，口张开。

(1)　　　　　(2)

海口

26. 银川

银川：(1) 双手拇、手指成圆形，指尖稍分开，虎口朝上，食指上下交替互碰两下。(2) 一手中、无名、小指分开，指尖朝下，手背向外，仿"川"字形。

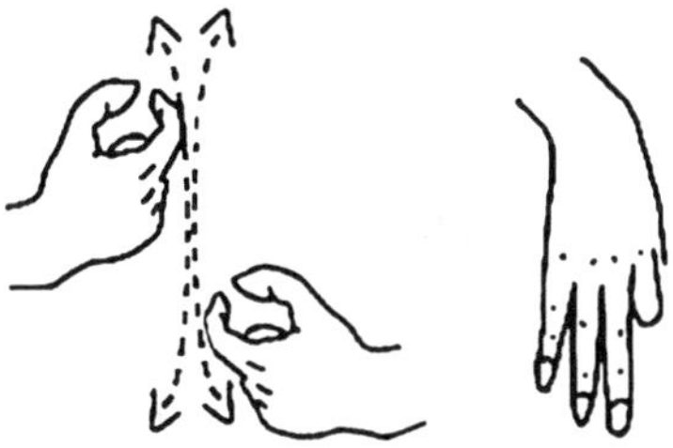

(1)　　　　　(2)

银川

27. 兰州

兰州：(1) 一手打手指字母"L"的指式，沿胸的一侧划下。(2) 左手中、无名、小指分开，指尖朝下，手背向外；右手食指横伸，置于左手三指间，仿"州"字形。

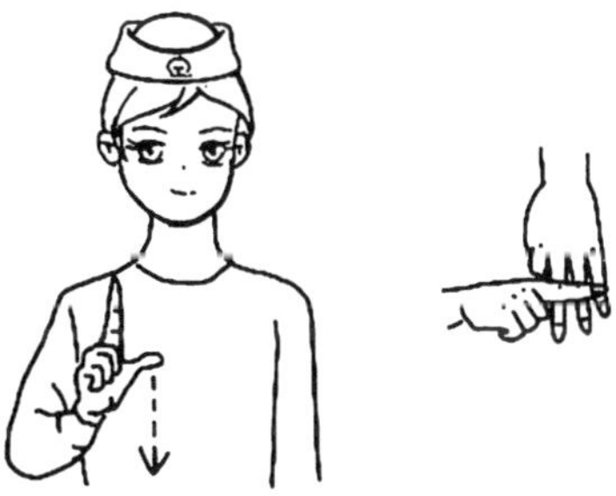

(1)　　　　　(2)

兰州

28. 西宁

西宁：(1) 一手食、中指直立分开，掌心向内，贴于颊部。(2) 一手虚握，虎口贴于颊部，再向上一翘。

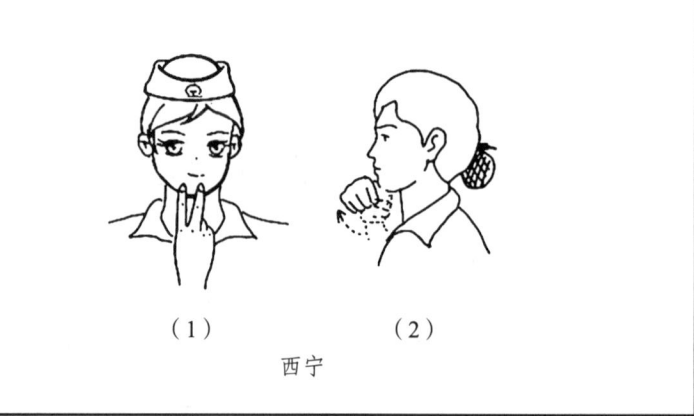

(1)　　　　(2)

西宁

29. 乌鲁木齐

乌鲁木齐：一手食、中指相叠，指尖抵于鼻翼一侧，然后微转两下。

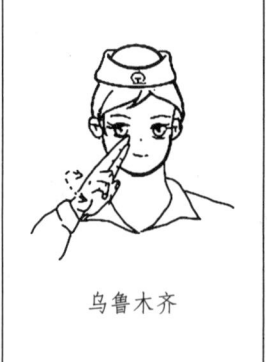

乌鲁木齐

30. 昆明

昆明：一手五指张开，指尖朝下，在身体一侧顺时针转动两圈。

昆明

31. 深圳

深圳：左手横伸，掌心向下；右手伸食指，指尖朝下，在左手食、中指指缝间插两下。

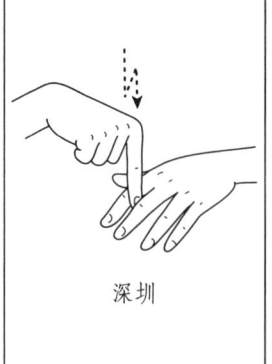

深圳

32. 台北

台北：双手伸拇、食指，食指尖朝上，手背向外，双手小指外侧相贴。

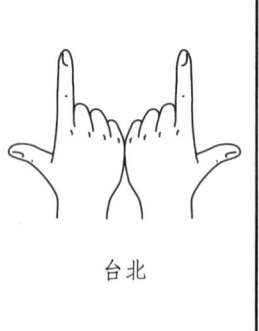

台北

33. 拉萨

拉萨：（1）左手横伸；右手在左手掌心上模仿做糌粑的动作。（2）双手合十。

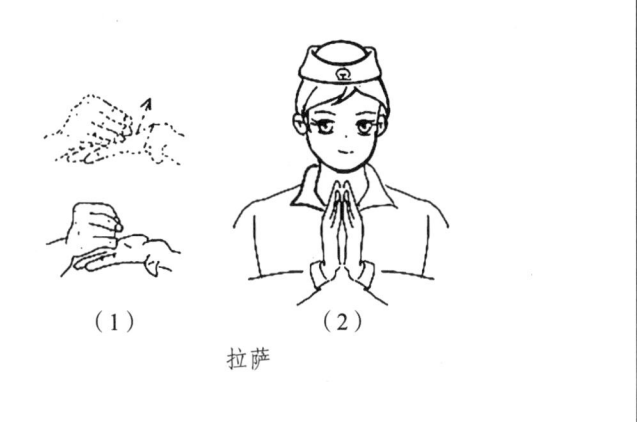

拉萨

34. 珠海

珠海：（1）双手拇、食指捏成圆形，虎口朝上，随意晃动几下。（2）双手平伸，掌心向下，五指张开，上下交替移动，表示起伏的波浪。

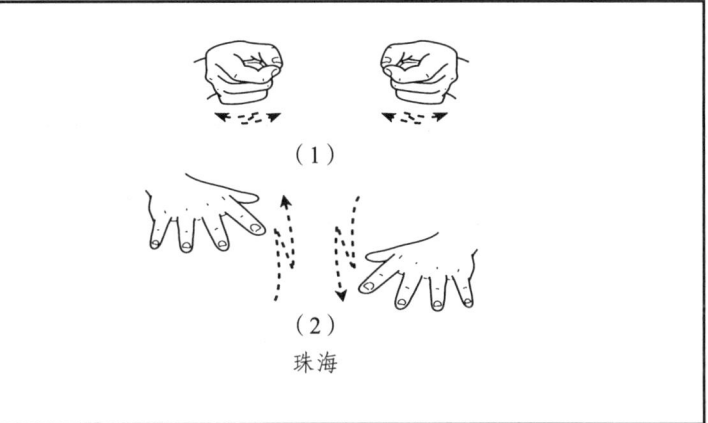

珠海

35. 厦门

厦门：（1）一手五指张开，手背向外，在额头上一抹，如流汗状。"夏"与"厦"音同形近，借代。（2）双手并排直立，掌心向外，五指并拢。

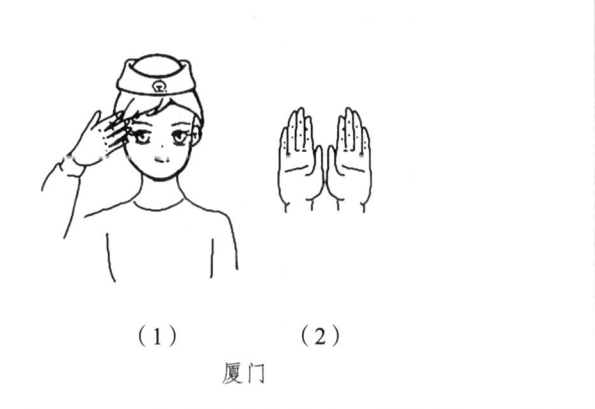

厦门

35. 雄安新区

雄安新区：（1）双手伸拇、食指，食指尖朝下，贴于腹部，然后用力向两侧拉开。（2）一手横伸，掌心向下，自胸部向下一按。（3）左手横伸；右手伸拇指，在左手背上从左向右划出。（4）左手拇、食指成"匚"形，虎口朝内；右手食、中指相叠，手背向内，置于左手"匚"形中，仿"区"字形。

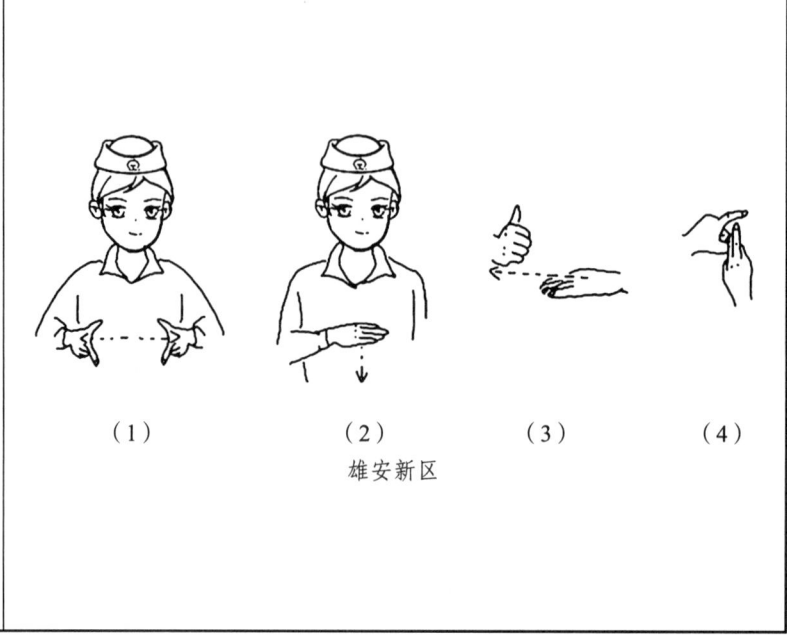

（1）　　　（2）　　　（3）　　　（4）

雄安新区

29. 香港

香港：一手五指撮合，指尖对着鼻部，然后开合两下。

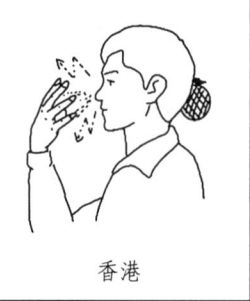

香港

30. 澳门

澳门：一手五指张开，食指尖抵于脸颊处，并钻动两下。

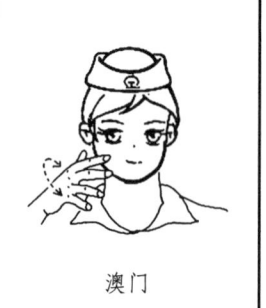

澳门

31. 台湾

台湾：一手握拳，手背向上，置于嘴前，然后手腕前后转动两下。

台湾

参考文献

[1] 中国聋人协会，国家手语和盲文研究中心. 国家通用手语词典[M]. 北京：华夏出版社，2019.

[2] 孟繁玲. 聋人与社会[M]. 郑州：郑州大学出版社，2010.

[3] 白瑞霞. 手语翻译实训指导[M]. 郑州：郑州大学出版社，2016.

[5] 郑璇. 手语基础教程[M]. 上海：华东师范大学出版社，2015.

[6] 杨军辉，吴安安. 中国手语入门[M]. 郑州：郑州大学出版社，2014.